JN317215

経営管理方式の国際移転

―― 可能性の現実的・理論的諸問題 ――

Transferability of Management Styles:
Their Practical and Theoretical Problems

編 著

高橋由明/林　正樹/日高克平

Edited by
Yoshiaki Takahashi/Masaki Hayashi/Kappei Hidaka

中央大学企業研究所研究叢書 18
Research Series, No. 18
The Institute of Business Research, Chuo University

中 央 大 学 出 版 部
Chuo University Press

創立20周年記念事業について

　中央大学企業研究所は，1999年3月31日をもって創立20周年を迎えた．企業研究所の創立20周年を記念する事業は，創立20年目に当たる1998年度に，(1)記念公開講演会，(2)記念シンポジウム，(3)記念出版などとして計画され，すでに，記念公開講演会と記念シンポジウムは盛会のうちに終了し，記念出版も本書をもって計画通り5冊目の刊行となる．

　本書の刊行に際して，上記の記念事業を簡単に振りかえって，成果と問題点を明らかにしておこう．

　創立20周年にあたり，ややもすれば創立当初の気概が失われがちな日常を反省し，創立の精神である「社会に開かれた研究所」としての自覚に基づいて，研究活動を一段と活発化させ，その研究成果を世に問いたいという意図から，1）記念公開講演会，2）記念シンポジウム，3）記念出版，という3つの記念事業を計画した．

　1）の「記念公開講演会」は，1992年以来恒例となっている公開講演会をベースとして「21世紀の企業経営」という演題で，講師に竹内宏氏（長銀総合研究所理事長）と堤清二氏（セゾン・コーポレーション会長）をお招きし，当研究所から檜田信男教授に依頼して，1998年7月11日に中央大学駿河台記念館で開催された．参加者は約400人，質疑も活発で，大盛況であった．

　2）の「記念シンポジウム」は，「金融システムの構造変化と日本経済」というテーマで，三木谷良一教授（前・日本金融学会会長）を講師にお招きし，当研究所からは田村茂教授，奥村宏教授，花輪俊哉教授にご報告をお願いして，1998年11月14日に駿河台記念館で開催された．このシンポジウムは，もともと田村茂教授の定年退職記念祝賀の意味を込めて当研究所の出版企画としてスタートしたものであり，執筆者にはシンポジウムの講師の先生以外にも中央

大学商学部の金融学科に所属する金融論の専門家がオール・キャストで参加されているので，金融ビッグ・バンによって日本の金融システムと経済構造がどのように変化していくのかを実証的・理論的に分析した重厚な出版物として，ビジネス界や学会で大いに注目されるものと期待される．

　3）の「記念出版企画」は，1）『わが国の管理会計』(佐藤進編著)，2）『金融システムの構造変化と日本経済』(花輪俊哉編著)，3）『中小企業の現状とこれからの経営』(前田重朗・石崎忠司編著)，4）『日中の金融・産業政策比較』(鹿児嶋治利・建部正義・田万蒼編著)，5）『経営管理方式の国際移転』(高橋由明・林正樹・日高克平編著)，以上の5冊の刊行が企画され，本書をもって全冊の刊行が完了する．ご協力いただいた編者・著者に心より感謝の意を表したい．

　研究所としては，これらの出版企画を，積極的に奨励・支援し，研究所の研究成果として学内外に普及していくことが重要である．研究所は研究の成果を世に問うてこそ，その存在意義があるのであり，このような出版企画を成功させることを通じて，研究活動の活性化と研究成果の発展が期待できるからである．

　中央大学が21世紀に特色ある大学として存在するためには，研究活動において，社会的に評価されるような成果をあげることができることが必要不可欠の条件である．創立以来，企業研究所の研究活動は，共同研究を基本とすることとし，チーム形式によって運営されてきたが，重点は「共同」(＝組織形態)にあるのか「研究」(＝内容や成果)にあるのか，個人研究も認めるべきではないか，という疑問が出るなど，研究活動のあり方（さらには，研究所のあり方）も転換期にきている．学部や大学院における「共同研究制度」や「リサーチ・アシスタント制度」の導入が日程に上っているので，この問題は避けて通れなくなっている．研究活動のあり方は，当然のことながら研究費の配分問題と不可分である．研究費の配分については，研究成果の発表と関連して支給するべきだという考え方もあり，一律配分方式を再検討する必要が指摘されている．さらに，逐次刊行物，特に洋雑誌の急速かつ大幅な値上がりのために資料費が大

変な赤字になっており，他の研究費を圧迫し始めている．

　1999年11月に「研究所事務室の統合（案）」が提起されたのも，このような研究所のあり方という課題に応えるものである．社会科学系の研究所の「統合」という10年来の課題は，当面，研究支援機能を充実・強化することを目的として，他の4つの研究所の事務室との統合という方向性が示されたわけである．しかし，その成否は，むしろ，ひきつづき，「21世紀の中央大学の研究体制」を「知の再構築」の拠点としてその理念を含めて構築することができるかどうかにかかっている．

　企業研究所の20周年をこのようにふりかえると，中央大学全体の研究体制のあり方を根本から再検討することの必要性がますますはっきりと見えてくるのである．

　2000年3月

中央大学企業研究所

所長　　林　　　正　樹

はしがき

　本書は，経営管理方式の国際的移転について論じたものである．経営管理方式の国際移転に関する研究は，1970年代の終わりから進展し，1980年代の初めには内外の研究者による独立した著作も発刊されるようになっている．それは，日本と欧米間に生じた貿易摩擦を契機に増大した日本企業の海外進出にともない必然的といえるものであった．内外の少なからずの研究者は，日本企業の海外でのパフォーマンスが良好であったことから，欧米における日系企業の経営活動を分析し，品質管理，生産システム，人事システムに代表される日本の管理方式の移転に焦点を合わせ，その移転可能性についての実証的結果を発表してきたといえよう．1985年のプラザ合意以降の円高基調が続くなかで，さらに日本企業の海外進出は増大し，その進出先は欧米だけでなくNIEs諸国，東南アジア，東アジアにも拡大されるようになる．こうして，経営管理方式の海外移転に関する研究も，欧米だけでなくこれらのアジア地域にも注意が向けられ，文字どおりグローバルな視点からの研究成果が発表されてきているといえる．したがって，この間の約20年間にわたってこの分野の研究成果が蓄積されてきたことになる．

　ところで，経営管理方式の海外移転に関する理論は一般化可能なのであろうか．すでに多くの論者が指摘してきたように，ある国のある企業の経営管理方式は，その企業のおかれている経済環境や組織風土ないしその国の経済社会・文化に強く影響される．このため，企業の海外進出先が地球規模に拡大されるにしたがい，経営管理方式の海外移転論についての一般化はますます困難になっているともいえるのである．本書は，このことを意識しながら，日系企業だけでなくフランス，ドイツ企業の経営管理方式の国際移転に関する現実的・理論的諸問題を含む論点をテーマにした論文を編集したものである．

本書は，中央大学企業研究所の20周年記念の一環として刊行される．このため，編著者たちは，この研究分野で注目すべき成果を発表されている研究者を中央大学企業研究所の公開研究会の講師としてお招きし，このテーマに関係する論題で講演していただきそれを加筆修正し寄稿していただいた．数名の寄稿者には，残念ながら講演会の講師としてお招きできなかったが，寄稿者全員の方々には，ご多忙のところ玉稿を期日までに提出していただき心からのお礼を申し上げたい．それにもかかわらず，編著者たちの都合により，刊行が若干遅滞したことについてはお詫びしたい．

　巻末に，英文目次と英文要旨を掲載したが，その編集については日本福祉大学教授（中央大学企業研究所客員研究員）コンダカル　M．ラーマン氏（Professor, Khondaker Mizanur Rahman at Nihonfukushi University）の協力を得た．ここに心から感謝したい．

　最後に，本書の出版にあたり，中央大学企業研究所のスタッフ，とりわけ横本五朗室長，木下典子さん，久保田敦子さん，さらに前スタッフの吉田篤子さんには，講師や寄稿者との連絡，原稿の整理などのご協力をいただいた．ここに記して感謝したい．また，中央大学出版部のスタッフの方々，特に矢崎英明氏，川合直子さんからご協力いただいたことにも，感謝の念を記しておきたい．

2000年2月10日

中央大学企業研究所

編著者　高　橋　由　明
　　　　林　　　正　樹
　　　　日　高　克　平

目　　次

創立20周年記念事業について

はしがき

第1章　国のイメージと経営方式の国際的パフォーマンス
　　　　──標準化か適応化かの論争に寄せて──

ジャック・リーブレ
星　野　順　子　訳
高　橋　由　明　訳

1．はじめに ………………………………………………………… 1
2．仮　　　説 ……………………………………………………… 3
3．調査方法とサンプルの構成 …………………………………… 5
4．変　　　数 ……………………………………………………… 6
5．統 計 方 法 ……………………………………………………… 8
6．ケース・スタディの諸結果 …………………………………… 8
7．議論すべき論点 …………………………………………………12
8．結　　　論 ………………………………………………………14

第2章　シコダとVWのジョイント・ベンチャーにおける
　　　　経営技術移転の過程

ヴォルフガング・ドォーロゥ
高　橋　由　明　訳

1．シコダの歴史とジョイント・ベンチャーの形成 ……………21

2．シコダの戦略的強さと弱さ …………………………23
3．シコダの雇用システムの変化 ………………………24
4．シコダとVWジョイント・ベンチャーにおけるコンフリクト
　の発展 ……………………………………………………27
5．国際的ノウ・ハウ移転における成功基準 ……………32
6．移転過程の調査に関する結論 …………………………34

第3章　情報の共有と意思決定方式の移転
　　　——日本人管理職と在英日本工場のイギリス人
　　　　管理職の比較——

岡　部　康　弘
ジョン・サーモン

1．はじめに …………………………………………………37
2．調査方法 …………………………………………………40
3．情報の共有 ………………………………………………42
4．意思決定方式 ……………………………………………50
5．結　　論 …………………………………………………55

第4章　日本的生産システムの英国自動車産業への
　　　　移転について

日　高　克　平

1．日本的生産システムの国際移転に関する研究動向 ………61
2．英国自動車産業の経営再建策としての日本的生産システムの
　導入過程 …………………………………………………66
3．カウリー工場における日本的生産システムの導入と組織変化 …73
4．現状の評価と問題点 ……………………………………82

第5章　イギリスにおけるジャパナイゼーション
　　　　──収斂と多様性のダイナミズム──

長谷川　治　清

1．はじめに …………………………………………………………89
2．グローバル化とジャパナイゼーション ……………………90
3．ジャパナイゼーション ………………………………………96
4．収斂と社会関係…………………………………………………106
5．結　　　び………………………………………………………109

第6章　イタリアにおける日系企業の経営ビヘイビアーの特徴
　　　　──イタリア企業との比較において──

小　林　　元

1．日系企業の対イタリア直接投資の実績………………………113
2．在イタリア日系企業の現状……………………………………117
3．在イタリア日系企業の実態調査………………………………123
4．日本イタリア経営文化のハイブリッド化……………………128

第7章　アメリカ・東アジア・イギリスにおける
　　　　ハイブリッド工場

板　垣　　博

1．はじめに…………………………………………………………137
2．分析枠組み………………………………………………………138
3．アメリカの日系工場……………………………………………141

4．台湾・韓国の日系工場…………………………………144
5．ASEANの日系工場……………………………………146
6．イギリスの日系工場……………………………………149
7．総括と展望………………………………………………151

第8章　日本型経営技術の国際移転
——日中合弁企業における経営のハイブリッド化——
植　木　英　雄

1．はじめに…………………………………………………157
2．日中合弁企業における日本型経営技術の移転…………162
3．日本型経営技術の適応と異文化インターフェイス経営問題……170
4．日本型経営技術の評価と職務満足度……………………176
5．結　　　び………………………………………………181

第9章　経営戦略と人事管理の海外移転
——日系企業の東アジア進出の事例を中心にして——
佐　久　間　賢

1．はじめに…………………………………………………185
2．グローバル経営戦略と現地化政策………………………187
3．日本企業の人的資源管理の現状…………………………188
4．年功主義か業績主義か……………………………………190
5．内部昇進制度の導入の割合………………………………193
6．人事評価に際し特に配慮している点……………………196
7．上司と部下関係が経営にあたえる影響…………………198

8．日系企業の経営管理スキル移転問題の今後の課題……………202

第10章　東アジア日系企業における管理技術移転と受容
　　　　──中国中小日系企業の従業員教育と労働者意識──

表　　秀　孝

1．日系企業のグローバル化と現地法人の現状………………………207
2．上海市における日系電子部品メーカーの経営管理技術移転
　の現状──上海K電子元件公司のケース………………………211
3．乳山市における日系輸送用機器メーカーの経営管理技術移転
　の現状──山東N工業有限公司のケース………………………216
4．日系企業従業員の日本的経営の受容の現状………………………220
5．東アジアにおける管理技術移転の課題………………………………228

第11章　台湾日系企業の経営システムと課題

劉　　仁　傑

1．はじめに………………………………………………………………233
2．台湾日系企業の発展プロセスと動向…………………………………234
3．台湾日系企業の経営システム…………………………………………241
4．台湾日系企業の当面の課題……………………………………………249
5．21世紀を迎えて………………………………………………………253

第12章　検証：日本的経営システムの国際移転
　　　　──理論と実態──

林　　正　樹

1．課題の設定………………………………………………………………257

2．日本的経営システムの特性……………………………………259
3．日本的経営システムの国際移転………………………………262
4．むすび……………………………………………………………270

第13章　標準化概念と経営管理方式の海外移転
――移転論の一般化に向けての覚書――

高　橋　由　明

1．はじめに…………………………………………………………273
2．経営学における標準化の概念…………………………………275
3．経営管理様式の決定要因………………………………………279
4．労働者にとっての熟練の移転と経営管理方式の国際移転の
　　意味………………………………………………………………292
5．生産設備，生産技術，経営管理方式，経営システムの
　　海外企業への移転可能性………………………………………296
6．経営管理方式の移転の一般理論に向けて
　　――安保グループと岡本グループの成果と関連させて――　………297

Contents and Abstracts ……………………………………………317

第1章　国のイメージと経営方式の国際的パフォーマンス
――標準化か適応化かの論争に寄せて――

要　旨
　どのような状況のもとで，国際企業は国際市場に向け適応化戦略，または標準化戦略をとるべきなのであろうか？この論文は，ドイツにおけるフランス企業の支社48社のケース・スタディに基づき，国際戦略としての標準化戦略と適応化戦略の影響を調査したものである．同じような過去の調査は，しばしば矛盾した結果を示しているが，その要因の1つは，これらの調査は標準化戦略を採用している企業と適応化戦略を採用している企業を比較するにとどまっているからである．そのため，この論文は標準化戦略と適応化戦略が企業の競争力にどういった影響を及ぼすかに焦点をあてている．
　この論文によって明らかになったものは，次の2点に要約される．第1に，この論文は，製品の特徴に対する国際戦略のインパクトが考慮されることにより，結論がより明確になることを示している．そして第2に，このドイツにおけるフランス支社の分析に基づいた新しいケース・スタディの結果により，成功に導く国際戦略は，生産国のイメージの性質（ポジティブであるかネガティブであるか）によって左右されると結論づけている．

1．はじめに

　国際市場で成功するために，企業はその経営方法を修正し適応させるのか，それとも標準化させるのだろうか？この疑問は過去30年以上にわたり，この研究のパイオニアである Buzzell (1968), Kacker (1975), Ryans & Donally (1969), Sorenson & Weichmann (1975) らにより論争されてきたが，諸見解

は標準化方策の採用と適応化方策の採用，そしてその効率性を比較するに留まっている．

一方，Kirpalani ＆ Macintosh (1980)，Levitt (1983)，Ohmae (1985)，Yip (1992) らは，適応化より標準化の方が効果的であると確信している．さらに，Douglas & Wind (1987)，Quelch & Hoff (1986)，Shipchandler, Terpstra & Shaheen (1994)，Shoham & Albaum (1994) らは適応化がより優れていると主張している．この第3の著者たちはより質の高い結論に達しており，国際環境において成功戦略とは文化，競争環境や企業の国際経験などの偶発的要因に因るものだと主張している (Bartlett ＆ Ghoshal, 1989; Boettcher & Welge, 1990; Buzzel, 1968; Cavusgil & Zou, 1994; Cvar, 1986; Fraser & Hite, 1990; Kashani, 1990; Kotabe & Okoroafo, 1990; Liouville & Nanopoulos, 1996; Samiee & Roth, 1992; Sorenson & Weichmann, 1975)．

成功する確率が高いという国際戦略の仮説は今日では広く受け入れられているが，その結論については未だ確証されていない．例えば，Miracle, Chang & Taylor (1992) によると，適応化は文化が著しく異なっているコンテクストにおいては成功する可能性が高く，標準化は本国と進出先の文化が似通っている場合に有益であるということである．しかし，Shoham & Albaum (1994) は，この仮説に異議を唱えている．彼等は，適応化はむしろ文化が似通っているときに優れていると結論しているのである．一方，Johnson & Arunthanes (1995) は，また異なった結論を示している．これらの著者は，結果はパフォーマンスの水準によって異なるとしている．彼等は，製品の適応化は利潤と市場シェアーにはなんらの影響を及ぼさないが，売り上げの成長にはプラスの効果をもたらすと確信している．

これらの結果が不安定と説明せざるを得ない要素は，これらの著者たちが，通常，標準化戦略を採用している企業と適応化戦略を採用している企業とを比較しており，これらの戦略が製品の競争力にどのような影響を与えるかを検討しようとしていないからである．なお明白なことは，標準化や適応化のどちらの政策を採用するかによって，例えば製品の品質またはイノベーションの程度

に異なったインパクトを与えることである．このため，標準化と適応化の競争力へのインパクトの影響を考慮した研究調査が必要となるのである．

　このような調査の枠組みの中で，適応化と標準化による優位性はもともとの製品のイメージに応じて変化することを考慮することが有用となる．ある特定の製品の効果は，本国のイメージと無関係ではない．そのため，本国のイメージは，外国製品を購買するにあたって決定的要因として考慮されるべきである．

　基本的な仮説は，本国のイメージがマイナスであるとき適応化が競争力をつけるのに必要であり，さらに，本国のイメージがプラスのときには標準化が有用である，という2つである．なお，このことは，進出先の規範と規制に適応する必要があるという論点とは別のことである．

2．仮　　　説

　この調査は探究的性格を持っていたので，新しい疑問が生まれた．これらの疑問は，市場に対する外交的戦略とパフォーマンスの関係に関連する次の4つの仮説に要約される．

　第1の仮説は，顧客が製品を購入する際，現地国のコンテクストに適応しているか否かを考慮しないという考えに基づいている．逆に，顧客が最終的に考慮する点は，製品の品質，イノベーションの程度，サービス，そして価格だと提唱されている．このため，適応化は，製品の価値が本国のマイナスのイメージによって減少する場合に，製品の魅力を増大させるためにのみ必要である．

　他方，本国にプラスのイメージがあるときに製品を適応させることは，その製品の価値を下げる効果をもつ．例えば，現地に適応された，つまり現地の好みに合うよう修正されたフランス製有名香水は，顧客には魅力がないのである．このように，シャネルの5番を購入する顧客は，フランスで販売されているものとは異なる，販売国に合った香水を購入しようとは思わない．この議論は，仮説1を証明する．

『仮説1』
　本国にプラスのイメージがあるセクターにおいては，標準化は経営パフォーマンス（経営成果）増大の要素であり，他方，本国にマイナスのイメージがあるセクターにおいては，品質，イノベーション，サービスの点で競争製品と比べ優れた製品となるのであれば，適応化し修正することはパフォーマンス増大の要素となる．

　第2の仮説は，価格が購入の決定要因であり，顧客に受け入れられる価格の水準は，本国のイメージに関係するという事実を考慮している．これらは，競争企業によって設定される価格より高くても，顧客はプラスのイメージのある国の製品を買うという前提に基づいている．
『仮説2』
　本国のプラスイメージから利益を得ることができる企業は，競争企業より高い価格設定をすることにより，パフォーマンスの改善することができる．他方，本国のマイナスのイメージの影響を受ける企業は，成功するためには競争企業より低い価格を提示すべきである．

　第3の仮説は，コミュニケーション戦略に関連したものであるが，最初の2つの仮説と同様，適応化と標準化の効果が本国のイメージに応じて異なることを考慮している．つまり，本国のイメージがプラスの場合は，顧客は標準化されたコミュニケーションを受け入れるだろう．それに対して，本国にマイナスイメージがある場合には，本国に関連する事柄を減少させ，コミュニケーション方法を適応させる．その結果，潜在的顧客が，この製品の客観的性質に目を向けるよう促すことができるのである．
『仮説3』
　コミュニケーション方法の標準化は，本国のイメージがプラスのときはパフォーマンス増大の要素となる．それに対して，理念（concepts）やコミュニケーション方法を修正し適応化することは，本国のイメージがマイ

ナスの際パフォーマンス増大の要素となる．

　第4の仮説は，本国のイメージがマイナスのときは，製品に現地的外装をあたえるため，企業名を海外で変えるという考えに基づいている．
　　『仮説4』
　　本国のイメージがマイナスのときは，企業名を変えることはパフォーマンス増大の要素となり，その一方，本国のイメージがプラスのときは，企業名を変更しないことがパフォーマンス増大の要素となる．

3．調査方法とサンプルの構成

　既述の論点を考察するために，ドイツにおけるフランス支社をサンプルとして調査を行った．実際，フランスとドイツは地理的に接近しているにも拘らず，全く異なった文化を持っている．さらに，他の国々と同様，ドイツのフランス製品に対する評価には非常に対照的なものが見られる．フランスの工業セクターに対するイメージは否定的であり，ファッションとアクセサリー，特に香水，芸術，装飾，スポーツ，旅行の分野では肯定的である．このフランスの二重イメージは，ドイツにおけるフランス支社を選択することが，この研究において適当であることを意味している．実際，異なった文化のコンテクストの中で，プラスのイメージないしマイナスのイメージを持つさまざまな部門において，パフォーマンスの指標が変化するかを検証することが可能なのである．
　調査の実験的性格を考慮し，情報は直接のインタビューを通じて集められた．フランス商工会議所の1992年の資料によれば，ドイツには1200のフランス支社が活動していたが，そのうちから200社がランダムに選ばれた．しかも，そのなかから企業の部長が平均90－120分のインタビューに応答してくれた48社について有効サンプルにすることにした．
　サンプルの構成についてみると，中小規模の支社（従業員数50－500人）が最も一般的（サンプルの50％）であったのにたいして，小規模支社（従業員数20－

50人）と大規模支社（従業員500人以上）は，ほぼ同数であった．さらに，このうち75％の支社が大規模親会社（従業員2000人以上）によって支配されていた．以上の要件のもとで付言すべきことは，サンプルの20％の支社が，フランスが母国であるということがドイツでプラスのイメージである（フランスのオリジナル商品の評判がドイツで良好である）というセクターに属していると信じている．他の残りの企業は，自社の活動しているセクターでは，フランスが母国であるということがドイツではマイナスのイメージがあると信じている．しかし，この感覚的認識がLegrosの1993年の報告と一致すると言うつもりは決してない．

4．変　　数

　既述の仮説を念頭に，次の変数が選抜された．
@提供される製品の技術的特徴：標準化ないし適応化された特徴は，不可避である適応化とは別のことである（例えば，実行されなければドイツでの販売を禁止されるため安全基準を適応すること）．この変数は，2つの要素を用いて測定される（すでに供給されている製品の技術的特質にたいして，標準化しているか適応しているかの全体的な傾向の2つである）．
@イノベーション戦略：この変数は6点法（1段階から6段階まで）の採用により測定され，イノベーションの新規性の程度とこれを成し遂げる方法（適応化しているか標準化しているか）を競争相手と比較することによって得られた．
@品質戦略：この変数は，イノベーション戦略に関する方法と同じように6点法で測定される．
@サービス戦略：この変数は，イノベーション戦略に関する方法と同じように6点法で測定される．
@価格戦略：この変数は，イノベーション戦略に関する方法と同じように6点法で測定される．
@コミュニケーション戦略：この戦略は，広告と販売促進に関する実践内容に

より測定される．この実践は，3点法の採用で，すなわち，広告ないし販売促進にたいして多大な適応化か，多少の適応化か，または標準化がなされたかにより測定される．さらに，インタビューをする際に，本国のイメージがコミュニケーションを図る際宣伝されたかどうかを考慮するようお願いした．

海外支社のパフォーマンスは，経営者が最も考慮する2つの指標，すなわち利益率と売上高の成長により評価された．この時点では，インタビューにおいて，過去3年間にわたる支社のパフォーマンス水準がどれほどであったかを要点とした．つまり，

　－競争企業に比べ，利益率が高いか，同じか，または劣っているか
　－競争企業に比べ，売上が大きいか，同じか，または劣っているか
の2点である．

この段階では，調査は探究的性質をおびており，初期段階の結果を明白にするため，海外支社に関しての2つのカテゴリーが分析された．第1のカテゴリーは，売上高と利益の成長率の視点から，ドイツ市場において競争企業より成功していると考えられる海外支社である．第2のカテゴリーは，ドイツの競争相手より売上高でも利益率でも劣位であると思われる海外支社である．しかし，実際には，中間的結果を示す企業のデータもあり，そのことが要点を曇らせ，明確に比較することを限定し，結果の解釈を困難にした（例えば，競争企業より高い利益率を上げているが，売上高の伸びは低いなど）．このため，中間的なパフォーマンスを示す企業を調査からはずした．

こういった選択を行った結果，第1のカテゴリー（成功している支社）は2つのタイプの企業となる．すなわち，ドイツでプラスのイメージがあるセクターで成功しているフランスの支社と，同じように成功しているがドイツでマイナスのイメージがあるセクターのフランス支社である．さらに，このパフォーマンスの指標は，3つ目のカテゴリーを示している．その第3のカテゴリーとは，成功していない支社である．ここで注目すべき点は，第3のカテゴリーにはフランス企業の支社であるということがプラスに働いているセクターの支社は1つもないことである．

この分類方法で，23の支社が下記の3つに分類される．

－第1分類：フランスのイメージがプラスであるセクターに属するもので成功している支社（7社）

－第2分類：フランスのイメージがマイナスであるセクターに属するもので成功している支社（8社）

－第3分類：成功していない支社（8社，すべてフランスのイメージがマイナスであるセクターに属する支社）

5．統 計 方 法

仮説を検証するにあたり，サンプル数が限定されている場合には非媒介変数がより適当なので，Wallis検定（分散を基礎とする統計方法）を統計方法として用いた．Wallis検定は，サンプルをそれぞれのカテゴリーに分類した上でこれらのカテゴリーのデータを比較・分析する1つの方法で，異なった分類の比較が可能となる．こうした比較はすべての分類を一度に比較する場合と，2つのペアで比較する場合があるが，この調査では2つずつのペアを比較することとする．

6．ケース・スタディの諸結果

表1は3つのWallis検定の結果が示されている．これは供給されている製品の技術的性質に関する3つの分類についてそれぞれの支社の戦略（技術的性質に適応するか標準化するかという一般的傾向）をペアで比較したものである．この結果，分類1と分類2の支社の戦略と，さらに分類2と分類3の支社の戦略の間に大きな相違（$p=0.05$）が存在するが，分類1と分類3の間には相違が見られなかった．これらの結果は，一般的に，プラスのイメージがあるセクターで成功している企業は，その製品の適応化（修正）をしないという考えを擁護している．同じことが成功していない企業にもあてはまる．つまり，全体

的に，マイナスイメージのあるセクターの成功企業は，提供する製品の技術的性質を修正し，適応化している．

表1　3つの分類における製品の技術的特質の比較

	class 1/class 2	class 1/class 3	class 2/class 3
Product characteristics: Adapted vs. Standardised			
Chi square	5.16	0.25	3.75
P.	0.05	n.s.	0.05

　この初段階における結果は，われわれの予測に沿うものであったので，適応化と標準化の性質と競争力における影響は何であるかという疑問が持ち上がった．表2がこれに関する結果を示している．Wallis検定の示すところでは，品質戦略に関しても3つの分類には相違が見られなかった．つまり，適応化は製品の品質に主要なインパクトを示さなかったのである．この結果は，3つに分類されている支社は，全体に，彼等の製品の品質が競争相手企業の品質に勝っている，または同等であると信じていることを表わしている．従って，品質戦略に関しては仮説は証明されなかった．

　他方，イノベーション戦略とサービス戦略に関しても，3つの分類の相違は確認された．実際，分類1と分類2の間と，分類2と分類3の間には2つの点で重要な相違が存在し，さらに，分類1と分類3の間にはその相違は存在しなかったことがはっきりと示されている．つまり，プラスのイメージを持つセクターで成功している企業は，ドイツの市場に参入するために特別にイノベーションを実施しないし，提供するサービスを修正したりはしない．この行動の決定要因は，イノベーションの程度とサービスの質は，競争相手企業のそれより勝っているか，少なくともそれと同じであるという事実である．また，その反対も同じ考え方である．すなわち，マイナスのイメージを持つセクターの成功企業は，製品に競争企業より優れたイノベーションをあたえるため，特別のイノベーションを実施しているということである．もしこういった支社が特別にイノベーションを実施していないとすれば，彼等は製品のイノベーションの程

表2 3つの分類での支社によってなされた意思決定の比較

	class 1/class 2	class 1/class3	class 2/class 3
Qualitu Chi square P.	0.1 n.s.	0.5 n.s.	0.6 n.s.
Innovation Chi square P.	5.0 0.05	1.2 n.s.	8.0 0.01
Service Chi square P.	7.6 0.01	0.6 n.s.	9.6 0.01
Price Chi square P.	4.2 0.05	3.9 0.05	5.1 0.05
Advertising Chi square P.	0.4 n.s.	1.6 n.s.	1.3 n.s.
Promotion Chi square P.	0.5 n.s.	3.1 n.s.	1.2 n.s.
Brands Chi square P.	0.0 n.s.	0.9 n.s.	1.0 n.s.

度は，ドイツ市場での競争企業の製品よりすでに優れていると考えているのである．不成功企業に関しては，支社のイノベーションの程度は競争企業のそれと同程度であるが，本国のイメージがマイナスであるため競争力に欠けている．一般的に，自社の製品のイノベーションの程度が競争企業のそれより劣っていると判断している支社は，その製品の改善を試みる．しかしながら，それでもなおイノベーションの程度が競争企業のそれよりも低位に留まるため，十分に成功しえないのである．

サービスに関しても同じ根拠である．一般的に，プラスイメージのあるセク

ターで成功している企業は，彼等のサービスを適応化し修正しない．それは，彼等のサービスが競争企業のそれより勝っていると考える限りにおいてのみである．一方，本国のイメージがマイナスであるセクターの成功企業は，競争企業より良いサービスを提供するために彼等のサービスを修正するのである．自社のサービスが競争企業のそれよりすでに優れている場合には，提供するサービスを標準化する．全体的に，不成功企業は最終的には競争企業より劣ったサービスを提供していることになるが，さらにそのサービスの劣位性は適応修正した後も続くことになる．この場合，提供されているサービスが競争企業のサービスに匹敵するレベルにあるときは，標準化が選択される（サービスに関して修正，適応化しないことになる）．結果として，この分類にあたる海外支店は，提供するサービスにより競争力の優位さを得る立場に決してありえない．

表2の結果は，仮説2が有意義であることを示している．仮説2に関するテストでは，価格戦略が3つの分類それぞれにおいて異なるという結果が認められている．分類1では，支社はその地位がプラスのイメージであることに応じて，競争企業より相対的に高い価格を示す傾向がある．これらの企業の高い価格は，適応化戦略と標準化戦略の双方から生じるのである．分類2では，会社は競争企業の価格よりも低いレベルに設定する傾向があり，この方向で価格を下げることを躊躇しない．他方，分類3では，支社はその価格を競争企業の価格と平行に並べる傾向がある．このため，彼等はその定価をあげ，本国のフランスより高い価格にするのである．

コミュニケーション戦略に関する仮説3は，販売促進および広告宣伝に大いに関連しているため確証されなかった．この評価は，3つの分類すべてが全体としてコミュニケーションプログラムに関して重要な修正を行っていないという事実に基づいたものである．しかしながら，3つの分類の中のいくつかの企業はコミュニケーションプログラムに重大な修正を加えていることは特筆に値する．それゆえ，本国のイメージがプラスである場合コミュニケーションの標準化が，販売促進，広告宣伝の双方のレベルにおいて自動的にパフォーマンスファクターとなる，という考え方は，この観察により無効だということがわか

る．このように，表2の結果は仮説4が証明されなかったことを示している．この結果は，特に，ドイツで販売するさいブランド名を変える企業がほとんどないという事実に関係している．

7．議論すべき論点

　ここで得られた結果により，標準化か適応化の選択に直面した際，根本的な疑問はそれぞれの選択が企業の競争力にどのようなインパクトを与えるかであると結論づけることができる．それゆえ，マイナスイメージを持つセクターでは適応化は万能薬ではなく，このことはこれらのセクターで適応化を行っているすべての支社が成功しているわけではないことから明らかである．同じように，プラスの効果をだすためには，適応化はその改革の程度が競争相手より優れていなければならない．このためドイツ人顧客特有の要求を満たすという目的に達するため，イノベーション改革を躊躇しない企業もあるのである．また，プラスイメージを持つセクターでは，標準化が鉄則というわけではない．しかし，プラスの効果を得るために適応化によってそのセクターのイメージにそぐわなくなる程のイノベーションをすべきではない．つまり，これらのセクターにおいてはパフォーマンスを維持するため，イノベーションの程度は競争相手と同等程度に抑えるべきである．

　製品品質とパフォーマンスの関係が得られなかったことは，競争相手より高い品質が成功の条件であるとするこれまでの研究（Phillips et al., 1983；Jacobson & Aaker, 1988；Hildebrandt & Buzzell, 1991）に反しているため注目に値する．このことは3つのカテゴリーの支社が概して競争相手と同程度の製品品質を持っていたという事実と関連している．さらにこのような傾向は，ドイツ市場が世界で最も要求が厳しいとされており，ほとんどの競争相手はこの市場に対して顧客の期待に一致する品質の製品をもって臨むという事実と関係している．その結果，品質を向上するための適応化は，要求に答えさらに生産性を低下させない場合にのみ，つまり，競争力が価格によって低下しない場合にのみ

有利となる．実際，前述のケースでなければ，顧客はこの品質という付加価値のための価格を払う用意ができておらず，それが企業を失敗へと導くのである．このことは，Rappaport (1992) によっても証明されている．これは特に東ドイツの現状をよく説明している．東ドイツでは，製品の品質向上がイノベーション，顧客サービス，そして競争価格の設定に重点を置いた戦略の一貫で行われるのでなけれは，競争力の強化に貢献しないのである．

　本国イメージの条件適合的効果は定価において明らかとなる．本国のイメージを考慮する際，前述と同様の決定は逆の結果を導く．本国のプラスイメージは，ヴェブレン効果を引き出しマージンを増やすことができる．他方，フランスのイメージがマイナスであるとき，価格の点での攻撃的方策は売上を回復させるために得策である．もしこの価格政策がイノベーションと品質の政策に後押しされれば，イメージの逆転に有利である．そういった変化が起こったならば，価格競争が減り利益が増えるのである．

　広告と販売促進方法の選択が本国のイメージに影響されないという事実は，次の要因によって説明できる．販売促進の適応化は，通常フランスの方法の創造性の程度に依存する．フランスの方法がドイツの方法より創造的であると考える支社はフランスの習慣を採用する．しかしながら，フランスでの販売促進技法の中にはドイツでは違法であるものもあるため，この決定は必ずしも原則というわけではない．もちろんこういったケースでは，フランスの方法がドイツのものより効果的であったとしても，適応化が不可欠である．

　広告においては，適応化の重要な要因はドイツの文化に関係していることがインタビューによって示されている．フランスの広告は二重の意味を持っているといわれる．そのため，フランスの広告はドイツ人に理解されないことが多い．この場合には，本国のイメージと関係なく適応化が必要である．さらに，プラスイメージをもつセクターでも現地の特質を生かした適応化は有益である．例えば，「Hennri IV」というチーズのブランドのケースを引用すると，ドイツ人ボクサーの Henri Maske が世界チャンピオンに輝いたとき，このブランドはドイツにおいて製品名を「Henri」に変えた．このブランドは，当初

は広告にフランスのイメージを用いることを好んでいたが，広告のねらいをHenri Maskeのイメージから利益を得ることに変えたのである．

名称変更とパフォーマンスの関連が得られていないため，その関連はこの例に大きく依存して説明することができる．このレベルでの適応を行っている支社がほとんどなく，回答が均一であるということは，諸要素を区別する研究において不利な要因となる．

8. 結　論

ここで行われた調査は，国際舞台において，いかなる条件のもとで標準化ないし適応化すると利益が上がるかを検証することを目的とした一連の研究の一部である．この研究が探究的性質を持っているため，結果は，調査の初期段階に参加した企業を再度インタビューすることによって得られた．結果は全体的に受け入れられ，そのことが結論により一層の重要性を与えている．

この研究の最も重要な結果は，国際戦略の効果が本国のイメージに応じて変化するという結論へと導びくことである．しかしながら，示された結果では，イメージが巨大な一枚岩的な要因と考えることはできない．反対に，国はその強さないし弱さに応じて二重のイメージを持つことができる．この場合，パフォーマンスの諸要因はそれ自体が偶発的な性格を持っている．セクターに応じてイメージがプラスないしマイナスであるとすれば，成功の法則は様々である．つまり，この研究で本国のイメージの条件適合的効果が主にマーケティングの変数に影響を及ぼしてきていることが確認されるとすれば，成功の法則が普遍的でないという考えに導くのである．

これら初期段階に導かれたことを越え，不利な条件や有利性は撤回できないことは明白である．イノベーション，高い質のサービス，競争に有利な定価設定に焦点を合わせた戦略によって，いくつかの企業は，たとえマイナスのイメージをもつセクターに属していてもドイツにおいて良好な評判を得ている．サンプルに用いられたこれらの企業が，分析された結論を確認したことは興味深

表3　国際環境の文脈（コンテクスト）におけるマトリックス

本国イメージ 文化の同・異質性	本国のイメージが プラス	本国のイメージが マイナス
本国と現地国の文化が近接している	ベルギー	ベルギー
本国と現地国の文化が異なっている	ドイツにおけるフランスの香水企業	ドイツにおけるフランス工作機企業の

いものであった．

　最後に明らかになったことは，国内市場の外では「標準化」か「差別化（修正，適応化）」を選択すべきかに比べ，ターゲットとする市場での本国セクターのイメージを考慮すべきであるということである．このことにより，その反応はかなり変化しうるのである．

　しかしながら，もともとの諸仮説と対立する諸結果は，本国のセクターのイメージのみが選択決定の要因であるわけではないことを示している．事実，文化の相違も選択決定の1要因であるといわれている．したがって，調査は文化の変数をも考慮し，さらに研究されるべきである．「本国のイメージ（プラスないしマイナス）」と「文化的間隔（大きいか小さいか）」の変数双方を考慮することにより，後の付録に示されているマトリックスによって示されている4つの状況が考えられる．それゆえ，これらの4つの状況に応じて異なるということを提言しておく．

　もう1つのこの調査から導かれる興味深い示唆は，本国イメージがマイナスであるにもかかわらず，支社は進出先でプラスのイメージを作り上げることができるということである．これは，本国の不都合なイメージにもかかわらず，海外でプラスのイメージが認められるようになるメカニズムがあるということを意味する．すなわち，イメージとその逆転のダイナミズムの問題である．

ノート
　1．ドイツの東部地域（新しく組み入れられた州）では支社はまだ新しく，ドイ

ツの東西地域でのメンタリティーは大いに異なるため，この研究では古い州の支社のみを対象とした．
2．約50%の企業が必要とされる特徴を持っていた．
3．この研究はポーターアプローチ (1980) の延長線上である．ドイツではハイブリッド化戦略がパフォーマンスの条件であるという彼の仮説に反し，ポーターはパフォーマンスは全体に共通の戦略によって決定されるという考えを擁護した．つまり，1つの主な利益を追求するという戦略である．

参 考 文 献

Ahmed, S.A., A. d'Astous & M. El Adraoui. 1994. Country of origin effects on purchasing managers' product perceptions. *Industrial Marketing Management*, 23 (4) : 323-32.

Bartlett, C.A., & S. Ghoshal. 1989. *Managing Across Borders. The Transnational Solution.*

Boston (Mass.) : Harvard Business School Press.

Bilkey W.J., & E. Nes. 1982. Country-of-origin effects on product evaluations. *Journal of International Business Studies*, 13 (1) : 89-99.

Boettcher, R. & M.K. Welge. 1996. Global Strategies of European Firms. *The International Executive*, 38 (2) : 185-216.

Buzzell, R. 1968. Can you Standardize Multinational Marketing? *Harvard Business Review*, 46, (6) : 102-13.

Cavusgil, S.T. & S. Zou. 1994. Marketing Strategy-performance Relationship : An Investigation of the Empirical Link in Export Market Ventures. *Journal of Marketing*, 58, (1) : 1-21.

Chambre de Commerce Franco Allemande. 1992. *Répertoire des implantations françaises en Allemagne,* Saarbrücken.

Cvar, M.R. 1986. Case studies in global competition : Patterns of success and failure. In M.E. Porter, editor, *Competition in Global Industries.* Boston (Mass.) : Harvard Business School Press, 483-516.

Diamontopoulos, A., B.B. Schlegelmilch & J.P. Du Preez. 1995. Lessons for pan-European marketing ? The role of consumer preferences in fine-tuning the product-market fit. *International Marketing Review*, 12 (2) : 38-52.

Douglas, S.P. & Y. Wind. 1987. The myth of globalization. Columbia Journal of World Business, 22, Winter : 19-29.

Fraser, C. & R.E. Hite. 1990. Impact of International Marketing Strategies on Performance in Diverse Global Markets. *Journal of Business Research*, 20, 249

-62.
Fritz, W. 1994. Die Produktqualität : ein Schlüsselfaktor des Unternehmenserfolgs? *Zeitschrift für Betrieswirtschaft,* (8) August, 1045-62.
Graby, F. 1993, Countries as corporate entities in international markets. In N. Papadopoulos & L.A. Heslop, editors, *Product-Country Images : Impact and Role in International Marketing.* New York, London, Norwood (Australia) : International Business Press. 257-283.
Hildebrandt, L. & R.D. Buzzell. 1991. Product quality, market share and profitability : A causal modeling approach. Harvard Business School-Working Paper 91-045.
Hofstede, G. 1980. *Culture's consequences : international differences in work-related values.* Beverly Hills, London : Sage Publications.
Hofstede, G. 1987. Relativité culturelle des pratiques et théories de l'organisation. *Revue Française de Gestion,* septembre-octobre, 10-21.
Jacobson, R. & D.A. Aaker. 1988. Le rôle stratégique de la qualité du produit. *Recherche et Applications en Marketing,* III (2) : 29-54.
Johansson, J.K. & I.D. Nebenzahl. 1986. Multinational production : effect on brand value. *Journal of International Business Studies,* 17 (3) : 101-26.
Johnson, J.H. 1995. An empirical analysis of their Integration-Responsiveness Framework : U.S. construction equipment industry firms in global competition. *Journal of International Business Studies,* 26, (3) : 621-35.
Johnson, J.L. & W. Arunthanes. 1995. Ideal and actual product adaptation in US exporting fimrs : market-related deterninants and impact on performance. *International Marketing Review,* 12, (3) : 31-46.
Kacker, M. 1975. Export oriented product adaptation : Its Patterns and Problems. *Management International Review,* (6) : 61-70.
Kaplan, R.S. & D.P. Norton 1992. The balanced scorecard-measures that drive performance. *Harvard Business Review,* 70 (1) : 71-79.
Kashani, K. 1990. Why does global marketing work or not work? *European Marketing Journal,* 8, (2) : 150-55.
Kirpalani, V.H. & N.B. Macintosh. 1980. International marketing Effectiveness of technology-oriented Small Firms. *Journal of International Business Studies,* 11, Winter : 81-90.
Kotabe, M. 1990. Corporate product policy and innovative behaviour of European and Japanese multinationals. *Journal of Marketing,* April : 19-33.
Kotabe, M. & S.C. Okoroafo. 1990. A Comparative study of European and

Japanese multinational firms marketing strategies and performance in the United States. *Management International Review,* 30 (4) : 353-70.

Legros, C. 1993. L'image de la France à l'étranger et ses conséquences économiques. *Avis et Rapports du Conseil Economique et Social,* n° 7.

Levitt, T. 1983. The globalization of markets. *Harvard Business Review,* 61 (3) : 92-102.

Liouville, J. & C. Nanopoulos 1996. Performance factors of subsidiaries abroad : Lessons in an analysis of German subsidiaries in France. *Management International Review,* 36 (2) : 101-21.

Miracle, G.E., K.Y. Chang & C.R. Taylor. 1992. Culture and advertising executions : A comparison of selected characteristics of Korean and US television commercials. *International Marketing Review,* 9 (4) : 5-17.

Nebenzahl, I.D., E.D. Jaffe & S.I. Lampert. 1997. Towards a theory of country image effect on product evaluation. *Management International Review,* 37 (1) : 27-49.

Nebenzahl, I.D. & E.D. Jaffe. 1993. Estimating demand functions from the country-of-origin effect. In N. PAPADOPOULOS & L.A. HESLOP, editors, *Product-Country Images : Impact and Role in International Marketing.* New York, London, Norwood (Australia) : International Business Press. 159-178.

Ohmae, K. 1985. *Triad Power.* New York : The Free Press.

Papadopoulos N. & L.A. Heslop, editors. 1993. *Product-Country Images : Impact and Role in International Marketing.* New York, London, Norwood (Australia) : International Business Press.

Perrin, M., C. Marcel, R. Salle & J.P. Valla. 1981. L'image des biens industriels français en Europe. *Revue Française de Gestion,* n° 29, Janvier/février, 97-107.

Peterson R. & A. Jolibert. 1994. A quantitative analysis of country-of-origin effects, Working Paper, University of Texas, Austin.

Phillips, L.W., D.R. Chang & R.D. Buzzell. 1983. Product quality, cost position and business performance : A test of some key hypotheses. *Journal of Marketing,* 47, Spring : 26-43.

Porter, M.E. 1980. *Competitive strategy.* New York : The Free Press.

Quelch, J.A., & E. Hoff. 1986. Customizing global marketing. *Harvard Business Review,* 64 (3) : 59-68.

Rappaport, A. 1992. CFOs and strategists : Forging a common framework. *Harvard Business Review,* 70 (3) : 84-91.

Roth, K., Morrisson A.J. 1990. An empirical analysis of the integration-responsiveness framework in global industries. *Journal of International Business Studies*, 21 (4) : 541-64.

Roth, M.S. & J.B. Romeo. 1992. Matching product category and country image perceptions : A framework for managing country of origin effects. *Journal of International Business Studies*, 23 (3) : 477-97.

Ryans, J.D. & J.H. Donally. 1969. Standardized global ad : A call as yet unanswered. *Journal of Marketing*, April, 57-60.

Samiee, S. 1994. Customer evaluation of products in a global market. *Journal of International Business Studies*, 25 (3) : 579-604.

Samiee, S. & K. Roth. 1992. The influence of global marketing standardization on performance. *Journal of Marketing*. 56 (2) : 1-16.

Shipchandler, Z.E., V. Terpstra V. & D. Shaheen. 1994. A study of marketing strategies of European and Japanese firms manufacturing in the US. *International Business Review*, 3 (3) : 181-199.

Schmidt, G. 1993. Théorie et pratique des styles de management : une comparaison internationale. Unpublished Ph. D. Dissertation, Université de Nancy II (IAE).

Shoham, A. & G. Albaum. 1994. The effects of transfer of marketing methods on export performance : an empirical examination. *International Business Review*, 3 (3) : 219-41.

Sorenson, R.Z. & U.E. Weichmann. 1975. How multinationals view marketing standardization. *Harvard Business Review*, 53, (3) : 38-54 & 166-167.

Trompenaars, F. 1994. *L'entreprise multiculturelle*. Boulogne : Maxima

Usunier J.C. & B. Walliser. 1993. *Interkulturelles Marketing*, Wiesbaden, Gabler Verlag.

Yip, G.S. 1992 *Total Global Strategy : Managing for worldwide competitive advantage*. Englewood Cliffs, NJ : Prentice Hall.

第2章 シコダとVWのジョイント・ベンチャーにおける経営技術移転の過程

要　旨
　本稿は，シコダとフォルクスワーゲンのジョイント・ベンチャーの経営管理の統合過程を検討している．このジョイント・ベンチャーは，グローバルな視点からみても能力過剰で苦しい費用削減をしなければならず激しい競争状況に直面しているヨーロッパの自動車市場で展開され設立されなければならなかった．このような著しく不利な状況で，このジョイント・ベンチャーが成功裏に展開されるには，特別な革新的解決が要求された．この論考は，統合過程の決定的要素としての，両社における異文化コミュニケーション問題，目標をめぐるコンフリクト，異なった価値システム，ノウ・ハウ不足について検討している．最後に，シコダとフォルクスワーゲンのジョイント・ベンチャーが激しい競争市場で成功する基礎となった意思決定の複雑性を少なくする参加方法でコンフリクトを抑制する二人乗り自転車の組織構造について検討している．

1．シコダの歴史とジョイント・ベンチャーの形成

　シコダは世界で3番目に古い自動車製造企業である．シコダの創立は1895年で，チェコの一都市マラダ・ボルセラヴ（Mlada Boleslav）で，活動を開始した．V．クレメント（Klement）という名前のチェコ人の本屋は，ドイツ製の自転車を購入し修繕を必要とした．ドイツの自転車製造業者のジーデルとナウマン（Siedel & Naumann）は，クレメントからのチェコ語の手紙にたいする返答を拒否した．クレメントは，この対応にムシャクシャしたが，最終的に，技師であったバッカラ・ロウリンと友人であったチェコ人とともに自転車会社を

創立したのであった．

会社はL＆Kと呼ばれ，2人の労働者と1人の見習とともに創業された．彼等は，1901年に最初の四輪車「Voiturette」を生産し，1905年に生産を開始した．L＆K社は，生産開始後，5年目で最高級車をオーストリーの国王に納入した．第一次世界大戦までに，L＆K社は拡張され，自動車，トラック，トラクター，バスが大量に生産された．そのディーラーは，全大陸に配置されていた．1925年，L＆K社はチェコの大機械製造企業シコダと合併した．その理由は，近代的自動車生産には大規模の資本が必要だったからである．現在「シコダ」と呼ばれている会社は，1954年まで製作された「420型」乗用車の生産を1933年に開始した．第二次世界大戦がはじまる数日前の1945年5月，空襲は工場を完全に破壊したが，1945年秋には生産が再び開始された．1946年共産主義者は会社を国有化した．長年の経営活動の停滞後，近代的生産と設備の恒常的拡大化がはかられた．1973年までに，100／110型の自動車100万台が生産され，その30％が西側市場で売却された．社会主義政府の最後の年であった1988年に，新車「Favorit」がイタリアのデザイナーのベルトンの支援を受けて設計された．1989年から1990年の共産主義の崩壊の間，シコダ会社は国際的願望の対象になった．ゼネラル・モーターズ，シトローエン，ルノー，BMWやフォルクス・ヴァーゲン（VW）が，コメコンで最も成功しているこの会社に高い関心を示した．中央計画経済の時代の間に会社の利益が後退したため，シコダの経済状況が問題化し，最終的に2社のみがシコダの買収に関心をもつようになった．フランスのルノー社とドイツのVW社であった．

ルノーとVWは，まったく異なった方式で取引交渉を行った．

ルノーは，フランスの大統領の支援を受けて政府レベルでの交渉をした．フランスの戦略は，チェコ政府を誘惑し，シコダを予定しているルノーとボルボ（Volvo）（後に失敗）の戦略的提携に抱き込もうとすることであった．ボルボは上級車市場，ルノーは中級車市場，シコダは下級車市場をカバーするはずであった．

VWは，スペインの国家所有の会社シート（Seat）との協力をとりつけてい

た．VWの前会長，C．ハーンが指摘したことは，外国の会社に自立性を委ねることは，彼等にその国家的アイデンティティーを与えることになるということであった．最も重要なことは，VWが，すべてのレベルで交渉し，組合員，労働者，マネジャーをシコダに派遣し，シコダのエンジニアや労働者がVWグループの一部であることを確信させた．シコダの従業員は，ドイツの共同決定，賃金，社会ベネフィット，労働条件等の現状を見て，自分たちの自律性を維持しうることを確信し，VWグループへの統合を表明したのであった．

シコダ社の所有者であるチェコ政府は，VWとのジョイント・ベンチャーを1991年12月10日に開始した．提携契約は，1991年4月16日に調印された．パートナーは，チェコ国とVW株式会社だった．1994年までは，VWは株式の30％を所有する少数所有であったが，管理にたいしても完全に責任を持つということであった．VWは，82億DMを投資する計画であったが，後にこの金額は2000年までは37億DMに減額された．この減額理由は，自動車部門での世界規模での過剰投資によるものであった．しかも，社会主義崩壊後の東側市場は，蜜月時代に予測されたよりははるかに狭いことが，間もなく明らかになった．1995年末には，VWは，14億DMを投資し，最終的に株式の70％を所有するにいたった．年間生産能力は，2000年までに34万台に増大する計画であった．提携契約によれば，両パートナーは同等な意思決定権限をもち，それによりVWは，生産能力を減少させようとした．シコダは，VW，ディーラーのアウディーとシート（Seat）とともに第4の自立性をもった会社を確立しようとした．そのため，契約の重要な点は，シコダの中核的労働力を削減しないということであった．

2．シコダの戦略的強さと弱さ

VW社の視点からすると，提携パートナーのシコダ社は，1991年につぎのような戦略的強さと弱さによって特徴づけられた．

シコダの強さ：①シコダのトレード・マークの長い伝統，②有用な基本技術と相対的に現代的乗用車，③西ヨーロッパと比較し非常に安価な労働コスト，④労働者のパイオニア精神，⑤スタッフの基本的に高い資格能力，⑥学習への高い期待，学習への熱望そして学習への意思，⑦政府の支援，⑧以前からのコメコン諸国におけるシコダの積極的イメージ．

シコダの弱さ：①部分的に時代遅れの技法と遅れた作業過程，②システムとプロセス・マネジメントの未発達，③部分的に責任意識の薄弱性，④基礎的な西側スタイルのマネジメント能力のレベルの低さ，⑤プロジェクト・マネジメント，コントロール，マーケティング，人事管理についての詳細なノウ・ハウの欠如，⑥「高齢者」たちの強い結び付き，⑦不効率な供給企業とディーラー．

3．シコダの雇用システムの変化

チェコ共和国におけるスムーズな革命の後，政府，経営者，シコダ労組に明らかになったことは，経営戦略の観点からみると，この会社は，グローバルな自動車市場で生き残れないということであった．1990年のシコダの負債総額は，1兆クローネに達した．利潤は，中央基金を通じてパフォーマンスが良くない会社に分配されたため，設備などの近代化に利用できなかった．賃金は，労働者のパフォーマンスとは無関係に支払われた．生産部門に属さない多くの従業員は，社会サービスのような領域に属し，補助金が支払われていた．社会主義制度と市場制度における職長の責任従業員の態度などの相違は，表1のように要約できる．

表2は，1990年のジョイント・ベンチャー（合弁）以前のシコダの雇用制度に関わる雇用構造の条件についての情報を示している．

表2の数字は，1990年の問題の問題状況を明確に示している．女性労働者の比率は，西側自動車工業に比べ著しく高く（6）参照），7）の外国人労働者（ベトナム人とキューバ人）との雇用契約の比率が異常に高いこと．そのうちスタッフの10％が徒弟(2)でありその著しく長い勤続年数(4)，生産中断の割合が高

表1　職長責任・従業員態度・作業成果の比較

基　　準	社会主義経済	市場経済
作業成果	最小（積極的ないし消極的制裁が皆無）	最大（高い誘因の存在）
職長の責任	最小（賃金や特殊スキルの区分が無く主に政治的役割）	最大（自主活動，スキル，誘因）
革　　新	革新，誘因，集団ダイナミックが無い	高いチーム・ワークにより革新性良好
訓練，資格	低い技術発展のため良くない	速い技術発展のゆえ良好
集団結束力	大変高い，集団意思決定	大変低い，個人的意思決定

いにもかかわらず従業員の移動率(5)の低さ，高い平均残業時間(7)，工場労働者と管理者間においてほとんど賃金差が存在しないこと(9)，(10)，多くの社宅(12)と多くの保育園(13)は，社会主義企業の典型的構成要素である．職業の再教育への低い支出（それは，1年に1人あたり労働者にわずか1時間であった）は，社会主義企業では職業再教育にほとんど支出がされないことを示している．投資のために資本がほとんど投下されないのであるから，それゆえ従業員からの改善提案への関心はほとんど存在しないことになる．

　チェコ共和国における制度転換の過程を東ドイツのそれと比較すると，その重要な相違は，チェコでは東ドイツで見られたような労働力の基本的削減が見られなかったことである．表2の数字は，シコダとVWの人事構成における転換状況を示している．

　1990年に比較し，人事構成はかなり変化している．1994年までの4年間に職員と労働者の比率が1：3から1：2まで変化している．女性労働者は著しく減少しているが，それは，社会サービス（保育園）部門が売却されたからである．外国人労働者は，母国に帰還させられた．徒弟の数が50％減少したのは，他会社のための訓練が中止されたからである．シコダの労働力の平均年齢がほぼ1.5歳減少したのは，若年および資格のある従業員を雇用したからである．移動率が50％上昇したのは，他会社から魅力的従業員の提供があったからである．年間1人あたり平均残業時間が20％減少したのは，組織の改善と弾力的労

表2　1990年と1994年のシコダ自動車の人事構成

人事構成	1990年	1994年
(1)従業員の構成	19,882人	15,985人
1）職員の数（1に対する割合）	4,873 (24.5%)	5,148 (32.2%)
2）労働者の数（1に対する割合）	15,009 (75.5%)	10,837 (67.8%)
3）直接労働者の数（2に対して）	8,374 (58.2%)	5,804 (53.6%)
4）間接労働者の数（2に対して）	6,275 (41.8%)	5,033 (46.4%)
5）男性従業員の数（1に対して）	13,460 (67.7%)	11,317 (70.8%)
6）女性従業員の数（1に対して）	6,422 (32.7%)	4,668 (29.2%)
7）外国人労働者	2,150 (10.8%)	168 (1.1%)
(2)徒弟の数（(1)とは別）	2,341	1,039
(3)従業員の平均年齢	39.4歳	38.1歳
(4)従業員の平均勤続年数	14.2年	14.1年
(5)月別平均移動率（1990年）	0.6%	0.9%
労働時間と欠勤率		
(6)週労働時間（シフト労働制度に応じて）	40−42.5時間	40時間
(7)従業員当たり年間平均残業時間	148時間	122時間
(8)病気による平均欠勤率	5.1%	6.6%
賃金・給与，社会ベネフィット	クローネ　マルク	クローネ　マルク
(9)労働者の平均月別所得（残業手当，報奨金等除く）	3,245　180	7,086　395
(10)職員の平均月別所得（残業手当，報奨金を除く）	3,562　200	10,489　585
(11)社会資金	26百万　1.45百万	78百万　4.35百万
(12)シコダの社宅の数	2134箇所	49箇所
(13)シコダの保育園の数	1340箇所	0箇所
職業訓練の経営者の発案		
(14)従業員1人当たり再教育期間	0.14日	5.78日
(15)改善提案の数	919件	4,092件
(16)従業員1000人当たりの提案の数	46.2案	256.0案

働時間による．病気による欠勤率は，1990年から1994年の間に5.1%から6.6%へとかなり上昇した．月当たり平均所得は，1990年と1994年の間の生活費に比べかなり上昇した．それは，全従業員にたいして，ある一定量の一定の質の客観的仕事を遂行した者には，1カ月のボーナスが支払われたからである．労働

者の賃金と職員への給与の差額は，10%からほぼ50%に上昇している．社会基金（social fund）は3倍に増大している．社宅と保育園は地域社会に引き渡された．教育訓練プログラムを開発するために集中的努力がなされ，年間1人当たり労働者にたいして0.14日から5.78日と驚くべき上昇を示している．提案制度を生き返らせたことがシコダの素晴しい成功に結びついており，提案率はドイツ自動車産業の率に近づいている．

　1990年と1994年の間におけるドラマティックな変化は，VWが必要なノウ・ハウを移転するために，140人の外国勤務従業員を派遣員として送りだしたからである．ノウ・ハウの移転は，ジョイント・ベンチャー締結後，直ちに必要となった．ノウ・ハウ移転の成功は，柔軟化と学習への準備と関係している．一方で，この中心的成功要因はシコダで採用されたのにたいして，他方で，双方と相互理解と相互適応のための準備がまったくされなかった．チェコ側パートナーの期待は，ジョイント・ベンチャー双方にコンフリクトと失望を生みだす要因となった粗雑な経済の現実によって打ち砕かれた．

4．シコダとVWジョイント・ベンチャーにおけるコンフリクトの発展

　原理的には，国際的ジョイント・ベンチャーには，3つの戦略が存在する．
①比較優位な強力なパートナーは，少数所有のパートナーにそのビジネス・カルチャー，事業システム，事業手続きを移転する（この場合，シコダは完全にVWに適用しようとする）．
②現地のカルチャーと吸収された会社のアイデンティティーは，可能なかぎり維持され，それは国際統合生産ないし配給の必要性にたいしてのみ適用修正されることを，双方が了解している．
③シナジー効果が存在するときにのみ，協力が優位性を発揮することが了解されている．このことは，相互に適応しあうこと，さらにこの新しいジョイント・ベンチャーは，創立会社と区別されるそれ自身のアイデンティティーとビジネス・カルチャーを開発することを，双方のパートナーが合意

していることである．

この転換過程は，VWが高度の国際競争力の圧力のもとにあり，自動車産業部門がグローバル規模で景気後退期にあり，かつVW本社機構における基本的組織変革の時代に起きていた．VWは，ドイツにおける労働力を30,000人までに削減し，リーン・マネジメントを実施し，さらに後になって「プラットフォーム戦略」と呼ばれる生産戦略を統合しなければならなかった．それゆえ，VWの組織は，シコダに向いたモデルをとりえなかった．もしシコダがVWを模倣するなら，それは完全に異なった環境にあるのであるから，会社にとって間違った不能率な方法を採用することになろう．このような状況で，VWは，上記の3つの戦略のうち第3のジョイント・ベンチャー戦略を決定し，ジョイント・ベンチャーの契約の枠組みにシコダ社に，権限を委譲し，チェコ・ドイツ型の刷新されたマネジメント過程を作りあげた．

1) シコダの解決策：
プロジェクト・マネジメントと2人乗り自転車構想

新しいビジョン，新しいリーダー・シップ制度，新しい組織構造，新しい刺激制度，新しい技術および人事管理能力を開発する必要性は，ノウ・ハウ移転の最適方法が何であるかの疑問を引き起こした．シコダの人事管理部長のZoepf (1996, p. 87) は，管理の最適移転について，次のように書いている．

① 「青写真」：VWの諸政策，諸システム，諸ルール，諸公式は，最初の変換の過程を保証するため，模倣されシコダに移転された．しかし，これは，シコダにそれ自身の制度を展開することを認めるというVWの基本決定と対立するものであった．

② VW管理者による「基本的地位の占有」：VWからの派遣管理者は，主要な管理職能を担い，ネット・ワークを形成し，信頼すべきチェコ人担当者を長期に訓練した．

③ 「VW大学」：チェコ人管理者は，VW社に派遣され「オフ・ザ・ジョップ」の訓練プログラムに参加し，そこで必要なノウ・ハウを獲得した．

④「実践で学ぶ」：チェコ人管理者は，ノウ・ハウの獲得のため，本社からの派遣管理者の指揮下で活動した．
⑤「プロジェクト・マネジメント」：転換の全体過程は，プロジェクトのシステムに構造化された．プロジェクト・マネジメントは，ステップ・バイ・ステップで進行する基本的組織開発の基礎とみなされた．
⑥「2人乗り組織」：中心的な管理職能は，2人乗りないし二重の職能として組織化された．現地人管理者と派遣管理者は，これらの職能を実行し，地位，権限と責任を分担した．

VWは，この①から⑥までの方策のうち，最後の⑤「プロジェクト・マネジメント」と⑥「2人乗り組織」の2つの方策を，経営転換における最も適切な方策とみなした．以下，この点について詳論しよう．

ⅰ）プロジェクト・マネジメントによる複雑性の削減

1991年10月開始のためのワーク・ショップで，現地人と派遣員は140の転換に関する諸問題別にリスト・アップされた．これらの諸問題は21のプロジェクトに分割されたが，これには再組織の問題，刺激システムの新しいスキム，団体交渉の地位，量的・質的人事計画，リーダー・シップ原則の形成などが含まれていた．ノウ・ハウの移転を促進するために現地人と派遣員の役割は，明確に定義されていた．すなわち，現地人は，プロジェクトの決定とその結果に責任を持ち，派遣員はプロジェクト・マネジメントの方法に関する知識を与えることであった．プロジェクトの体系化による移転問題の複雑性を削減することが，組織開発のための重要な成功要因であった．ほかに，現地人と派遣員は，この極度に複雑な仕事のためやる気を無くした．しかしながら，多くのプロジェクトと目的への合意がいぜんとして存在したので，現地人を派遣員との間にフラストレーションや衝突を引き起こす兆候はみられなかった．しかし，目的への一連の合意とプロジェクトのさらなる削減が必要な再組織が実行される前に，多くの時間が浪費されたのではあるが．

ⅱ）2人乗り自転車組織によるノウ・ハウ移転の促進

1991年の終りに約100人の派遣員がすでにシコダに存在していた．派遣員の

Gutmann (1996, p. 97) は彼女の経験から，2人乗り自転車構想の枠組みと諸問題を記述している．2人乗り自転車組織とは，重要なポジションは，現地人と派遣員とで分担することを意味する．2人乗り自転車構想のアイデアは，同等の権限を持つ管理者間でのノウ・ハウの素早い移転にある．48の2人乗りの職位が設置された．人事管理で1職位，研究開発・生産で8職位，マーケティングで19職位，管理・統制で12職位，執行役会で8職位である．2人乗り自転車構想における中心的コンフリクト（衝突）は，一方で派遣員は現地人よりエキスパートとしての力を発揮しなければならず，現地人は早く積極的結果を達成しなければならないというプレッシャーのもとにおかれたことにあり，他方で，彼等はリーダーになろうとせず時間のかかるコーチになろうとしたことにある．2人乗り自転車構想に絶えず存在する危険は，派遣員と現地人の水平的（同等の）関係が垂直的（支配的な）関係に発展しかねないということである．2人乗り自転車構想では，人間的要素が中心的成功要因であるということである．すなわち，異なった文化を相互に受け入れ，双方の強さと弱さを認めあうということである．派遣員の訓練の欠陥と不適切な人事選抜は，2人乗り自転車構想に緊張を引き起こしている．互いに連合するよう試みられている．現地人と派遣員の間の衝突の原因は，彼等の高い期待を達成できないことや彼等が異なった価値体系を持っていることである．

DorowとVarga von Kibed (1996) によるコンフリクト分析は，所得，職務保証，参加の程度，社会条件を明らかにしているが，これらの期待は高すぎた．2人乗りのうちの現地パートナーは派遣員の所得のわずか10％であり，素早い増大を期待していた．しかし，賃金とサラリーを急速に増大させることへの期待は達成されなかった．チェコの従業員は，仕事を失うことを恐れたが，しかし上記の数字が示しているように彼らの恐れは見られなかった．派遣員は，ある現地人の参加の程度に失望した．自己実現は，なおも仕事の場所で探究されず私生活のなかで探究されている．これらのコンフリクトは，現在も存在するが，つぎの理由により開発過程を危険におとしいれることはなかった．

①2人乗り自転車組織とプロジェクト管理は，現地人と派遣員間の継続的コ

ミュニケーションによりコンフリクト状況の発生を制限している．このことが，双方をして理性的な討論によりコンフリクトを解決することを可能にしている．
② シコダでの継続的な経済的，技術的な進展は，作業条件での絶え間のない長期的な改善をもたらしている．したがって，コンフリクトの拡大は限定的であった．参加者すべてにおいて，協力がコンフリクトより効率をもたらすことが明白であった．
③ コンフリクトは限定的であった，というのは，派遣員は一定の限定された期間に限ってシコダに勤務したからである．現地人は，彼等が自律的にシコダを運営しており，過度の要求は会社の将来に危険をもたらすことを知っていた．
④ コンフリクトは，また経営者，経営協議会，組合の多段階での交渉により抑制された．

2）ノウ・ハウ移転における危険

これらのコンフリクトは，移転過程が摩擦から自由でありえないことを示している．現地人と派遣員との関係における摩擦は，社会主義企業から市場志向の企業に転換することへの経験と構想によるものであった．KunzとMeiser (1994) は，シコダへの派遣員としての経験からノウ・ハウを成功的に移転させるに当たっての10の危険をリストに上げている．
① 双方における2人乗りの管理者の不適切な選抜：スペシャリストは経験のあるゼネラル・マネジャーに代わって選抜される．
② ノウ・ハウの提供者と受領者に関して，個人的訓練と文化的準備の不十分性．
③ 2人乗りのパートナーは，日常的諸問題の解決に目を奪われ，長期的に着実に考慮すべきノウ・ハウ移転を無視することがある．
④ 派遣員は，戦略的展開と本社とのコミュニケーションに責任を感じ，現地人に運営業務のみをさせることがある．

⑤現地従業員は，現地従業員に，変換の対象と諸過程について体系的，継続的に情報があたえられないことがある．批判的なことは，派遣員によってのみ扱われる．
⑥派遣員は彼のイメージを展開できるのにたいして，現地人はたびたび助手に甘んじるような現象がある．
⑦派遣員は，現地で有用であり信頼されている方法を採用せず，当面している状況のみを問題とし，彼等が長年持ち続けた構想を無理やり実行しようとする傾向がある．
⑧派遣員は，チーム形成や参加的リーダー・シップを促進せずテクノクラート的リーダー・シップを発揮しようとする．
⑨派遣員と現地人は，戦略的目標に曖昧性が含まれることが避け得ないことを，学ばなければならない．
⑩組織開発の現実的道程の節目において派遣員も現地人も自己批判に不十分なことがある．

5．国際的ノウ・ハウ移転における成功基準

派遣員を配置することは，コストはかかるが国際的ジョイント・ベンチャーの成功か失敗に決定的な要素となろう．派遣員の効果的パフォーマンスを確保するため，彼等の選抜と再統合の全過程を計画し統制することが必要である．シコダにおけるプロジェクト管理と2人乗り組織の障害と危険の分析から，派遣員の効果的配置に関して次のようなテーゼが導かれる．
　①ポジションへの人員配置－派遣員でなく現地人によって実施されなければならない職能は何なのかが検討されなければならない．ジョイント・ベンチャーの双方が，派遣員の配置に関する全コストを意識すべきである．配置に関する経営者は，外国勤務従業員としての十分な経験を持っているべきである．
　②モビリティー（可動性）－可動性は，管理者と被訓練者の成果実態の重要

な要素である．会社は，かれらの管理者が潜在的移動の可能性があることを現実的に要求すべきである．しかし，管理者の生涯の一定期間においてその可動性に関して制限があることが考慮されるべきである．

③人事の選抜－人事選抜の現代的方法に基づいた候補の体系的確認は，外国勤務の成功にとって決定的である．外国のジョイント・ベンチャーのパートナーは，選抜過程に含まれるべきである．

④外国勤務のための準備－外国でコミュニケーションと意思決定を効率的に達成するために，候補者のための訓練プログラムが必要である．このことは，外国勤務のためのタイムリーで信頼のできる計画が必須となる．外国でのポジションを了承する前に，候補者は観察と見聞のための旅行の機会が与えられるべきである．

⑤外国勤務期間における指導と査定－派遣員は，彼の外国勤務での役割について，彼の母国と外国の上司と合意していなければならない．彼のノウ・ハウの移転の目的は定義されなければならない．派遣員は，母国の上司の関与のもとで外国の上司によって査定されなければならない．

⑥外国勤務の受託は，母国会社への再統合の実現性と関係する．再統合のさいの地位は，彼の外国勤務期間の派遣員の業務成果に関係する．国際活動をする会社は，会社のネット・ワークを通じて派遣員の経験を利用しようとするなら，範囲の経済を開発することになる．

要約すると，シコダとVWのジョイント・ベンチャーの実証的研究から，派遣員と現地人の間に次のようなコンフリクトが生じたことが導出される．①意思決定のタイム・スパンに関するコンフリクト，②本社からの方法と装置の移転に関するコンフリクト，③長期の戦略開発でなく短期の成功を生みだそうとする派遣員の志向，④主要なリーダー・シップ様式対統合と文化的感受性，⑤国民主義的グループの形成とマイナスのオピニオン・リーダー，がそれである．

分析は，またノウ・ハウの移転過程における建設的役割を支援する派遣員の

中心的特質が存在することを示した．すなわち，知的感受性，リーダー・シップの能力と支援の役割への適応性，プロセス・マネジメントの知識，分析的思考と学習への迅速性である．これらの派遣員の能力が，派遣員の選抜と訓練の場合に考慮されなければならない．

6．移転過程の調査に関する結論

移転過程に関するこの分析は，個別環境とある時代期間におけるある個別企業に関係している．注意しなければならないことは，特別な会社に関係する派遣員と現地人の間に生ずるコンフリクトの原因とノウ・ハウ移転に関する成功基準の説明を一般化することは，問題があるということである．しかしながら，ジョイント・ベンチャーでのノウ・ハウ移転に関する多くの出版物でなされている国際的ジョイント・ベンチャーでのコンフリクトの説明に一致するものを発見できることである (cp. Gomes-Casseres 1987 ; Geringer/Hebert 1989)．東ヨーロッパのジョイント・ベンチャーの異文化的管理問題に関する実証的調査の枠組み構想の展開の必要性が差し迫っている．このケース・スタディの発見が示すように，この枠組み構想は，派遣員と現地人の関係で相互に関係している内容は経済的問題であり，政治的問題があるがゆえに，学際的である．

参考文献

Groenewald, H./B. Leblanc (Hrsg.) : *Personalarbeit auf Marktwirtschaftskurs. Transformationszesse im Joint Venture Skoda-Volkswagen.* Neuwied/Kriftel/Berlin 1996 : Luchterhand.

Geringer, J.M. & Hebert, L. : Control and performance of international joint ventures : *Journal of International Business Studies,* Vol. 20, p. 235.

Gomes-Casseres, B. : Joint venture instability : Is it a problem? In : *Columbia Journal of World Business, Vol. 22, No. 2,* p. 97.

Gutmann, B. : Zur Gestaltung des Know-how-Tranafers. In : Groenewald/Leblanc, 1996, p. 97.

Kunz, P. : Marriage euphoria and weekdays in a joint venture. Change management at Skoda-Volkswagen. In : Dorow, W. /E. Gensel (Hrsg.), *Polnische and tschechische Unternehmungen auf dem Weg in die Marktwirtschaft.* EAP Working Paper 95/004, p. 60.

Kunz, P./B. Meiser: Wind of change. Transformationsprozesse im Personalwesen bei Skoda-Volkswagen. In : *Personalfuhrung, 27. Jg.,* 1994, Nr. 4, p. 328.

Zoepf, S. : Zur Ausgangssituation der Personalwirtschaft im Jahr 1991. In : Groenewald/Leblanc, 1996, p. 77.

第3章　情報の共有と意思決定方式の移転
——日本人管理職と在英日本工場のイギリス人管理職の比較——

要　旨

　本調査は，日本の工場で働く日本人管理職と在英日本工場のイギリス人管理職を対象に意思決定方式と情報の共有を比較研究したものである．意思決定に於いて誰がどのような役割を果たすのか，どのような方法で情報の共有が行われているのかを，インフォーマル部分に焦点を当て，分析を行った．調査対象企業はイギリスに工場を持つ自動車関連と家電関連の多国籍企業であり，サンプル数は日本人管理職325名，イギリス人管理職150名である．調査の結果，垂直的あるいはフォーマルで水平的な方法での情報共有では，日英に於いて大きな差はないが，インフォーマルで水平的な情報共有は，イギリスの工場では日本の工場ほど発達が見られなかった．意思決定については，日本の工場のミドル・アップ・ダウン方式に対し，イギリスの工場ではトップダウン方式が多く見られた．これらの違いは両国の労働市場とそれに基づく人材育成方法違いに因るものと考えられる．ただ，意思決定に関し，例外的にイギリスの工場の一つでボトムアップ方式が見られた．これは，この企業の有する独自の生産方式を海外に移転するための徹底した教育に因るのではないかと思われる．

1. はじめに

1) 最近の海外直接投資の動向

　最近の日本経済の混乱にもかかわらず海外直接投資は増加傾向にあり，過去5年間の増加率は59.5%である[1]．英国に対ヨーロッパ投資が最も集中し，1997年の対ヨーロッパ投資の36.7%を占めている[2]．特に1997年は英国の日本の自動車メーカーの大規模な設備拡張が見られた．フィナンシャルタイムズに

よれば，「英国の自動車生産量の拡大の多くは，日産，トヨタ，ホンダという3つの英国の工場による．しかも，その拡大の傾向は今後も維持されるという兆しが見られる．日産はサンダーランド工場で第3モデルを作ることを発表した．それは，2億1千5百万ポンドの追加投資を必要し，総投資額は10億5千万ポンドにのぼる．日産は現在の年産25万台を2000年までに35万台に引き上げる計画である．ホンダはスウィンドン工場で当初の予定より2年早く生産能力を1998年までに10万台から15万台に拡張する計画である．トヨタはダービシャーのバーナストン工場で第2モデルを追加し生産能力を去年の11万7千台から20万台に引き上げる予定である．トヨタは2000年までにヨーロッパ生産を35万台（60％増加）を含んで60万台（50％増加）の売り上げ目標をたてた．」（フィナンシャルタイムズ1997年5月6日）このようにヨーロッパ，特にイギリスでは日本企業の存在が大きくなってきている．

2）過去の日本的経営制度の移転についての研究

日本企業の欧米での存在は，二つの重要な関心を引き起こした．第1は日本企業はどの程度，生産方式・人事管理を海外の工場に移転しているのか．第2に現地企業は日本の生産方式・人事管理をどの程度模倣することができるのか．この二つのテーマの根底にある問題は日本的経営制度が，本来の社会経済環境から切り離して，異なった環境にどの程度適応することができるかである．多くの研究はこの問題に言及した．この問題は，日本的経営制度をどのように把握するのかと深く関連している．文化的アプローチは，歴史的継続性と日本的経営の特殊性を強調している．このアプローチは集団主義あるいは，家族主義などの日本の文化的特性を，日本的経営にみられる終身雇用，年功制，福利厚生など様々な特徴と結び付けている[3]．青木（1988）や小池（1983）は文化的アプローチを批判し独自の理論を展開した．小池は労働者の技能の蓄積パターンに注目し，日本の労働者のホワイトカラー化という考えを打ち出した．青木は社会制度のフレームワークを使って日米企業の比較研究を行った．日本企業の特質を水平的情報機構とランクヒエラルキーと捉え，それらを日本企業

を取り巻く制度的な要因と結び付けた．いずれも日本的経営の本質は集団主義などの日本の文化的特徴とは無関係であると主張した．ドーア（1973）は日英の雇用システムを比較し，日本の雇用システムの特徴を組織志向，イギリスの雇用システムを市場志向と名付けた．その違いは後発効果に因るものであると考えた．オリバー・ウィルキンソン（1992）は日本の生産システムを主に依存の理論を使って分析した．オリバー・ウィルキンソンに寄れば，日本の生産システムは在庫が少なく下流部門は上流部門に完全に依存し，欠陥のない部品を時間通りに供給する部品会社に依存し，多能で柔軟性が高く，代替性のきかない労働者に依存している．この高い依存性が濫用されない為に，日本企業はうまく相互依存の関係を作り出している．即ち企業の福利厚生，年功性，終身雇用は従業員の側に企業への依存性を高め，株式保有によって部品会社の依存性を作り出している．オリバー・ウィルキンソンはこれらの相互依存関係は日本独自の社会経済環境に因るものであると考えている．ウォマック・ジョーンズ・ルース（1990）は生産方式に注目し，大量生産方式に比してリーン生産方式という概念を構築した．彼らは，リーン生産方式はチームを主体とした作業，カイゼン，カンバン方式，部品会社と協調的な関係を特徴とし，従来の生産方式に比して，生産性と品質向上の点において優れていると主張した．以上の研究はそれぞれの分野で偉大な貢献を為した．これらの研究で全く欠如しているのは管理職に関する系統的で，包括的な比較研究である．特に過去の研究が，日本的経営は欧米の労働者には広く受け入れられているが，管理職側にはむしろ多くの摩擦を引き起こしていると指摘していることを考えると，その必要性は大きい．例えば，ケニー・フロリダ（1993）は在米の日本企業はアメリカ人管理職からコミットメントを得る困難さを指摘し，ホワイト・トレバーの研究は英国人管理職は日本人管理職とはまったく異なった仕事や会社に対する態度を示すことを明らかにした．バレット・吉原も日本企業はアメリカ人管理職を組織に統合するのに構造的問題を抱えていることを指摘した．これらの研究は管理職が移転の成功の鍵を握っていることを示している．

3）情報の共有と意思決定および調査目的

日本の実業界のリーダーはしばしば，組織構成員の総能力を活用する事が組織発展の鍵であり，人的資源の重要性を説く[4]．これは組織内の情報共有や教育訓練が行き届いているということを前提としている．もし知識や情報に著しい差があるのであれば，参加型経営というのは「良くて時間の無駄，最悪の場合には意思決定の質と効率性に悪影響を及ぼす」[5]．このような場合には限られたエリートに意思決定をゆだねた方が良いであろう．この意味において情報の共有というのは参加型意思決定の基礎となっている．また，参加型意思決定はフィードバックを通して問題の徹底理解を促し，知識・情報を増やす機会を与える．このように，情報の共有と参加型意思決定というのは相互関係にあり，日本的経営の本質を為すものであると考えられる．

ところで，従来の研究の多くは，フォーマルな部分に議論を集中させ，インフォーマル組織構造には比較的無関心であった．しかし，フォーマルな意思決定方式からは，必ずしも誰がどのような役割を果たしたのかが見えてこない．情報の共有についても，どのような方法に因るか－すなわち，フォーマル方法かインフォーマル方法か－で，後述するように組織構造のあり方が大きく異なる．本調査研究はインフォーマル部分に集点を当て，意思決定方式と情報の共有について，日本の工場で働く日本人管理職と在英日本工場のイギリス人管理職を比較したものである．

2．調 査 方 法

1）調査対象産業の選択

製造業は日本のGDPの24.5%で，もっとも高い割合を占める[6]．製造業は大まかに二つのグループに分けられる．第1のグループは，「全ての製造過程はいくつかの専門化された機能に分化され，各々規格化された職務は事前の計画通りに正確に遂行される事を要する」（青木，1990，p.4）場合である．その代表的な例は，石油化学産業あるいは製薬産業である．この場合，製品は規格

化され，配送スケジュールは固定化している．これらの産業の競争力の源は規模の経済である．第2のグループは，顧客の好みが絶えず変化し複雑で多岐にわたる場合である．顧客の要求に対する敏速な対応が企業の成功の鍵を握る．事前の計画は一般的なガイドラインを定めるだけで，上流部門と下流部門が管理機構を通さずに結び付き，部品の供給スケジュールは水平的なコーディネーションを通して日々の製造に合わせて調節される（青木，1990, p. 5）．代表的な例は，自動車産業や家電産業である．この二つの産業は日本の総輸出の61.4％を占めている[7]．日本経済の強さはおもにこれらの産業に拠るものであり，大規模な海外直接投資もここに集中している．したがって本研究では，自動車産業と家電産業を調査対象として選んだ．

2）調査対象企業

調査対象企業は以下の理由でイギリスに工場を持つ多国籍企業に限定した．

第1に，小さなサンプル数による偏向（Response bias）を避ける．第2に，日本企業に見られる企業慣行がイギリスで実現するにはある程度の企業規模が必要である．第3に，日本と異なり，イギリスでは優秀な卒業生は製造業に就職する傾向が低く，小さな企業ではその状況はもっと悪い．したがって，日本の企業との比較研究の対象とはなり難い．以上の考慮の結果，調査企業の7社のうち6社はそれぞれの産業において，上位3位以内にあり，そのうち4社は世界上位100多国籍企業に含まれている[8]．調査対象工場は，日本側は自動車関連4工場，家電関連3工場の合計7工場で，英国側はそれらの英国工場で自動車関連3工場，家電関連2工場である．日本とイギリスの調査工場は製品，生産技術，および規模において類似するように選んだ．日本の工場は多くの場合イギリスの比較工場のマザー工場にあたる．

3）調査対象管理職

管理職は係長以上取締役までを含んでいる．通常，日本では係長は管理職と考えられていないが，イギリスでは管理職に含まれている．本調査では，サン

プル数を増やすためにイギリスの管理職の定義を用いた．イギリスの管理職についての文献は，製造部門のマネージャーと経理部門のマネージャーの間には経歴に関してほとんど共通点がないということを指摘している．本調査では，特定の部署の性質が分析に影響を与える事を防ぐために，幅広く多部門にわたりサンプルを収集した．また特定企業による影響も避けるために，おのおのの国において各工場のサンプル数がほぼ等しくなるように考慮した．アンケート回収率はイギリスで87.2%，日本で99.2%であった．回収率の日英の違いは国民性を反映している．日本ではいったん企業との間にコンセンサスができあがるとその企業の構成員から比較的容易に協力を得る事ができた．しかし，イギリスの管理職の場合は個人主義志向であるため個人ベースによる協力の傾向が大きかった．サンプル数は日本人管理職325名，イギリス人管理職150名である．データ収集はアンケート調査ほか，インタビューからなり，インタビューは人事・総務担当者に対し，一工場につき2，3時間から半日行い，必要に応じ追加インタビューも行った．

3．情報の共有

製品市場，特に自動車，家電産業の競争は，国境を越えて年々厳しさを増している．顧客の好みがより洗練されるにつれて，彼らの要求は益々複雑になり，そして，多岐に渡るようになっている．企業がこのような要求を感じ取り，すばやく反応できなければ，厳しい市場で生き残っていくことはできない[9]．企業の重要な仕事の一つは新しい情報の収集処理を促進する事である．情報量の増加に対応するため企業は情報の収集・処理能力を発達させなければならない．どのように情報が処理され，共有されるかに関し，青木（1989, p. 44）は三つのパターンに分類した．第1はヒエラルキー（縦のつながり）による間接的な情報共有である．情報は管理機構を通して垂直的に上下に流れる．これは伝統的な情報共有の型である．しかしながら，この方法は情報処理能力が限られている[10]．組織規模が大きくなり使用する技術が複雑になるに連れて

組織構造も複雑になる．多くの研究が組織構造の複雑さは情報の伝達を歪め，あるいは全く阻止する可能性を指摘している．垂直的なコミュニケーションの伝達の正確さを調べた研究によると，トップから5段階下のオペレータまでの情報伝達喪失率は何と80％だった[11]．第2は文書化による公式の情報共有である．伝統的な稟議制では文書は関連部署を流通する．新しい情報技術では情報が「集中化されたデータベースにコンピュータネットワークを通してアクセスすることによって共有される．」（青木，1989, p.44）．これらの方法は明確なルールに基づいている．それらはフォーマルであり，高い明示性を持っている（中谷，1989, p.74）．フォーマルな，あるいはコンピュータ化された情報制度は情報が定量化できかつ，定型化できる場合には有効である．しかしながら，情報の微妙なニュアンス（クラーク・藤本，1991），暗黙知（野中，1992），あるいは高度な作業で予測できない事態を含む場合（小池，1989, p.168）は文書化が困難である．仮に文書化が可能だとしても，膨大なコストとエネルギーを必要とし，効率性に悪影響を及ぼす（小池，1989, p.168）．第3の情報共有は直接的な水平的共有である．情報はフォーマルな管理機構を経由すること無しに水平的に共有される．このような情報共有は日本企業でしばしば見受けられる．カンバン制度はこの代表例である（青木，1989）．カンバン制度は情報が管理機構の介入無しに直接職場間で流れ，常に変化する市場の要求にたいして生産を機敏に対応させることを可能にしている（青木，1989, p.45）．クラーク・藤本の研究もフェイス・トゥ・フェイスのコミュニケーションによる上流と下流の部門間の結び付きが，日本自動車産業の効率的な製品開発に貢献していることを指摘した．インフォーマルなフェイス・トゥ・フェイスのコミュニケーションは短時間で豊かな情報を交換することを可能にしている（中谷，1989）．インフォーマルなネットワークは情報を処理するのに最も効率的な方法である．最近の日本経営に関する文献は，このようなインフォーマルなネットワークが日本企業の強さであると指摘している．たとえば，野中（1985）は「…集権的なヒエラルキー情報システムよりも分権的なコミュニケーションネットワークがダイナミックな協力関係を生む…」（p.265）と主張している．しかしな

がら，この強さはグローバル化の過程では弱さに変わってしまう．グローバルスケールでインフォーマルな情報を共有することは不可能である（中谷，1989）．規模が拡大するにしたがって，また地理的に拡散するにしたがって，このようなコミュニケーションは困難になる．同じよう指摘は青木にも見られる（1989, p.58）．青木によれば，フェイス・トゥ・フェイスによる情報の共有は凝集力のある小宇宙をつくる．情報はその小宇宙の中では頻繁に交換することができる．しかし，効率性のよいコミュニケーションはその小宇宙内に限られる．

1）日本の工場における情報の共有

社風や会社の方針にそえるかどうかの判断基準に基づく採用，勤務時間内外における深い交流，長期にわたる一企業でのキャリア，これらが日本人の相互的なコミュニケーションと理解の共通な基礎を築いている．これは，インフォーマルなコミュニケーションネットワークを発展させ，情報の共有を促す要因となっている．本調査研究はどの程度日本人管理職が所属課，所属部，他部署，工場全体，本社に関する情報を持っていると考えているのかを調べた．結果は表1である．

表1　日本人管理職の情報量

	十分	少しある	不十分	殆どない
所属課	242 (76.8%)	60 (19.5%)	11 (3.5%)	2 (0.6%)
所属部	133 (42.4%)	157 (50.0%)	20 (6.4%)	4 (1.3%)
他部署	20 (6.2%)	158 (49.1%)	131 (40.7%)	13 (4.0%)
工場全体	73 (22.6%)	175 (54.2%)	70 (21.7%)	5 (1.5%)
本社	25 (7.9%)	124 (39.0%)	121 (38.1%)	48 (15.1%)

調査方法論に関する文献は，しばしば認識に基づく方法は文化的偏向（Cultural response bias）を受け易いことを強調する．異文化比較研究は，一般的に日本人は過小報告し，西洋人は過大報告すると指摘する[12]．十分と少しあるという二つの項目に注目すると，かなりの割合が肯定的に答えている．Kruskal

-Wallisテストは調査企業間で所属部署（$\chi^2=15.4$, $p<.05$）と本社（$\chi^2=20.4$, $p<.05$）に関する情報に関して重大な違いがある事を示した．組織規模がコミュニケーションに及ぼす影響に関する調査によると，組織規模の拡大は組織構成員のコミュニケーションを著しく減少させる事がわかった[13]．本調査研究では，所属部署に関する情報の値は，主に大きな部署（製造等）からサンプルを取っている企業は小さく，逆に小さな部署のサンプルを多く含む企業は大きいという結果を得た．コミュニケーションに関する過去の調査は，地理的な隔たりがコミュニケーションの質と量の両方を制限するという仮説を支持している[14]．本調査研究では調査企業の本社に関する情報の値の差は，工場と本社の地理的距離が影響を与えたことを示す結果を得た．情報の共有に関する企業間の差は企業の特性というよりも，以上のような要因に因るものと考えられる．

すでに述べたように青木（1989）は情報の共有を三つの型に分類した．日本的経営に関する文献は第3の型，すなわち，インフォーマル・水平的な共有が日本企業の特徴であることを指摘している[15]．製造あるいは，マーケティングなどの下部組織から発生する情報と異なり，会社の方針は役員会で決定されフォーマルで垂直的な経路を通じて知らされる．これらは，インフォーマル・水平的な経路から最も伝わりにくい種類の情報である．この意味で，これはインフォーマルな水平的ネットワークがどのくらい組織内に発達しているかを調べるには適切な手段だと考えられる．本調査研究は会社の方針を知るのに以下の

表2　日本人管理職の情報伝達経路

		殆ど	時々	めったにない	全くない
1	直属の上司	220 (68.5%)	93 (29.0%)	8 (2.5%)	—
2	文書	126 (39.3%)	183 (57.1%)	11 (3.4%)	—
3	定期会議	135 (41.3%)	153 (48.4%)	21 (6.6%)	7 (2.2%)
4	仕事仲間	41 (13.2%)	220 (70.7%)	47 (15.1%)	3 (0.9%)
5	工場長	48 (15.3%)	189 (57.5%)	58 (18.5%)	18 (5.6%)
6	マスコミ	15 (4.9%)	160 (51.8%)	106 (34.3%)	28 (9.1%)
7	噂	1 (0.3%)	132 (43.6%)	133 (43.9%)	37 (12.2%)

伝達経路がどのくらい使用されるかを調べた（表2）.

おのおのの情報伝達の経路は，四つの面を持っている．すなわち，フォーマルかインフォーマルか，口頭か文書か，直接か間接か，水平的か垂直的かである．直属の上司という経路は，フォーマル，口頭，直接，垂直的という面を持つ．文書によるコミュニケーションはフォーマル，間接，垂直（月間，期間，年間報告書，ニュースレター，掲示板等）と水平的（稟議書等）という面がある．定期会議はフォーマル，口頭，直接，垂直的という面がある．仕事仲間はインフォーマル，直接，口頭，水平的な面がある．工場長からの伝達経路は，フォーマル，口頭，直接，垂直という面がある．調査結果は，会社の方針は直属の上司，文書によるコミュニケーション，定期会議という三つの伝達経路から最も頻繁に伝えられることを示している．これらは，お互いに補完する関係にあり，代用的な関係にはない．これらの伝統的な三つの伝達経路が情報を受け取る代表的な方法である．予想どおり，会社の方針はフォーマル，垂直的，すなわち管理機構を通して最も頻繁に伝達されている．このような情報の性質にもかかわらず，83.8%が少なくとも時々仕事仲間を通した経路で伝えられる，と答えていることは注目に値する．これは，ある情報はインフォーマル・水平的な経路のほうが，フォーマル・垂直的な経路より早く伝わることを示している．現場で発生する情報は，もっと高いレベルでの水平的な共有が起こっていることが当然に予想される．この結果はインフォーマルなネットワークがかなり日本の工場内で発展していることを示している．

2）イギリスの工場における情報の共有

イギリスでは，コミュニケーションネットワークを発達させ，情報共有を促進するためには，別の種類の問題に直面しなければならない．技術面においては，正確かつ，効率的なコミュニケーションには語学的堪能さが要求される．事業が国際化するにつれて企業は言葉の壁を越えて多言語環境で運営しなければならなくなってきた．海外駐在員は赴任国の現地の言葉を理解することを求められる．英語は世界貿易の主要な言語であることを考えると特に，その必要

性は高い．言語の流暢さ無しには異なった言語環境で微妙なニュアンスを伝えることは困難であろう．しかしながら，異文化コミュニケーションはそれほど簡単ではない．人々は自分の文化的文脈でコミュニケーションを理解する傾向がある．ある言い回しは，文法的には正しくても，文化的には正しくなく，意図しないメッセージを送るかもしれない．異文化コミュニケーションは複雑であり，深い他文化に対する認識が必要とされる．また，対人面においては，スムーズなコミュニケーションのためには両者に信頼関係が必要である．森嶋 (1991) の情報共有に関する調査によると，労働組合との情報共有は日米間で全く異なった結果が生じることがわかった．日本では，労働組合との情報共有はスムーズなより短期の交渉に結び付いた．ところが，米国では，労働組合の交渉力を上げるような結果になった．同様にラム (1996) のイギリスの電機産業の研究開発技術者の研究は，情報共有の阻害原因は部門間の水平的な分業およびマネジメントと技術者間の垂直的な分業であることを指摘している．これらの調査は情報共有の主たる問題点では単に技術的なものではなく，より重要なのは両者間に信頼関係を築くことにあることを示している．関係者の無関心，あるいは敵対的な態度，部門間の争い，権力闘争，このようなもの全てはコミュニケーションの制限と相手側への情報伝達の障害となる．本調査研究はイギリス人管理職の情報共有の程度を日本人管理職と同様の方法で調べた（表3）．

調査結果は五つの項目全てに渡り，日本より高い値を示している．しかしながら，すでに指摘したように西洋人は一般的に過大報告する傾向がある．主観

表3　イギリス人管理職の情報量

	十分	少しある	不十分	殆どない
所属課	136 (91.9%)	7 (4.7%)	4 (2.7%)	1 (0.7%)
所属部	133 (89.3%)	10 (6.7%)	4 (2.7%)	2 (1.3%)
他部署	62 (42.5%)	58 (39.7%)	21 (14.3%)	5 (3.4%)
工場全体	97 (65.5%)	35 (23.6%)	16 (10.8%)	—
本社	21 (14.6%)	43 (29.9%)	30 (20.8%)	50 (34.3%)

的な認識に基づく方法で異文化比較することは,同文化内で企業比較することほどの意味はない.Kruskal-Wallisテストは調査企業間で工場全体 ($\chi^2=13.7$, $p<.01$) と本社 ($\chi^2=17.7$, $p<.01$) に関する情報で重要な違いがあることを示した.業務あるいは研修による本社の経験と本社に関する情報量に強い正の相関関係があることがわかった ($r=.36$).すなわち,本社を経験した者は本社に関する情報に高い値を示した.より独立した,逆にいえばより統合されていない工場は,本社経験者の割合が少ない傾向があった.日常業務が分権化され,自己完結されているほど本社との連絡の必要性は少なくなる.調査企業間の本社の情報についての相違は,海外工場の運営方針の相違で説明する事ができる.しかし,工場全体についての情報は企業規模や職位などの変数の値の中に何等の一貫した傾向を見出せなかった.これは工場に関する情報の差は額面どおりに受け取らないといけない事を示している.つまり,イギリス人管理職の会社の情報系統への組み入れの程度が企業によって差がある.ある企業ではイギリス人管理職は重要な企業情報について十分知らされていると感じる一方で,他の企業ではイギリス人管理職はあまり知らされず,コミュニケーションネットワークからはずされ,未知の状態におかれていると感じているということを意味している.本調査研究は会社の方針を伝えるのに使われる情報伝達経路の頻度をイギリス人管理職についても調べた(表4).

表4は会社の方針は主に,直属の上司,定期的ミィーティング,文書による

表4 イギリス人管理職の情報伝達経路

		殆ど	時々	めったにない	全くない
1	直属の上司	103 (72.0%)	32 (22.4%)	8 (5.6%)	—
2	定期会議	79 (60.3%)	39 (30.0%)	10 (7.6%)	3 (2.2%)
3	文書	39 (28.9%)	77 (57.0%)	18 (13.3%)	1 (0.7%)
4	工場長	45 (34.4%)	50 (38.2%)	25 (19.1%)	11 (8.4%)
5	噂	9 (7.5%)	53 (44.1%)	45 (37.5%)	13 (10.8%)
6	仕事仲間	5 (4.4%)	40 (35.4%)	19 (16.8%)	49 (43.4%)
7	マスコミ	2 (16.8%)	26 (21.8%)	46 (38.7%)	45 (37.8%)

コミュニケーションという三つの伝達経路から知らされている事を示している．日本人と同様にフォーマルで垂直的な伝達経路が会社の方針を受け取る主要なルートである．目立った違いは仕事仲間が4番目ではなく6番目にある事である．仕事仲間という伝達経路はイギリスの工場では日本ほど使われていない．4.4%が殆ど，35.4%が時々，仕事仲間経路から会社の方針を知らされると答えている．

情報の性質を考慮に入れてもこの値は日本と比べると著しく低い．調査企業間でこの順位に違いは無かった．これは，これがイギリスの調査工場全てに通じる一貫した傾向である事を示している．工場の人事・総務のマネージャーへのインタビューで，イギリスの工場では水平的なコミュニケーション関係を築こうとしている事がわかった．部門内，および部門間ミィーティングはかなり高い頻度で行われ，メモやEメールを送るより直接接触する事を奨励している．この結果，かなり高い割合のイギリス人管理職が勤務時間中に殆ど毎日他部署と接触があると答えている（表5）．しかしながら，水平的コミュニケーション関係は，日本のようにインフォーマルなものにまで及んでおらず，フォーマルな分野に限られている．

表5　他部署との接触の頻度

	イギリス人管理職	日本人管理職
ほぼ毎日	112 (78.9%)	167 (53.7%)
週2，3回	26 (18.3%)	104 (33.4%)
2週に1回	2 (1.4%)	27 (8.7%)
月1回	1 (0.7%)	9 (2.9%)
6カ月に1回以下	1 (0.7%)	4 (1.2%)

4. 意思決定方式

参加型意思決定の文献は,時々,委任的(delegative)な方法と協議的(consultative)な方法を同じように取り扱う.しかし,それらは異なった概念である.委任は特定の権限を部下に割り当てるものである.「…部下は委任についての決定には参加しないし,上司は委任したことについての決定には参加しない…」[16].彼らの間に共同関係はない.一方,協議的意思決定では,部下は自分の考えを知らせる事を奨励されるし,可能でもある.しかし,上司が部下の意見を受け入れる,あるいは拒絶する権利を保持している.リンカーン(1989)は日本企業では個々の管理職に対する形式的な委任は少ないが,意思決定に幅広い参加があることを確かめた.日本企業は権限を集中するが,しかし実質的な意思決定に参加を求める.リンカーンによれば,稟議というのはこのような意思決定方式の現れである.稟議制では中間管理職が稟議書という草稿を作り,それが階層組織を通し,上司に渡り,関連部署を巡回し,他部署管理職が承認の印である証印を押す.稟議は時々決済と呼ばれる.それは,意思決定を行うのに誰の承認が必要であるかを規定している.稟議事項は生産用機械の購入,組織変更,昇進,等の大きな項目から,事務用備品の購入,福利厚生施設に関することなどの小さな項目まで多岐にわたる.稟議制は,より多くの人を意思決定に参加させるという機能の他に,予算をコントロールするという機能を持っている.

1) 日本の工場における意思決定方式

稟議意思決定方式は全ての調査工場で幅広く行われている事が,工場の人事・総務の担当者に対するインタビューでわかった.しかしそれは,全ての工場が同じような意思決定方法を取っている事を意味しない.クレイグ(1975)は「…重要事項については稟議の機能というのは既に決定した事を広く知らせること…」だと主張した.ボーゲル(1975)はこれを後稟議と呼んだ.稟議書

を実際に関連部署をまわす前に根回しというコンセンサスを求める過程が, 同意を得る上で大切な役割を果たしている. このようなインフォーマルな協議というのは公式な稟議制からは見えにくい. 本調査研究は意思決定のインフォーマルな面に焦点をあて, どのくらいの頻度で日本人管理職は意思決定をするのに他人と協議するのかを調べた. 結果は階層別に提示した (表6).

表6　日本人管理職の意思決定における協議相手と頻度

	部長	課長	係長
相談相手			
役員	4.9	2.9	1.5
部長	—	5.3	3.4
課長	<u>5.9</u>	—	<u>6.0</u>
係長	4.7	6.0	—
一般	4.1	5.0	5.6
他部署	4.9	4.7	4.8

注）1＝なし　2＝年1回　3＝6カ月に2回　4＝月1回　5＝2週間に1回　6＝週2, 3回　7＝ほぼ毎日

下線部は各変数の中で最も高い値を示している. 例えば, 部長の下線平均値5.9は部長は最も頻繁に課長と相談し, その頻度は約週2, 3回という事を意味する. 表6でいくつかの点に気付く事ができる. 第1に, 直属の上司, 部下間の値はかなり高い. 下方への (部長→課長→係長) 協議の総平均値は5.98である. 平均して週2, 3回協議している事がわかる. 主要な三つの下方協議の領域 (部長→課長, 課長→係長, 係長→一般) に関し, Kruskall-Wallisテストは調査企業間で重要な違いがないということを示した (部長→課長, $\chi^2=12.7$, $p=.05$, 課長→係長, $\chi^2=9.2$, $p=.16$, 係長→一般, $\chi^2=8.9$, $p=.17$). この結果は, このような傾向すなわち, 意思決定をするのに部下と頻繁に協議するというのが日本の調査工場全体にみられる特徴であるということを示している. 第2に, 部長と係長の両者の下線部の値は課長に見られる. 意思決定をする上で, 最も頻繁に課長と協議している. 課長は中心に位置して, 両方向から

相談を受けている．この意思決定パターンは全ての調査企業で見られた．野中・竹内 (1995) はトップダウンでもボトムアップでもない，ミドル・アップ・ダウンモデルを提唱した．彼らのモデルでは「…中間管理職はトップと前線の従業員を束ねる戦略的な結び…」(p.128) として考えられている．岩田 (1985) は日本的意思決定を根茎型ネットワークを通じた意思決定権の分散として捉えた．彼の根茎型モデルでは，中間管理職は根茎（チーム，タスクフォース）のリーダーと考えられ，根茎を結び付けるのに大切な役割を果たしている．両者ともコンセンサスとネットワーク作りにおける中間管理職の主導的役割に焦点をあてた．ある学者は別の観点からこのような意思決定方法を捉えた．クラーク (1979) は日本の中間管理職は限られた権限しか与えられていないので，職務を遂行するのに他者と相談するしかないと主張した．これを検証するために，本調査研究では日本の管理職がどのくらいの権限を持っていると考えているのかを調べた．調査結果は階層別に示した（表7）．

表7 日本人管理職の意思決定権限の認識

	平均値	サンプル数	標準偏差
部長	3.63	35	0.65
課長	3.37	112	0.68
係長	2.92	178	0.68

注）1＝全くない 2＝少しある 3＝ある程度はある 4＝かなりある

課長の値はおおざっぱに言って，部長と係長の中間値である．これは課長は他者と協議することなしに，独自に意思決定を行いうる権限を十分に持っていないことを示している．しかしながら，金井 (1990) によると革新的な管理職は公式な組織構造にかかわらず，自分の仕事を広く理解するものである．日本企業では具体的な仕事の記述書がなく，仕事の内容は柔軟に構成されている．もし，単に上司から与えられた仕事をこなすだけでなく，自分から仕事を発展させていこうとすれば，パワーギャップに直面しなければならない．すなわ

ち，自分の職務を遂行するのに他からの情報，資源，支持に依存せざるをえない．このタスク依存性が革新的中間管理職を特徴づけている（金井，p.355）．したがって，上記の結果は日本人中間管理職特有の限られた権限と考えるべきではなく，むしろ，仕事範囲の曖昧さを表していると考えるべきである．

2）イギリスの工場における意思決定方式

稟議意思決定方式が全てのイギリスの調査工場で広く行われていることが，工場の人事・総務のマネージャーに対するインタビューでわかった．すなわち，日本のマザー工場と同じ承認基準を採用している．稟議制が効率的な予算コントロール制度であり，イギリスの工場は全組織の一部で同じ基準でコントロールされるべきことを考えると同じ意思決定方法をとっていることは当然である．さらに稟議制の高い透明性は，イギリス人管理職に受け入れられ易いと考えられる．日本と同様にイギリス人管理職に意思決定における他との協議の頻度を調べた．水平的な協議，すなわち他部門との協議の総平均値は5.92である．Kruskall-Wallisテストは調査企業間，および階層間で重要な違いがないことを示した（役員→部長，$\chi^2=0$，$p=1.0$，部長→課長，$\chi^2=4.8$，$p=.31$，課長→係長，$\chi^2=3.2$，$p=.59$，係長→一般，$\chi^2=1.6$，$p=.80$）．この結果は，イギリス人管理職は他部署と平均週2，3回協議し，そして調査企業間，および，階層間に大きな違いは無い事を示している．業務はますます複雑になり，多部門に渡るようになる．たとえば，製品企画の業務は設計開発やマーケティングとの協議なしに進めることはできない．上記の結果は頻繁な部門間ミィーティングや稟議意思決定方式によるものと考えられる．四つの主要な下方への協議的意思決定（役員→部長，部長→課長，課長→係長，係長→一般）に関し，Kruskall-Wallisテストは調査企業間につき課長から係長（$\chi^2=12.4$，$p<.05$），係長から一般（$\chi^2=13.9$，$p<.01$）の二つの下方意思決定に関して重大な違いを示した．これは下方への協議の頻度は企業によってかなり違う事を示している．イギリスの工場の意思決定パターンを表すのに，集合的なデータを用いる事は間違いであると考えられる．調査企業間に二つの明らかに異なる協

表8 イギリス管理職の意思決定における協議相手と頻度（タイプ1）

	取締役	部長	課長	係長
相談相手				
役員	—	<u>5.6</u>	3.5	3.3
部長	<u>4.0</u>	—	<u>6.1</u>	5.8
課長	<u>4.0</u>	5.3	—	<u>5.9</u>
係長	3.0	4.8	<u>6.1</u>	—
一般	—	4.8	4.7	4.5

注）1＝なし　2＝年1回　3＝6カ月に2回　4＝月1回　5＝2週間に1回　6＝週2，3回　7＝ほぼ毎日

表9 イギリス管理職の意思決定における協議相手と頻度（タイプ2）

	取締役	部長	課長	係長
相談相手				
役員	—	6.3	5.8	4.3
部長	6.0	—	6.7	5.4
課長	6.0	6.7	—	<u>6.3</u>
係長	—	6.4	<u>7.0</u>	—
一般	—	6.3	6.6	<u>6.3</u>

注）1＝なし　2＝年1回　3＝6カ月に2回　4＝月1回　5＝2週間に1回　6＝週2，3回　7＝ほぼ毎日

議パターンが確認できた．これは表8と表9に示した．

　表8の値は比較的小さい．たとえば，役員の下線の値は4である．部長から係長までの下線の値は上層部に見られる．下方への協議の総平均値は5.0（2週間に1回）であるのに対し，上方への協議のその値は5.9である（週2，3回）．これは意思決定をするのに部下と協議するのはやや例外的で，上司との協議が組織内でより頻繁に行われている事を示している．

　表9は別の協議パターンを示した．一般的に表9の値は表8よりはるかに大きく，表7の日本企業の値よりも大きい．さらに下線の値は下層部に見られる傾向がある．すなわち，頻繁な下方への協議が認められる．下方への協議の総平均値は6.5である．週2，3回以上の頻度で部下と協議している．意思決定

表10　イギリス管理職の意思決定権限の認識

	平均値	サンプル数	標準偏差
取締役	3.83	6	0.41
部長	3.44	18	0.78
課長	3.44	50	0.16
係長	2.90	76	0.77

注）1＝全くない　2＝少しある　3＝ある程度はある　4＝かなりある

パターンは委任された正式の権限によって影響を受ける．委任された権限が少ないと部下は物事を進める上で，上司と協議せざるをえない．表8と表9の違いは委任された権限の違いに起因するのかもしれない．本調査はイギリス人管理職の意思決定権限の認識について調べた（表10）．

表10の値は，イギリス人管理職（役員を除く）は独立的意思決定を行うのに十分な権限を持っていない事を示している．日本人管理職と同様に彼らの与えられた権限は限られている．つまり，業務を遂行するのに他者からの支持に頼らなければならない．しかしながら，全ての階層を通じてKruskall-Wallisテストは調査企業による大きな違いはないことを示した（役員，$\chi^2=2.0$, $p=.57$，部長，$\chi^2=1.7$, $p=.78$，課長，$\chi^2=7.5$, $p=.11$，係長，$\chi^2=.59$, $p=.96$）．すなわち，管理職の与えられた権限についての認識は企業によって違いは無かった．これは，表8，表9の意思決定方式の違いは組織的変数に起因するものではないということを示している．他の企業ではこのような明らかな特色は見出せなかった．しかし，一般的に言って，上層部との協議のほうが下方への協議より頻繁に見られた．

5．結　　論

青木（1989）の示した情報共有の三つの類型で，垂直的あるいはフォーマルで水平的な共有では，日英の工場に於いて大きな違いは見られなかった．イギリスの工場では頻繁な部門，あるいは部門間のミーティングによって水平的な

コミュニケーション関係を築こうとしている．しかしながら，インフォーマルな水平的インフォメーション・ネットワークは，イギリスの工場では日本の工場ほど発達が見られない．ガルブレイス（1977）は「…インフォーマルな結びつきは正式な組織構成に関らず自発的に起るものであると考えられる…」（p. 112）と主張している．日本企業に見られる厳格な採用方法，勤務時間内外における深い交流，一企業での長期のキャリア，これら全ては構成員間に価値の同一性を作るのに貢献している．価値の同一性は，インフォーマルなネットワークの基盤である構成員間の信頼関係を構築するのを容易にする．他方，日本人管理職とイギリス人管理職の異文化間コミュニケーション，イギリス人管理職の多様な経歴，これらを考えるとイギリスの工場で広範囲にわたるインフォーマルなネットワークが自発的にできる事を期待するのは無理である．言い換えると，イギリスでは「凝集性のある小宇宙」（青木，1989）を作るのに共通の基礎を欠いていると考えられる．

　稟議制は日英の工場で幅広く行われていることがわかった．イギリスの工場では，日本の工場と同様な承認手続きを採用している．予算コントロール制度の一貫性という観点からはイギリスの工場が日本の工場と同じ基準を採用することは理に適っている．しかしながら，公式な稟議制と異なり明示性に乏しいが重要である意思決定における協議は，日英の工場で異なったパターンを示した．日本の工場では，ミドル・アップ・ダウン協議パターンが見られた．日本の企業は「ゆっくり，且つ確実に」[17]という管理者育成方法を取っている．この方法は中間管理職に十分な専門知識を蓄え，社内事情に精通する機会を与える．それによって，中間管理職が日常業務において，実質的なイニシアティブをとり，指導的役割を果たすこと可能にしている．これに対し，イギリスの工場ではトップダウン方式が見られた．トップダウン的な意思決定方式は，トップと部下の間に知識と経験において大きな差がある時は有効だと考えられている．イギリスの一般的な管理者育成方法は「泳ぐか，あるいは溺れるか」という理念に基づく早期の責任ある職務への任命である[18]．それに応じて，イギリ

スの調査工場では中間管理職まで，日本よりずっと速い昇進が行われていた．その結果，イギリスの中間管理職は日本人中間管理職に比べて専門知識に劣り，それ程社内事情に精通していない．したがって，イギリス人中間管理職は日常業務において指導的役割を果たす基盤を欠いている．例外的に，イギリスの工場の一つでボトムアップ意思決定方式が見られた．その工場の人事担当者にこの結果をフィードバックして意見を求めた．「特に特別な事はやっていない．それは我々のコーポレート・カルチャーである．」という回答を得た．しかし，それは日本のマザー工場のコーポレート・カルチャー（ミドル・アップ・ダウン）とは異なっている．一つの推測的な説明は，この企業の有する完成された独自の生産方式を海外に移転するための徹底した教育である．この企業は，「日本的経営か米国的経営かという二者択一ではなく，A（日本的）＋B（米国的）を2で割るというものでもなく，AをA′，A″へと変える…．」[19]という生産方式及び経営制度の全面的移転に近い方針を取っている．異なる文化の中で，自分たちのやり方をイギリス管理職に徹底理解させるために，意図的に過剰なまでに「日本的」なやり方を取っているのではないかと思われる．この点に関し，更なる研究が必要である．

1) *Japan Statistical Yearbook*, 1999.
2) *op. cit.*
3) 中根千枝 (1970), *Japanese Society*. Berkeley: University of California Press. および，村上泰亮 (1984), Ie society as a pattern of civilization. *Journal of Japanese Studies*, Vol. 10, No. 3, pp. 281-300 を参照．
4) Best, H. Michael (1990), *The New Competition*. の p. 1 および，野中・竹内 (1995), *The Knowledge Creating Company* : How Japanese companies create the dynamics of innovation. Oxford University Press.の p. 178を参照．
5) Locke, A. Edwin and Schweiger, M. David (1979), Participation in decision making : One more look. *Research in Organizational Behavior*, Vol. 1 p. 318
6) *Japan 1997 An International Comparison*. Keizai Koho Center.
7) *op. cit.*
8) *World Investment Report 1998*, United Nations.
9) Duncan, B. Robert (1973), Multiple decision making structure in adapting to

environment uncertainty: The impact on organizational effectiveness. *Human Relations*, Vol. 26, No. 3, pp. 273-291.
10) Gallbraith, Jay (1977), *Organizational Design*. Reading, Ma: Addison-Wesley.
11) Nichols, R.G. Listening is good business. *Management of Personnel Quarterly*, Vol. 1, No. 2.
12) 例えば, Lincoln, J.R. and Kallenberg, A. L. (1990) *Culture, Control and Commitment*: A study of work organization and work attitudes in the United States and Japan. Cambridge: Cambridge University Press を参照.
13) Hare, A. Paul (1976), *Handbook of small group research*, 2nd ed. New York: Free Press.
14) Gullahorn, John T. (1952), Distance and friendship as factors in the gross interaction matrix. *Sociometry*, Vol. 15, p. 134 及び, Miller, James G. (1972). Living system, *Behavioral Science*, Vol. 17, p. 3.
15) 例えば, 加護野・野中・榊原・奥村 (1983)『日米企業の経営比較：戦略的環境適応の理論』日本経済新聞社 及び, 青木・小池・中谷 (1989)『日本企業のグローバル化の研究：情報システム・研究開発・人材育成』PHP研究所.
16) Locke, A. Edwin and Schweiger, M. David (1979), Participation in decision making: One more look. *Research in Organizational Behavior*, Vol. 1 p. 274
17) Storey, John., Edwards, Paul and Sisson, Keith (1997), *Managers in the making*: careers, development and control in Britain and Japan. SAGE publications. Handy は, Handy, C., Gordon, G., Gow, I. And Raddlesome, C. (eds), *Making Managers*. London: Pitmman の中でこれを slow burn process と呼んだ.
18) 前掲書は, Early exposure to management based on a sink or swim approach と呼んでいる.
19) 安室憲一, (1997)『現場主義の海外経営』関西生産性本部, p.171から引用.

参 考 文 献

青木昌彦 (1988), *Information, Incentives, and Bargaining in the Japanese Economy*, Cambridge University Press.
青木・小池・中谷 (1989). 日本企業のグローバル化の研究：情報システム・研究開発・人材育成, PHP研究所.
青木昌彦 (1990), Toward an Economic Model of the Japanese Firm. *Journal of Economic Literature*, Vol. 28, pp. 1-27.
岩田龍子 (1985),『日本的経営論争』日本経済新聞社.

金井壽宏 (1990), 『変革型ミドルの探求』白桃書房.
小池和男 (1983), Internal Labor Market : Workers in Large Firms. pp. 29-62 in *Contemporary Industrial Relations in Japan*, Shirai, Tashiro. (ed.) Madison London : University of Wisconsin Press.
野中郁次郎 (1985), 『企業進化論』(Corporate Evolution : Managing Organizational Information Creation) : 日本経済新聞社.
野中・竹内 (1995), *The Knowledge Creating Company* : How Japanese companies create the dynamics of innovation. Oxford University Press.
森嶋基弘 (1991), Information Sharing and Collective Bargaining in Japan : Effects on wage negotiation. *Industrial and Labor Relations Review*, Vol. 44 No. 3 pp. 469-502.
Barlett, C.A., and 吉原 (1988), New Challenges for Japanese Multinationals : Is Organization Adaptation Their Achilles Heel? *Human Resource Management*, Vol. 27, No. 1, pp. 19-43.
Craig, A. (1975), Functional and dysfunctional aspects of government bureaucracy. *In Modern Japanese organization and decision-making*, (ed.) Ezra Vogel. Berkeley and Los Angeles : University of California Press.
Clark, K. and Fujimoto, T. (1991), *Product Development Performance* : Strategy, Organization and Management in the World Auto Industry. Boston, MA : Harvard Business School.
Clark, Rodney (1979), *The Japanese Company*, Yale University Press.
Dore, R. (1973), *British Factory, Japanese Factory* : the Origin of National Diversity in Industrial Relations. London : Allen and Unwin.
Gallbraith, Jay. (1977), *Organizational Design*. Reading, Ma : Addison-Wesley
Kenny, M. and Florida, R. (1991), *Beyond Mass Production* : Oxford University Press.
Lam, Alice (1996), Engineers, Management and Work Organization : A comparative analysis of engineers' work role in British and Japanese electronics firms, *Journal of management Studies*, Vol. 33, No. 2 pp. 183-212.
Lincoln, J.R. (1989), Employee Work Attitudes and Management Practice in the U.S. and Japan : Evidence from a Large Comparative Survey. *California Management Review*, pp. 89-106.
Lincoln, J.R. and Kallenberg, A.L. (1990), *Culture, Control and Commitment* : A study of work organization and work attitudes in the United States and Japan. Cambridge : Cambridge University Press.
Oliver, N. and Wilkinson, B. (1992), *The Japanization of British Industry* : New

Development in the 1990s, Oxford: Blackwell.

Vogel, Ezra F. (1975), *Modern Japanese Organization and Decision Making*: University of California Press.

White, M. and Trevor, M. (1983), *Under Japanese Management*: The experience of British workers: Policy Studies Institute.

Womack, P., Jones, D.T. and Roos, D. (1990), *The Machine that changed the world*, New York: Rawson Associates.

第4章 日本的生産システムの英国自動車産業への移転について

要　旨

　巨大資本間の国境を超えた合従連衡が急速に進む中で，世界自動車産業は構造変化を遂げつつある．その動態を分析する方法はもとより多様であるが，その中でも重要な分析視点として，「生産システム」の世界的収斂と統合をめぐる論争を挙げることができよう．その代表的事例は，トヨタ生産方式を源流とする「リーン生産方式」の世界的普及に関する諸研究であり，またそれを内包しながら展開されたボワイエ゠フレスネの「成長軌道と産業モデル」論，等々にみることができる．

　本稿は，そのような先行研究をふまえた上で，研究課題を，英国自動車産業への日本的生産システムの導入過程と浸透状況の分析，さらにそれがもたらす問題点について検討しようとするものである．この研究課題に関して，英国ローバー・グループによる本田技研工業との15年におよぶ（1979年～1994年）提携関係を中心に分析し，日本的生産システムが英国自動車産業に与えた影響や，生産システムの世界的収斂の可能性について論じる．

1．日本的生産システムの国際移転に関する研究動向

　20世紀の最後の四半世紀は，日本企業，とりわけ国際競争力がきわめて強い自動車産業等の量産組立型産業が国際的に注目を集め，その競争力が研究対象になった時代といえよう．その種の分析の中で，トヨタ生産方式を始めとする日本の自動車産業の競争力を最も体系的に分析したものの一つに，マサチューセッツ工科大学（MIT）の国際自動車プログラム（IMVP）による1990年の調査報告書"The Machine that Changed the World"がある．著者であるウォ

マック゠ルース゠ジョーンズ (James P. Womack, Daniel T. Jones and Daniel Roos) は，日本的生産システムを「リーン生産システム (lean production system)」として理論化し，このシステムこそがグローバル産業化が進む自動車産業のみならず，あらゆる産業分野において21世紀の世界標準になることが予想される，と指摘している[1]．

　「リーン生産システム」とは，藤本隆宏・武石彰両氏によれば，「いわゆるトヨタ型の生産方式を若干誇張・単純化した理念型」であり，「在庫など付加価値を生まない活動の圧縮，製造現場の問題をあえて顕在化させる仕掛け，こうした問題に対する全社的な問題解決，これらを通じた継続的改善活動，生産性・品質・納期・フレキシビリティの同時改善，特に多能工や小ロット生産による柔軟性のある量産体制」および「全社的品質管理 (TQC) 体制」をその中心的要素とするものである[2]．

　この「リーン生産システム」論に代表される日本企業の競争力分析に関する一連の学術的研究は，1970～80年代に日本企業が多国籍化し，海外生産拠点での現地生産活動が軌道に乗り，一定の成果をおさめ始めるにつれ本格化したものである．かつて，ハイマー (Steven H. Hymer) は，欧州共同体市場を席巻する米国多国籍企業の競争力について分析してみせたが，上記のウォマック゠ルース゠ジョーンズの分析は，グローバル市場を席巻する日本多国籍企業の競争力を分析したものといえよう[3]．

　また，学術的研究活動と並行して，欧米諸国の産業界においては，日本企業とは対照的に，その国際競争力を低下させていた時期にあたり，既存の生産体制の再構築 (restructuring) が焦眉の問題であったことが日本企業の国際競争力分析の積極的動機となった．後述する英国自動車産業の動向もその典型的な事例として位置付けることができる．例えば，ウィッタカー (Hugh Whittaker) は次のように指摘している．

　「英国企業は（他国の企業もそうであるが）イギリスに進出した日系企業を入念に観察した．そして，日本型経営がどの程度日本という特殊環境による産物なのか，そしてどの程度これを転用し得るものなのか，関心を示してきた．も

第4章 日本的生産システムの英国自動車産業への移転について 63

図1 成長軌道と産業モデル

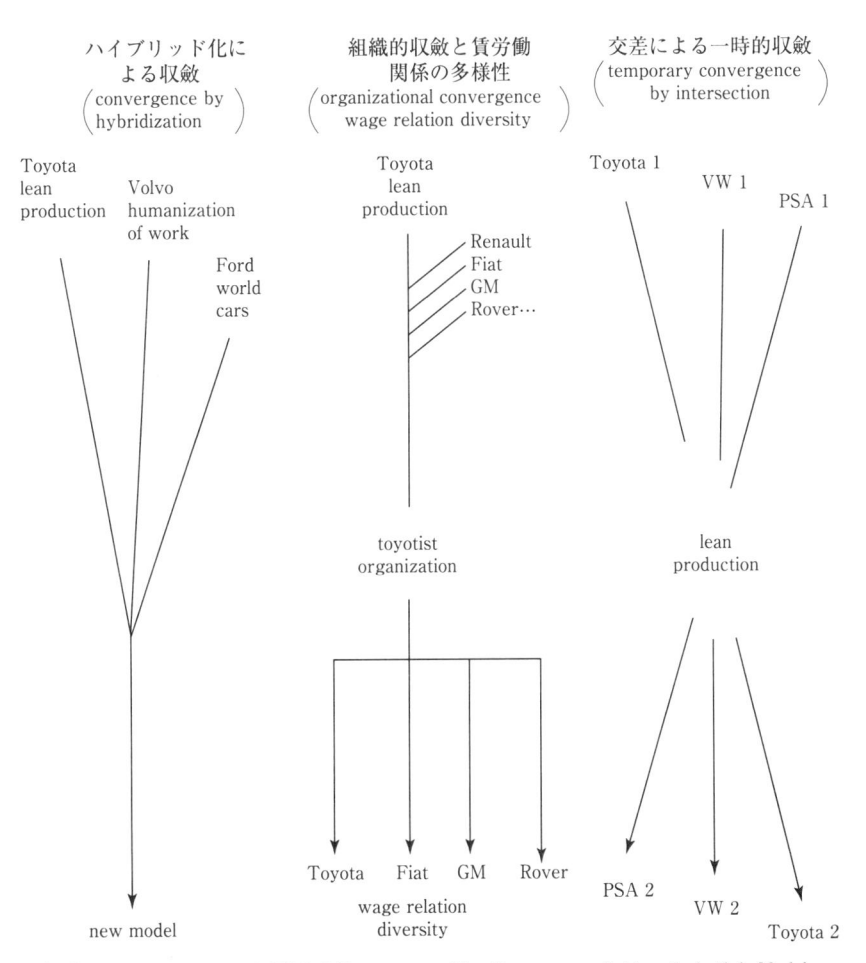

ハイブリッド化による収斂 (convergence by hybridization)	組織的収斂と賃労働関係の多様性 (organizational convergence wage relation diversity)	交差による一時的収斂 (temporary convergence by intersection)
Toyota lean production / Volvo humanization of work / Ford world cars → new model	Toyota lean production / Renault / Fiat / GM / Rover… → toyotist organization → Toyota, Fiat, GM, Rover (wage relation diversity)	Toyota 1, VW 1, PSA 1 → lean production → PSA 2, VW 2, Toyota 2

出所) Robert Boyer and Michel Freyssenet, *The Emergence of New Industial Models : Hypotheses and Analytical Procedure,* Actes du GERPISA, NO.15, 1995, p.135.

ちろん，こうした関心は，競争上の不安や，競争力を強くしたいということから来ている．こうして日本型を模倣するようになるのである．ただし，『模倣』によって変化したものの多くは，実際には『日本化』ではないということを指摘しておかなければならない．日本の直接の影響がなくても変化は起きたであろうし，実際日本からの影響に先行して変化が生じた場合もあるからである．そこで，『日本化』というよりも，日本的慣行への移行という観点から捉えていくのが適当であろう．」[4]

ウィッタカーの指摘の中にもみられる「日本化 (Japanization)」は，グローバル競争に参加するための競争力構築という企業努力の結果が，マクロレベルでみると次第に産業構造と行動の日本化を生み，その方向での産業再編成が世界規模で生起しつつあるのかどうか，という点に関する論争をもたらした[5]．

このような状況の中で，1981年にフランスの研究者集団がフランス自動車メーカーの研究支援を得て，自動車産業に関する学際的な研究調査を始めた．このグループ「GERPISA (Group d'Étude et de Recherche Permanent sur l'Industrie et les Salariés de l'Automobile：自動車産業とその賃労働者に関する永続的研究調査グループ)」を代表する研究者であるボワイエ＝フレスネ (Robert Boyer and Michel Freyssenet) は，国際共同研究『新産業モデルの出現 (The Emergence of New Industrial Models)』の中で，図1のような「成長軌道と産業モデル (Trajectories and Models)」を今後の研究課題として示している．

ボワイエ＝フレスネは，トヨタ型のモデルは，日本で重要な変化を経験し，また他国に移転され，他の自動車メーカーに採用されるにつれ変化しているのであるから，「トヨタの経営実践を理論化したリーン生産の必然的な伝播」という仮説は全く証明されていないのであり，それゆえ，自動車産業史の再検討が我々に導くものは「フォーディズムこそ普遍的原理である」という仮説の衰退である，と指摘している．

さらに，こうした"文脈分析者的"アプローチ ("contextualist" approach)」に基づけば，次のような三つの方向が予想できる，という[6]．

第1は，「ハイブリッド化による収斂 (convergence by hybridization)」の方

向であり，既存の産業モデルが一つの新しい共通モデルへ収斂していく可能性である．この共通モデルの特徴はまだ十分に定義されているわけではないが，グローバリゼーションの進展がそうした収斂を現実のものにする可能性がある．収斂の一つのイメージとして，作業をよりよい条件で行い，生産量拡大の圧力を弱めたいと思う労働者の期待を考慮した「日本的ヨーロピアンモデル (a "Japanized" "European model")」としての「修正トヨティズム (a modified Toyotaizm)」と，需要と自由貿易のグローバリゼーションに基づく「更新フォード主義者モデル (a renewed Fordist model)」との間の収斂が考えられる．

この第1の方向からボワイエ＝フレスネが注目する点は，企業活動のさまざまな局面に最も適切な基本原則のコンビネーションに基づいて支配的（おそらくは，単一の）モデルを創造することが可能であるかどうか，である．

第2の方向は，「組織的収斂と賃労働関係の多様性 (organizational convergence, wage relation diversity)」に関するものであり，トヨタ主義者モデルが示唆する産業組織の原理と実践への収斂と，重要な要因であり，かつ持続的な特徴をもつ賃労働関係の多様性との両方の側面を強調する方向である．既存のモデルは，組織の基本的な仕組みには共通性があるとはいうものの，企業ごとの制度的文脈や社会的な歴史を考慮して，既存モデルを異なる方法で適用しようとしがちである．しかしその場合，賃労働関係のタイプの違いは同一の産業原理と両立可能であるのか，それともこうした「機能的等価性 ("functional equivalents")」は特定の賃労働関係においてのみ適用可能であるのか，が問われなければならない．

第3の方向は，「交差による一時的収斂 (temporary convergence by intersection)」の仮説であり，いずれも生産的なモデルが多数出現する状態を予想するものである．この仮説は次のような四つの事実ないしはアイデアに基づいている．

(1) 企業は，異質な内容と意味を持つ行動にトヨタモデルから拝借した用語を当てはめているが，これはまぎらわしく誤解されやすい．
(2) 同じ仕組みであっても，それが実行される社会的条件によって，そのダイ

ナミクスと効率の程度は異なっている．

(3)あらゆる市場環境において有効であり，またはあらゆる形態の賃労働関係の下で有効であるような一般モデルを想定することは不可能である．

(4)企業は，さまざまな種類の問題に直面するし，異なる時点では同種の問題に直面するものである．このような観点からみれば，今日示されるべき収斂とは，非常に明白な収斂か，または実際にさまざまなモデルをもたらす多様性をもった成長軌道の交差（したがって，一時的な）かである[7]．

以上のボワイエ＝フレスネの「成長軌道と産業モデル」論にみられるように，今日の「日本化論争」[8]は，単にそれが自国産業に徐々に浸透していくことに対する警戒感や脅威論，あるいは日本的特殊性論に終始するのではなく，一定の環境下での有効性を認めたうえで，有効性を引き出す条件は何か，その条件は自国の産業構造や企業文化と適合的であるのか，等々との関わりの中で分析されているという意味では理論的深化が認められるものの，しかしながら，それはまた，急速に進む自動車産業のグローバル化の中で長期的成長軌道が明確に描けないでいる混沌たる状況を反映したものであるかもしれない．

2．英国自動車産業の経営再建策としての日本的生産システムの導入過程

ヤング（Stephen Young）は，1980年代の激しいスタグネーションと経済停滞にみまわれた欧州経済を分析し，産業競争力を低下させたマクロ要因，ミクロ要因の両方について指摘している．すなわち，マクロ要因として，保護主義，投資不足，偏狭なナショナリズムなどによる「ヨーロッパ的動脈硬化症 (symptoms of Eurosclerosis)」が欧州各国の産業競争力を弱体化したのであり，他方，企業レベルにおけるミクロ要因として，低生産性，技術的後進性，国内市場中心主義が企業単位の国際競争力を低下させた，のである[9]．このヤングの指摘は，この時期の英国自動車産業にも基本的にあてはまる．

また，ハイター＝ハーヴェイ（Teresa Hayter and David Harvey）は，英国自動車産業の衰退要因として，これまで一般に指摘されてきた，労使の対立関

表1　第2次世界大戦以降の英国自動車産業における企業集中とアライアンス

年次	英国自動車産業における企業集中とアライアンス
1952	・オースティン自動車（Austin Motor Co.）とモーリス自動車（Morris Motors）の合併により「BMC社（British Motor Corporation）」が発足；英国自動車産業における企業集中過程の開始
1961	・商用車製造業者レイランド社（Layland Motors）がスタンダード・トライアンフ社（Standard Triumph）を買収
1966	・BMC社とジャガー社（Jaguar）が合併し「BMH社（British Motor Holdings）」となる
1967	・レイランド社がローバー社（Rover）を買収 （米国フォード自動車が欧州統括拠点「フォード・ヨーロッパ」を設立） （米国クライスラー社がロータス社を買収）
1968	・BMC社とレイランド社の合併により，乗用車部門と商用車部門を統合した「BLMC社（British Leyland Motor Corporation）」が誕生；英国自動車産業は事実上1社に大合同
1973	・英国EECに加盟
1974	・英国政府がBLMC社を国営企業化
1975	・ライダー卿（Sir Don Ryder）によるBLMC再建計画開始；社名変更「ブリティッシュ・レイランド社（British Leyland）」に
1978	・エドワーズ卿（Sir Michael Edwards）による再建計画開始；社名変更「BL社」に ・米国サンフランシスコで，ホンダ－BLの限定的ライセンス協定締結
1979	・ホンダ－BLアライアンス第1段階：小型乗用車「ホンダバラード／Triumph Acclaim」の生産（本田が供給したCKDキットの組立生産）協定
1981	・BL，「Triumph Acclaim」の生産開始 ・ホンダ－BLアライアンス第2段階（XXプロジェクト）：高級大型乗用車「ホンダレジェンド／Rover800」共同開発・共同生産協定
1984	・ホンダ－BLアライアンス第3段階（Bountyプロジェクト）：第1段階における小型乗用車の後継車種「ホンダバラード／Rover 200」生産協定（ただし，Rover 200はホンダ車とは異なる設計仕様変更に基づいて独自に生産） ・BL社がジャガー社を分離，また商用車事業部門（Leyland TrucksおよびFreight Rover）はオランダのDaf社と合併し，新会社を設立（BL社が16％の株式を所有）

1985	・ホンダUK（Honda of the U. K. Mfg., Ltd.）設立
	・ホンダUK，スウインドン（Swindon, England）にエンジン組立工場建設計画発表
	・XXプロジェクトの成果としてホンダが「レジェンド」を開発
1986	・デイ卿（Sir Graham Day）による再建計画開始；社名変更「ローバー・グループ（Rover Group）」に
	・XXプロジェクトの成果として，ローバーG. が「Rover 800」を開発
	・ホンダ，ローバーG. にホンダブランドの「バラード」を生産委託
	・ホンダ，ローバーG. にホンダブランドの「レジェンド」を生産委託
	・ホンダーローバーG. アライアンス第4段階（R8/YYプロジェクト）：第3段階における小型乗用車の後継車種「ホンダコンチェルト／Rover 200/Rover 400」の共同開発・共同生産・相互部品調達協定
1988	・英国政府，ローバー・グループをブリティッシュ・エアロスペース社（British Aerospace）に売却（民営化）
	・R8/YYプロジェクトの成果として，ホンダが「コンチェルト」を開発
	・ホンダレジェンド／Rover 800相互生産計画中止
1989	・ホンダーローバーG. アライアンス第5段階：相互資本提携承認（本田はローバーG. の株式を20％，ローバーG. はホンダUKの株式を20％所有）
	・ホンダUK，スウインドンのエンジン組立工場操業開始
	・ローバーG.，3週間のレイオフ実施を発表；カウリー北（Cowley North）組立工場の従業員1800人が対象（8月，11月，翌年1月）
	・ローバー・カーズ社（Rover Cars）発足；旧オースティン・ローバー自動車事業部門を再編成，またローバー・カーズ社とランド・ローバー事業部門を1つの経営組織に一体化；Rover 200/Land Rover Discoveryを市場投入，新エンジン「Kシリーズ」をRover 200/Rover 400に採用
	・ホンダーローバーG. アライアンス第6段階（Synchroプロジェクト）：2ℓクラスの中型車「ホンダアコード／Rover 600」共同開発・共同生産協定
1990	・6週間の操業停止；カウリー南（Cowley South）工場の減産計画を発表
	・スラネスリ・プレス工場（Llanelli Pressings Plant, Wales）閉鎖；従業員950人解雇
1992	・カウリー南工場閉鎖；従業員2500人解雇
1994	・ドイツBMW社がローバーG. を買収；ブリティッシュ・エアロスペース社の持ち株分（80％）をBMW社が取得
	・ホンダとの資本提携は解消

出所）各種資料をもとに作成．

係，頻発するストライキ，そして非効率な作業に甘んじる労働者の作業態度などは真の衰退要因ではなく，低利益率の小型車生産戦略を続け，新規投資を見送ってきたための設備の老朽化こそが労働集約型生産構造を温存し，労働生産性を低下させた元凶にほかならない，と分析している．したがって，真の衰退要因は，「経営側の経営戦略と設備投資計画の誤り」であり，「英国政府の産業政策の誤り」であり，「多国籍企業の欧州戦略が英国経済にもたらした悪影響」，の3点であったと結論づけている[10]．

ローバー・グループ (Rover Group) は，表1にみられるように，英国自動車産業を代表する乗用車メーカーと商用車メーカーが，第2次世界大戦以降の時期に大合同してできた企業グループであり，その基本構造は1968年における「BLMC社 (British Leyland Motor Corporation)」の誕生で確立された．したがって，さまざまな社歴を有し，企業文化も異なる中規模メーカーの「寄り合い所帯」とみることができる．

この大合同によって生まれた企業グループというローバーの成立過程は，日本的生産システムの移転問題を考えるうえで極めて重要な特徴といえる．すなわち，ローバーの各生産拠点における従業員の構成は，オースチン自動車 (Austin Motor Co.) やモーリス自動車 (Morris Motors) といった，かつての所属先の組織風土ないし文化を「遺伝子的に」継承しており，そのことが日本的生産システムの導入と浸透にとって最も重大な環境条件となったからである．この点の分析は，スミス (Dennis Smith) 等が行った日本的生産システム導入や，その他の企業組織改革に対する従業員の態度調査に明確に示されているところである[11]．

もともと高級車志向であったローバー事業部門と，「大量生産技術に基づいて安価な小型車生産をめざす」[12]という理念を共有するオースチンやモーリス事業部門とではめざすべき方向があまりに異なっている．経営哲学の違い，歴史的基盤の違いは，合同後の経営にもさまざまな形で影響し軋轢をもたらした．また，この点で，経営者と従業員双方の組織的結束力は弱く，明確な企業戦略の欠如を招き，企業グループ全体のアイデンティティをあいまいにし，結

表2 ローバー・グループの車種（モデル）数と生産量（1970-94年）

	生産量(台数)	車種(モデル)数
1970	788,700	20
1971	886,721	22
1972	916,218	21
1973	873,839	22
1974	738,503	22
1975	605,141	22
1976	687,875	18
1977	651,069	17
1978	611,625	17
1979	503,767	15
1980	395,820	10
1981	398,763	11
1982	383,074	10
1983	445,364	8
1984	383,324	7
1985	465,104	7
1986	404,454	8
1987	471,504	7
1988	474,687	7
1989	466,619	8
1990	464,612	9
1991	395,624	9
1992	378,797	9
1993	406,804	11
1994	452,500	10

資料） SMMT (Society of Motor Manufacturers and Traders) 各年次報告書．ただし，1994年に関しては，BMWアニュアル・レポート（1994年度）よりの数字．
出所） Alan Pilkington, 'Learning from Joint Venture: the Rover-Honda Relationship', *Business History,* Vol. 38, No. 1, 1996, p. 99.

果として欧州市場における自社製品の位置付けを見誤った．

英国政府の産業政策の誤りも重要なポイントである．BLMCの経営再建計画は，企業合同過程の中で実施されたが，1974年にハロルド・ウイルソン (Sir James Harold Wilson) 内閣当時にBLMCの国営企業化が発表され，公的資金による再建計画であるライダー卿 (Sir Don Ryder) の「ライダープラン (Ryder Plan)」がまとめられた．具体的には，翌75年に英国議会に提出された報告書 "British Leyland: The Next Decade" で，BLMCに経営危機をもたらした要因として，(1)旧式の機械・工場の温存，(2)過度に中央集権的な組織，(3)脆弱な労使関係，(4)合併工場であるがゆえの不合理な遺産の残滓，等が指摘された[13]．

しかし，ライダー卿は問題点の洗い出しこそ行ったものの，諸経営課題に対する具体的な処方箋は描けず，英国自動車の歴史的，伝統的な名声を回復する具体策はついに示せなかった．

次に，経営再建の責任者となった人物は，1977年に BLMC 会長になったエドワーズ卿（Sir Michael Edwards）であった．エドワーズ卿は，キャラハン（James Callaghan）首相に「会社を適切な経営軌道に乗せる」ため再建の責任者に任命され，前任者のライダー卿とは対照的に，「経営合理化，人員整理，近代化，製品企画の遂行」を決定し，その具体的戦略として，1979年9月に発表された「CORE (the Coordination of Resources) プラン」で劇的なダウンサイズと合理化の全容が明らかになった[14]．エドワーズ卿が実行した企業再生計画は，工場の再装備，作業現場の統制力の回復，そして製品レンジの若返り，を柱とするものであった[15]．

彼の経営合理化計画は，(1)ベルギーの2工場（Speke と Seneffe 両工場）を含む13工場の閉鎖，(2)それにともなう従業員の大量解雇であり，4年間で196,000名を104,000名に削減，(3)生産車種の統廃合であり，表2にみられるように77年以降の統廃合の結果，83年までには車種（モデル）数は半減した，(4)それにともなう主力工場（Cowley, Solihull）の生産ラインの縮小，(5)工場のオートメーション化の推進，およびそれに反発する労働組合員の弾圧，を柱とするものであった[16]．

また，1975〜84年間に，英国政府は24億1,100万ポンドもの財政支出を BLMC のために行ったが，この巨額の政府補助金は経営再建とその結果として期待された雇用の拡大には結びつかず，大量の解雇者の退職金に消えたといわれている[17]．さらに，この時期に，大量の人員整理と並行して進められたオートメーション化は，日本車他の輸入車との競争激化の中でフレキシビリティを欠いていたために，投資効果は期待できず，むしろ逆に固定費増大による利益率の低下を招く結果となった．

こうした一連の経営再建計画の失敗と，その結果としての新型車開発能力の低下がもたらした車種構成の穴埋めの必要が，ホンダ（本田技研工業）との提携を進める動機となった．

1978年9月，ホンダと BL 社（BLMC 社は1978年に社名変更し BL 社になった）は限定的ライセンス協定を締結したが，その後の推移については表1にその概

要を示している．BLがホンダを提携相手に選んだ理由については，(1)この当時のホンダは中規模のメーカーであったこと，すなわちすでに英国市場で長い歴史をもつGMやフォード等の米国系多国籍企業との提携交渉には買収される危険性がつきまとうが，提携交渉当時のホンダに関してはその心配は不要であったこと，(2)自動車工学，特にエンジン設計における高い評価，(3)品質と生産性に対する高い評価，(4)車種構成の穴埋めにふさわしいモデル（具体的には，lower-medium sectorに位置付けられる「ホンダバラード」等）を有すること，であったといわれている[18]．

この時点では，BL側は日本的生産システムをどの程度評価し，それをどのような方法で吸収しようと考えたのであろうか．

エドワーズ卿は，この時期，製品デザインおよび生産技術面で提携できるパートナー企業を調査していた．交渉相手は，フォルクスワーゲン（Volkswagen），CUK（Chrysler UK），GMなどであったが，これらの企業に関しては予備交渉の段階で決裂したといわれている．その中で，唯一ルノー（Renault）だけは，中級車種（mid-range car）に関する設計・生産提携に関心を示しBL側の要請に合致したものの，BL側の販路を英国市場のみに限定することに固執したことから，この交渉もまとまらなかった[19]．

これらの交渉の一方で，エドワーズ卿は，提携先企業の調査範囲を欧州大陸から日本へ拡大していた．この方向転換は実に驚くべきものであった，といわれている．なぜなら，英国自動車メーカーは，歴史的にみて島国的で孤立的経営を好み，自らの生産能力に絶対的な自信を持ってきたからである．しかしながら，エドワーズ卿は，BLが抱える労使関係，品質管理，生産性に関する諸課題を解決する可能性を日本的生産システムに求めたのである．

外国企業の生産システムを移転する試みは，BLMCの時代にフォードないしは米国型の経営・生産方式の導入が図られたことがあったが，それは不完全で不適切な導入であったことから，労働者と下級管理者からの激しい抵抗にあった．しかし，日本的生産システムに関しては，1975年にBLの技術者が日産，トヨタ，三菱自動車，本田技研工業，関西ペイントなどを視察・調査した

後に作成した報告書の中で,「模倣すべきモデル (a model for emulation)」としてその導入の必要が提案されていたのである[20].

3. カウリー工場における日本的生産システムの導入と組織変化

英国自動車産業への日本的生産システム移転の経緯は前節で述べたところであるが,導入時期を経て今日の段階でシステム移転がどこまで進み,かつ定着しているのか,また移転できない要素は何であり,どのような要素特性が移転と定着を阻んでいるのか,が次の課題となる.

このような現時点での日本的生産システム移転に関する諸課題を考察する際の,重要な研究として,ウォーリック・ビジネススクール (Warwick Business School, the Industrial Relations Research Unit) のスカーバラ゠テリー (Harry Scarbrough and Michael Terry) の研究がある[21].本節では,彼らの研究成果を手掛かりとしながら,上記の課題について検討を進める.

スカーバラ゠テリーの調査は,1994年後半から1995年初頭にかけて実施されたものであるが,当時のローバー・グループは六つの事業部門から構成されていた.彼らは,その中で最も主要かつ最大の事業部門である「プロダクト・サプライ (Product Supply) 部門」を調査対象としているが,同部門はローバーの生産活動を全体的に統括する部門でもあった.彼らが調査の中心に据えた工場は,同事業部門の中の大型乗用車の製造を担当しているオックスフォードにあるカウリー (Cowley) 工場であった.

スカーバラ゠テリーによれば,ローバー・グループにおける日本的生産システムの導入は,1980年代の導入過程で従業員間の協調と競争の両側面を促し,80年代と90年代に他の英国産業と企業が実践した生産性改善努力の典型例となったという意味で,「人的資源管理および雇用関係の分野において英国自動車産業部門で生じた変化の主要な先導者」[22]として位置付けられる.

彼らは,1980年代以降に英国自動車産業に導入された日本的生産システムの要素として,(1)チームワークと作業組織,(2)作業実践の変化,(3)チームリーダ

一，(4)スタッフ化と雇用の安定，(5)労使関係，(6)訓練と職務充実，(7)報酬，の7項目を設定し，それぞれについて導入の過程や現状について検討している．

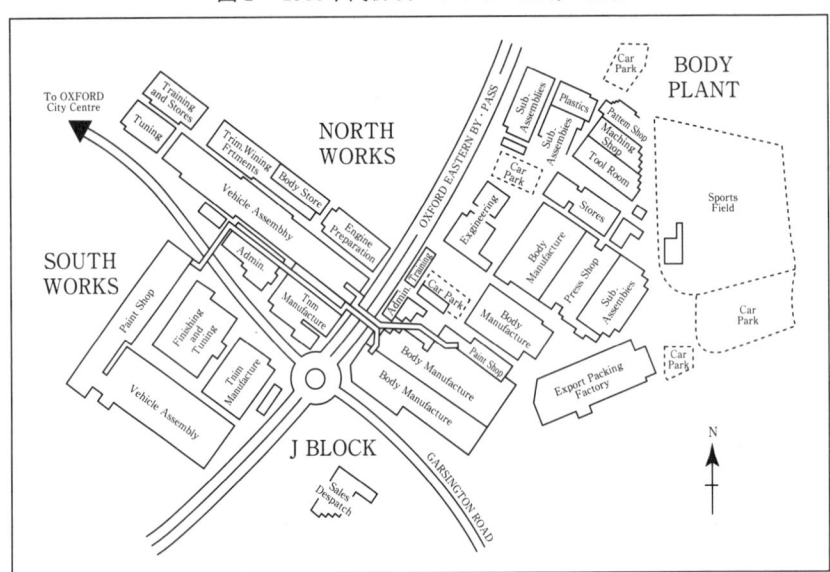

図2 1980年代初頭のカウリー工場の全容

出所 Teresa Hayter and David Harvey(eds.), *The Factory & the City : the Story of the Cowley Automobile Workers in Oxford,* Mansell, 1993, p.4.

1) チームワークと作業組織

他の英国自動車メーカーと同様に，ローバーも，既存の作業組織に「従業員参加のメカニズム」を接ぎ木する方法で日本的経営手法を作業組織に導入した．1986年に導入された"Working with Pride"がそれであり，職場のコミュニケーションと従業員関与を促進するための小集団活動である"zone circles"，"zone briefings"を具体的手法とするものであったが，しかしながら，これらの試みに関しては，1年を待たずして瓦解し定着するまでには至らなかった．その原因については，作業者と監督者双方が小集団活動自体を時間の浪費と考えたことや，組合代表者 (union stewards) の役割を蔑ろにするものとして労組からの反発をかったこと，などが指摘されている[23]．

"zone circles"導入の失敗を経て，1987年には「トータルクォリティ・プログラム（total quality program）」が導入された．このプログラムの一端として，全従業員を対象に全社的品質管理技術を修得するための4日間の研修が実施された．そしてそれと同時に，この時期に「チームワーク」が組織的に導入され，30名程度を「ブリーフィング・グループ（briefing group）」として組織し，その統括責任者としてラインの管理者が任命された[24]．

この小集団を単位とした作業組織編成は後に修正を受けたが，それにともなってブリーフィング・グループは，40〜100名程度を組織単位とする「セル（cell）」として位置付けられる「セル・マネジメント・コンセプト（cell management concept）」が導入された．

この方式では，ライン管理者が任命される「セルマネジャー」の他に，「チームリーダー」が現場の従業員の中から選出され，加えてセルは必要に応じてエンジニアや品質管理責任者などの「調整役（facilitators）」の出動と支援を要請できるものとされており，その限りでは労使双方のバランスが図られているといえよう．その結果，ローバーの労組もセル方式の導入には合意している．

2）作業実践の変化

1992年から95年の間に，カウリー工場では，2つの新型車（Rover600, Rover800）の生産開始とそれら新型車を製造する施設の合理化が実施された．1992年に新鋭設備が設置されたが，工場数は4工場から1工場に集約され，工場施設面積も大幅に縮小された．この時期の経営合理化にともなう同工場の変容は，表3で確認することができる．

しかしながら，スカーバラ=テリーは，このような大規模な合理化にもかかわらず，従業員の平均年齢が依然として47歳と高く，従来型の作業慣行を変えようとしなかったため，これまでの作業慣行や非効率な作業方法を完全には払拭できなかったとみている．むしろ，カウリー工場における作業実践は，その多くが1987年に導入された，先述の「トータルクォリティ・プログラム」の展

表3　カウリー工場の変容（1991, 1993年）

	1991	1993
工場面積（エーカー）	222	114
従業員数（人）	3,550	3,300
年間生産台数（台）	55,000	82,300
従業員一人当たりの年間生産台数（台）	10.9	30.6
サプライヤー数（社）	410	370

資料）ローバー社報告書より.
出所）Harry Scarbrough and Michael Terry, "United Kingdom: the Reorganization of production," in Thomas A. Kochan, Russell D. Lanbury and John Paul MacDuffie (eds.), *After Lean Production: Evolving Employment Practices in the World Auto Industry*, Cornell University Press, 1997, p. 144.

開の中でのみ変化した，と指摘している．

　「作業工程や部品供給関係を重視した全社的品質管理の哲学は，『クォリティ・アクション・チーム（quality action team）』のような特殊なグループや活動の展開のみならず，ローバー・グループの経営合理化政策や製品供給事業の編成内容にも密接に関係した．」[25]

　また，「トータル・プロダクティブ・メンテナンス（total productive maintenance）」というローバーの哲学も，1994年までにカウリー工場に浸透し，ルーチンワークの多くがメンテナンスの専門家を完全にではないにせよ不要とするまでに改善された，という．

　「提案制度（suggestion scheme）」は，参画率をみると40％（1989, 1990年），70％（1991年）から100％（1993年）になり，1994年までには，作業現場では「ディスカッション・グループ（discussion group）」（ローバー流のQCサークル活動）が100以上設置され，500もの「クォリティ・アクション・チーム（quality action team）」もできた[26]．

　1992～93年に導入された「チームワーク（teamwork）」については，1994年末までには，平均で15名のチームをつくり，その中に1名のチームリーダーと2名の補助要員（spare operative）－補助要員は通常は訓練のための要員である

が，欠勤者の作業をカバーする役割も果たす—が配置された．

しかし，スカーバラ゠テリーは，チームワーク活動の成果が作業部署で異なる点に言及し，「トリムおよび最終組立（Trim and Final Assembly）部門」の方が「ホワイトボディ（Body in White）部門」より優れた成果をあげた，としている．また，作業に技能を要する領域では，チームワークの浸透は非常に限られたものであったし，さらにその浸透度は，ローバーグループの作業グループが企業合同や工場再配置の中で，本来異なる企業の異なる工場を統合した中から形成されたことに由来する組織文化的差異からの影響を受けざるをえなかった点が指摘されている[27]．

さらに，「ジョブ・ローテーション（job rotation）」に関しても，それが作業者の側からの要求ではなく，チームリーダーや管理者の関心と熱意の程度に左右されるものであった，と指摘されている．同様に，「継続的改善活動（pursuit of continuous improvement）」についても，「トリムおよび最終組立部門」でさえ，活動の主体はほとんどの場合，セルをサポートするスタッフの業務と考えられた．

カウリー工場のチームワーク活動は，以上のようにきわめて制限された形でしかなく，経営側は既存の生産方法に対するチームの裁量権を認めていなかったし，仕事の割り当てに関しても，従来の個々人に帰属することは止めたものの，チームに割り当てられた職域は必ずしも明瞭なものではなかった．

3）チームリーダー

チームリーダーの報酬は，一般作業者よりも高く週当たり20ポンドが1994年10月の時点で支払われていた．

チームリーダーは，チームの中から候補者が選ばれ，数学と英語のテストの後に，チームメンバーによって承認・選出されたが，経営側も組合側も，チームリーダーと職場代表委員とは対立的な関係にあるとみていたため，チームリーダーの選出には双方の利害と期待とが錯綜したものの，スカーバラ゠テリーによれば，チームリーダーの選出手続きを経営側が有利に操作した形跡は認め

られなかった[28]．

　チームリーダーがチームにどの程度受容されたかについても，やはり「トリムおよび最終組立部門」の方が「ホワイトボディ部門」より受容の程度が高く，したがってチームリーダーは経営側と組合側双方に対しチームを代表して優れたリーダーシップを発揮したという．こうした受容に関する差異，あるいは両部門の組織文化の相違が，チームワークの内容とチームリーダーの役割を規定した．「ホワイトボディ部門」では，チームリーダーの基本的な業務内容は，伝統的な職場監督者（supervisor）のそれとそれほど変わりないものであり，従来職場監督者が担当してきた欠勤者の記録や欠勤者の担当部署に他の作業者を割り当て補充するといった調整作業に，安全確認や部品の注文，「トータル・プロダクティブ・メンテナンス」の推進，生産管理担当者に対する品質問題の喚起等の「補助業務」を追加したにすぎなかった[29]．

　他方，「トリムおよび最終組立部門」においては，チームリーダーの役割はより拡大されており，例えば作業者の健康や安全に関する諸問題を職場代表委員と協議するといった，作業実践に関する問題解決者の役割を受け持っていた．

　しかし，すべての部門のチームリーダーに共通に認められる部分がなかったわけではない．それは，特に職場監督者やセル・マネージャーとの役割分担の点でいえる．すなわち，職場監督者やセル・マネージャーは，職場の規律についての管理責任があったのに対し，チームリーダーはその点の責任は免除されている．チームメンバーの欠勤率や作業状況の詳細を報告することをチームリーダーに義務として課せば，それがメンバーに発覚した場合，リーダーとしての役割が果たせなくなるからである．

　こうしたカウリーの経営手法は，管理階層における職場監督者の役割を変化させることによって管理階層の構造的変化を促進した．経営側は職場における労働問題が発生した場合には，職場監督者として職場秩序回復の役割を期待したが，しかしながら，職場監督者は，従来の「作業者の監視者」という役割からチームおよびチームリーダーを支援する「まとめ役（facilitator）」へと役割

4）スタッフ化と雇用の安定

1991年9月，ローバーは"Rover Tomorrow-the New Deal"を発表し，世界最高の業績をあげ，規制緩和が進む欧州連合（EU）の中で競争するためには継続的改善が必要であることを表明した．そのためには，全従業員が最大限に貢献すること，「制限的労働慣行（restrictive practices）」の払拭，そして当初の計画を上回るスピードでの「シングル・ステータス（single status）」の確立，が必要であることを明示した．

この目標を達成する鍵は，雇用の安定である．不当な解雇が回避される場合にのみ，完全なフレキシビリティを可能にし，新技能を修得するための心構えが芽生えるのである．しかしながら，経営側の解釈は，こうした保証は既存の職務に関する保証ということではなく，適切な訓練を受けた後で配置転換に応じる作業者にのみ適用される保証であるから，従来型の解雇はありうる，というものであった．実際に，"New Deal"施行後に，プロダクト・サプライ部門の従業員数は，自発的退職と早期退職のために，42,000名から32,000名にまで減少している[30]．

"New Deal"の主要な特徴は，次のように示されている．

・シングル・ステータス
・従業員全員を対象とする継続的改善要請
・フレキシビリティ；適切な訓練の後，新たな職務を遂行する能力
・賃金支払い基準の単一化；従来の5等級からなる時間給，6等級からなるスタッフ構造からの転換
・生産性に基づくボーナス制度

このような項目を含む原案は，JNC（Joint Negotiating Committee）において若干の修正後に合意され，組合員による無記名投票の結果正式に承認された．

スカーバラ゠テリーは，こうした"New Deal"は英国産業にとってきわめて重要な意味をもつものであり，英国労使関係の「日本化」を促進するものであった，とみる[31]．

5) 労使関係

ローバーの労使関係は，諸政策の混合的産物として成立したものといえるが，"New Deal"は，労使関係，雇用の安定的確保，報酬，そして作業組織における主要な変化を接合する意図があった．この時期の組合活動全般をみると，生産過程の細かな部分にまで影響力を行使できるかという点でみれば弱体化していたが，経営側は組合主義や職場の作業者を代表する重要なチャネルであった「職場代表委員 (shop steward)」を徹底的に排除しようとはしなかった．また，組合の組織率もホワイトカラーでは低下傾向がみられたものの，全体でみると80％を超えていた．

管理職以下の従業員に対する賃金と作業条件については伝統的な団体交渉を通じて決定されたが，工場レベルでは職場代表委員を中心とした交渉や協議会が開催された．

"New Deal"に対しては，ローバーの主要な組合，すなわち，AEEU (the Amalgamated Engineering, Electrical Union)，やTGWU (the Transport and General Workers' Union) 間で理解と関与の点で不協和音がみられたが，基本的に，組合は，チームリーダーの選出に関する手続き等に関する問題を除けば，"New Deal"の提案の核心部分に関する貢献は認められず組合組織それ自体と企業内における組合の権利の維持に専ら努めた[32]．

"New Deal"は，「企業業績，作業実践と標準化，製品計画と経営計画，および労使双方に影響を与える総ての活動領域に対する最大限の理解を求めて」労使双方が協議していくことの必要性を確認している．カウリー工場においては，こうした意向にそった変化は，1991年から翌年にかけて大規模な物的，組織的な変化として生じた．それは，TGWUとAEEUが「工場共同委員会 (the Plant Joint Committee)」を設立するために動き，1994年までには，同委

員会がカウリー工場の56名の職場代表委員と7名の「シニア・スチュワード (senior steward)」の主要なフォーラムとなったことに象徴される[33]．

かくして，カウリー工場における労使関係は，労組側の譲歩を伴いながら，大規模な変化がみられ，労組も経営ないし事業の一翼を担い，企業業績の安定に寄与するという現実肯定的態度へと変貌していったのである．

6）訓練と能力開発

ローバーは，ジョブ・ローテーションの確立や，多能工化のための訓練と能力開発を推進する組織体制を徐々に整えた．

訓練および能力開発は戦略的課題と位置付けられ，1988年に，「ローバー学習事業（RLB；Rover Learning Business）」が労働者に対して，単なる作業訓練としてではなく学習の機会を提供する目的で設置された．さらに，1990年には，「ローバー従業員支援学習（REAL；the Rover Employees Assisted Learning）プログラム」が導入され，従業員の自己啓発に寄与している．主要な工場では，パソコンを活用しながら学習を行う能力開発センターがあり，1993年時点で，週当たり1,000名以上が参加しているという[34]．

こうした活動の推進役を果たしたのは，カウリー工場のシニア・マネジャーであり，その普及状況に関しては，「人材開発委員会（the People Development committee）」の四半期毎の会議で評価・検討がなされている．しかしながら，このような新たな役割を担うことになったシニア・マネージャーは，人事部門からライン管理に移管された訓練および能力開発への責任と，日常の生産ノルマとの狭間に立ち，その調整に直接あたらなければならなくなった．

また，多能工化の推進には個々の職務内容やその技術的特殊性も制約条件となりうる．「ホワイトボディ部門」では，スポット溶接等の職種については能力の互換性は困難であり，また個々の作業者の技能差にも大きく影響されるため，「完全な能力の互換（complete interchange-ability）」は困難である，といわれている．

このようなことから，スカーバラ＝テリーは，ジョブ・ローテーションの進

捗度に影響を与える要因として,「チームリーダーの態度・姿勢」,「欠勤率の程度」,「特定作業に本来内在している作業の難易度」,そして「個々の作業者の欲求」が考慮されるべきであるとしている[35]．

7) 報　　酬

"New Deal"は,伝統的な賃金構造を転換し,細分化された等級に基づく賃金体系を「単一等級構造 (single grading structure)」に変えた．また,1994年には,旧来の時間賃率に基づく体系に換えて,より広範囲に3つにカテゴライズされた職務分類に基づく新体系の導入が実施され,「能力に基づく (merit-based) 賃金体系」が確立している．

4．現状の評価と問題点

以上のケーススタディから,スカーバラ゠テリーは結果として次のような点を抽出している．

第1に,企業が設定した政策とカウリーでの工場レベルの取り組みとの間にギャップがみられることである．チームワークは作業組織の統合要素とみられているにもかかわらず,その取り組みはセル・マネージャーとチームリーダーの能力と積極性に依存し,工場の部門間でも,あるいは部門内部においても,定着度の差違は大きいものであった．その理由は,「チームワーク形態の押しつけ (constrained form of teamwork)」がチームリーダーの役割を限定的なものにしたためであり,チームワーク形態のもつ重要な特徴があいまいなまま覆い隠されたためであった．

第2に,こうしたギャップをどのように認識すべきか,という点ではすでにさまざまな解釈がみられる．例えば,ギャップは進化的な変化をもたらす混沌とした過程の産物であるという解釈,あるいは経営的修辞法と厳しい作業実践との乖離の証拠であるという解釈,そして公式組織と非公式組織との間の対立的関係の例にほかならないとする解釈,等々である．

第3に，スカーバラ＝テリーは上記のような解釈に加えて，新たな視点を提供している．現場作業および作業組織の改善を担った主体は，「特別委員会 (adhocracy)」的形態であった，という視点である．すなわち，作業組織の細部に至るまでを公式に統合化するような努力を行ってきた証拠はローバーに関しては存在せず，特別委員会方式が無政府的にではなく，ある程度の柔軟さを保ちながら機能してきたのである．彼らの観察結果では，より広範囲の生産体制の中に，この特別委員会組織が埋め込まれることによって，支配的なイデオロギーと組織パラダイムの内部で生じる実践と変化が吸収されるメカニズムが構築できた，とみるのである．

第4に，雇用関係の重要な変化をもたらしたものは，"New Deal" と，組合の闘争力の社会的変化の両方であった．そして，それらの要因は，変化を促すための経営側の大義名分に役だっただけでなく，労使交渉の核心部分として工場の業績と雇用の安定とをリンクさせるのに役だったといえる．

経営学的観点からすれば，こうした考え方は，リーン生産方式の展開における人的資源管理（HRM）政策の支援的役割の問題であり，HRMとリーン的作業組織形態とを結合する「組織的論理」の問題でもある[36]．

カウリー工場の事例が示しているのは，こうした論理の構築はただ単に分析的な視点から生じるだけではなく，政治的な関係の中から生じるものであり，その過程でロジスティックス，作業実践，雇用関係が総合的に結合し，従来圧倒的な呪縛であった生産圧力（ノルマ）を経営管理者，組合，労働者それぞれの裁量に委ねる発想が注入されるのである．

第5に，"New Deal" がもたらす役割変化の中で，労働組合の新たな役割や機能についてはあいまいなままである．変化の新たな胎動は従来組合が長年にわたって要求してきた部分も含まれているが，そればかりではなく，この新たな雇用関係への戦略的転換は組合に対する重要な挑戦でもある．

第6に，経営業績を改善することで企業の存続を図るというイデオロギーが一連の変革を可能にした推進力であることは論をまたないが，しかしながら，それは経営環境が変化すれば効力を失う可能性もある．変化の推進力は，厳し

い景気後退と工場閉鎖の中でその力が発揮されてきた．しかしながら，労働組合，労働者，そして管理者が一様に許容せざるをえなかった状況が変化した場合に，その推進力が維持されるのかどうか，あるいはその過程で何が新たに生じるのか，という不確定要素を孕んだものなのである．

　以上のように，スカーバラ＝テリーの研究は，ローバー・グループの主力工場であるカウリー工場における日本的生産システムの導入・定着と，それにともなう労使関係の変化，従業員，管理者，そして労働組合それぞれの役割変化について詳細な検討を行ったものである．彼らの研究の意義は，次のような点にもとめられよう．

　第1に，彼らの分析手法は，英国アカデミーに伝統的な労使関係に重点を置いたきわめてオーソドックスなものであり，同種のアプローチによる先行研究の蓄積に基づいており，かつそれら先行研究を発展させたものにほかならない．

　第2に，彼らの研究が日本的生産システムと労使関係の関連性およびそれらの変化のプロセスを軸としたものであるという点で，前述のボワイエ＝フレスネの「成長軌道と産業モデル」論における研究課題と関連づけられるものであり，ボワイエ等の仮説を実証する役割を果たす可能性を有する点が重要である．

　第3に，周知のように，ローバー・グループは1994年以降はドイツの自動車メーカーであるBMW (Bayerische Motoren Werke) の傘下に入ったため，ホンダとの関係は徐々に希薄になっていった．そのため，1994年以降のローバー・グループにおける日本的生産システムの軌跡に関する研究文献は少ない．その意味で，彼らの研究の意義は大きい．

　この点は他産業と比較して，グローバル化が急速に進行している自動車産業における国境を超えた合従連衡を分析する上での貴重な先例であり，とりわけ，日欧の自動車メーカー間の生産提携の数少ない先例であるという点できわめて重要である．本稿で，彼らの研究を重視した理由もこの点にあるといえよう．

1) James P. Womack, Daniel T. Jones and Daniel Roos, *The Machine that Changed the World,* Rawson Associates and Macmillan Publishing, 1990, pp. 277-278. (J.P.ウォマック，D.T.ジョーンズ，D.ルース著，沢田博訳『リーン生産方式が世界の自動車産業をこう変える』経済界，1990年，348～349ページ.) また,「リーン生産方式」の発展形態に関する最近の研究としては，James P. Womack and Daniel T. Jones, *Lean Thinking : Banish Waste and Create Wealth in your Corporation,* Simon & Schuster, 1996. (J.P.ウォマック，D.T.ジョーンズ著，稲垣公夫訳『ムダなし企業への挑戦』日経BP社，1997年.), James P. Womack and Daniel T. Jones, "Beyond Toyota : How to Root Out Waste and Pursue Perfection," *Harvard Business Review,* September-October, 1996, pp. 140-158.,を参照されたい.
2) 藤本隆宏・武石彰『自動車産業21世紀へのシナリオ―成長型システムからバランス型システムへの転換―』生産性出版，1994年，26頁.
3) Steven H. Hymer, *The International Operations of National Firms : a Study of Direct Foreign Investment,* MIT Press, 1976. (宮崎義一編訳『多国籍企業』岩波書店，1978年.)
4) ヒュー・ウィッタカー（榊俊吾訳）「日本型システムは国際性を取得するか」（内橋克人・奥村宏・佐高信編『日本型経営と国際社会』岩波書店，1994年，128頁.）
5) ウィッタカーによれば,「一つの指針となるべき『日本化』に関する著作のはしり」は，Dore, R., *British Factory-Japanese Factory,* University of California Press, 1973. (山之内靖ほか訳『イギリスの工場，日本の工場』筑摩学芸文庫，1994年) である.
6) Robert Boyer and Michel Freyssenet, *The Emergence of New Industrial Models : Hypotheses and Analytical Procedure,* Actes du GERPISA, No. 15, 1995, p. 134.
7) *Ibid.,* p. 136.
8) 今日の「日本化論争」に関しては，さしあたり以下の文献を参照されたい.
　　Stewart R. Clegg, Eduardo Ibarra-Colado and Luis Bueno-Rodriquez (eds.), *Global Management : Universal Theories and Local Realities,* SAGE Publications, 1999. Andy Danford, *Japanese Management Techniques and British Workers,* Mansell, 1999. James Rinehart, Christopher Huxley and David Robertson, *Just Another Car Factory ? : Lean Production and its Discontents,* Cornell University Press, 1997. John Price, *Japan Works : Power and Paradox*

in Postwar Industrial Relations, Cornell University Press, 1997. Tony Elger and Chris Smith (eds.), *Global Japanization ? : the Transnational Transformation of the Labour Process,* Routledge, 1994. Jonathan Morris, Max Munday and Barry Wilkinson, *Working for the Japanese : the Economic and Social Consequences of Japanese Investment in Wales,* The Athlone Press, 1993. Philip Garrahan and Paul Stewart, *The Nissan Enigma : Flexibility at Work in a Local Economy,* Mansell, 1992. Nick Oliver and Barry Wilkinson, *The Japanization of British Industry : New Developments in the 1990s,* Second Edition, Blackwell, 1992.

また，GERPISAにおける研究成果に関しては，Robert Boyer, Elsie Charron, Ulrich Jürgens and Steven Tolliday (eds.), *Between Imitation and Innovation : the Transfer and Hybridization of Productive Models in the International Automobile Industry,* Oxford University Press, 1998. Michel Freyssenet, Andrew Mair, Koichi Shimizu and Giuseppe Volpato (eds.), *One Best Way ? : Trajectories and Industrial Models of the World's Automobile Producers,* Oxford University Press, 1998.

9) Stephen Young, "European Business and Environment in the 1990s," in Stephen Young and James Hamill (eds.), *Europe and the Multinationals : Issues and Responses for the 1990s,* Edward Elgar Publishing, 1992, p. 3.
10) Teresa Hayter and David Harvey (eds.), *The Factory & the City : the Story of the Cowley Automobile Workers in Oxford,* Mansell, 1993, p. 38.
11) Dennis Smith, "Industrial Restructuring and the Labour Force : the case of Austin Rover in Longbridge, Birmingham," in Christopher M. Law (ed.), *Restructuring the Global Automobile Industry : National and Regional Impacts,* Routledge, 1991, pp. 231-250.
12) Alan Pilkington, "Learning from Joint Venture : the Rover-Honda Relationship," *Business History,* Vol. 38, No. 1, 1996, p. 97.
13) *Ibid.,* p. 97.
14) Timothy R. Whisler, *The British Motor Industry, 1945-94 : a Case Study in Industrial Decline,* Oxford University Press, 1999, p. 135.
15) *Ibid.,* p. 136.
16) Alan Pilkington, *op. cit.,* p. 98.
17) Teresa Hayter and David Harvey, *op. cit.,* p. 39.
18) The Economic Intelligence Unit, "The Rover Group : Where to Now," *EIU European Motor Business,* February, 1990, p. 37.
19) Timothy R. Whisler, *op. cit.,* p. 146.

20) *Ibid.*, p. 147.
21) Harry Scarbrough and Michael Terry, "United Kingdom: the Reorganization of Production," in Thomas A. Kochan, Russell D. Lanbury and John Paul MacDuffie (eds.), *After Lean Production : Evolving Employment Practices in the World Auto Industry*, Cornell University Press, 1997.
22) *Ibid.*, p. 141.
23) Nick Oliver and Barry Wilkinson, *op. cit.*, pp. 103-104.
24) Harry Scarbrough and Michael Terry, *op. cit.*, p. 142.
25) *Ibid.*, p. 143.
26) *Ibid.*, p. 144.
27) *Ibid.*, pp. 144-145.
28) *Ibid.*, p. 145.
29) *Ibid.*, p. 146.
30) *Ibid.*, p. 147.
31) *Ibid.*, p. 148.
32) *Ibid.*, p. 149.
33) *Ibid.*, p. 150.
34) *Ibid.*, p. 151.
35) *Ibid.*, p. 152.
36) *Ibid.*, p. 154.

第5章　イギリスにおけるジャパナイゼーション
―― 収斂と多様性のダイナミズム ――

要　旨
　本稿は，イギリスにおけるジャパナイゼーションに関する議論とその基礎となっている日系企業の3つの代表的経営実態を紹介・検討し，それらを経営改革における収斂と多様性のダイナミズムの視点で議論するものである．ジャパナイゼーションとイギリス企業の経営改革が時期的に重複して実施されてきたが，その変化の方向が人的資源管理のアプローチを基礎とする点では収斂性が認められる．しかし，経営制度・慣行の具体的な内容は，産業・企業・工場別に展開される労使関係をはじめ職場固有のダイナミズムに規定され多様化している．

　ジャパナイゼーションの進んだ経営システムの下では，旧いフォーディズム的労働支配から解放され，柔軟な労働管理に移行している点，また，品質・コスト・生産性の向上において改善が認められる点で，「先進」性を認めることが出来る．しかし，イギリスの多くの研究者が指摘する労働強化の点では，労働条件・状態の具体的な解明とともに更に研究を進める必要がある．

　1980年代後半のジャパナイゼーションの普及とイギリス企業経営の人的資源管理への移行は，ジャパナイゼーションがその後のイギリス企業経営に大きな影響を与えるとともに，それに含まれる論理が人的資源管理のそれと共通性や補完性を有していたことを示唆している．

1．はじめに

　1997年9月11日のタイムズ紙は，EUが発表した「ヨーロッパの仕事に関する新しいプログラム」に関し，それが，ヨーロッパ全体に画一的に適用されるものではなく各国の条件に応じて適応されるプログラムであることの重要性を

強調している[1]．また，このプログラムは「柔軟な労働力」利用の必要性と「雇用確保」のそれとが，バランスを保たねばならいことを力説している．このように，新しいプログラムはEU各国の社会状況や，地域主義とグローバル化のダイナミックスにおいて「効率」と「民主主義」の形成される必要性を示唆している．本稿は，このようなEUプログラムが目的とする「柔軟な労働力」と「雇用の確保」を具体化している日系企業とイギリス系企業の経営革新を概観し，その理論的含意を検討するものである．また，ジャパナイゼーションが経営制度・慣行の収斂を促しているかどうかも考察する．

先ず第1に，イギリスにおけるジャパナイゼーションの議論の特徴を明らかにし，その後，本稿の課題を検討するために有益とおもわれる三つのジャパナイゼーションの事例を紹介する．事例研究の最初は，代表的日系自動車企業のトヨタUKである．2番目は，最近，日本の中堅商社に買収された有名な高級紳士服製造企業，DAKSシンプソン社である．3番目は，以前ホンダの影響を受け，現在はドイツのBMW社の一部門となっているローバー社である[2]．これらの企業は何れも業種は異なるけれどもグローバルな競争圧力のもとで「柔軟な労働力」利用を達成し，「効率」的な生産管理システムの構築に成功している企業である．

ジャパナイゼーションと経営革新の議論を，「効率」と「参画」の座標軸で考察すると何れの事例もその度合と性格は異なるが，柔軟性を基礎とした効率的なシステムへの収斂を認めることができる．しかし，労働重視に依拠する日本的システムは，ヨーロッパにおける社会民主主義的な価値観を企業レベルで実施するシステムとは異なり，経営戦略の一部としての制約された「参画」的アプローチであり，人的資源論的アプローチのイギリスにおける普及と重複する点で興味深い[3]．

2．グローバル化とジャパナイゼーション

先ず，ジャパナイゼーションをイギリスと日本の各々のグローバル化の反映

として考察する．次に，イギリスにおけるジャパナイゼーション論の性格と特徴を明らかにする．その際，ジャパナイゼーションと言う言葉を，経営・生産システムにおける労働力利用の日本的アプローチに基づく革新を示唆するものとして用いる[4]．

ジャパナイゼーションはイギリスの「受け身的 (reactive)」グローバル化と日本の「能動的 (pro-active)」グローバル化の結合物である (Hasegawa 1998 : 57)．と言うのは，イギリスにとっては，既存の経営・生産システムを変革する必要性があり，日本にとっては，日本の経営システムを現地に移転する必要性があったからである．結果的には，適用・適応による「ハイブリッド経営」(Abo : 1994) を産み出す事を意味していた．しかし，政治経済学的にはイギリスは他国に対しては大規模にグローバル化を実施している国，即ち，プロ・アクテブなグローバル化を実施している国であることを見逃すことが出来ない[5]．しかし，ここで問題にするのは，日本との関わりにおけるイギリスのリ・アクテブなグローバル化であり，日本がイギリスの既存の経営制度にたいして与えている影響である．イギリスは，過去において日本と同様にアメリカからも影響を受けている．アメリカからのFDIはその時期においても先行し，量においても日本を凌駕している (Dunning : 1998)．にもかかわらず，日本のFDIが注目を引くのは，その影響力の強さにおいてである．それ故に，イギリスの研究者は，経営・生産システム，それとの関わりでの労使関係に対する影響に関心を抱き，調査・研究してきたのである (Wickens, P. 1987 ; Turnbull, P.J. 1988 ; Bratton, J. 1992 ; Garrahan, P. and Stewart, P. 1992 ; Oliver, N. and Wilkinson, B. 1988, 92 ; Strange, R. 1993 ; Elger, T. and Smith, C. 1994)．

多くのジャパナイゼーションに関する研究の中では，オリバーとウィルキンソンの研究 (1992, 98) が優れている．彼らは，「イギリス産業のジャパナイゼーション」(Japanization of British Industry) において，イギリスの経営に対する日本の影響を示す膨大な資料を提供している．彼らによると，ジャパナイゼーションは二つの経路で促進された．一つは，日本企業の直接投資を通し，もう一つは，イギリス企業による日本的なものの導入を通してである．彼らは

また，経営や生産方法の変化を歴史的・構造的に分析し，それらが経営者と労働者にもたらす含意を考察している．彼らは，制度も技術と同じように移転可能なものと見なしている．従って，日本も，元々は欧米から経営制度・慣行を導入し，発展・精緻化したのであり，今は欧米がそれらを日本から再移転している，との理解である．移転の過程は，「興味深い問題」(intriguing questions) を提供するので，この過程に「ジャパナイゼーション」と言う用語を用いるのが適切であると述べている (Oliver and Wilkinson 1992：19)[6]．このように，彼等の研究方法は制度論的である．制度・慣行，もしくはその原理の移転可能性を認める点では，Machine that Changed the World (1990) の著者たち (Womack, J.P., Jones, D.T., and Roos, D.) と似ているが，オリバーとウィルキンソンの関心が移転過程とそれに伴う諸問題におかれていた点では，彼らと大いに異なっている．オリバーとウィルキンソンは，移転の問題を，経営慣行とそれが可能となる社会的・経済的・政治的諸条件との「適合」性の問題として考察している．彼等は，この「適合」性が日本では労働組合や部品供給業者等への依存により，うまく操作され，それがJITやTQCを成功させたと述べている．そこで，彼らは，移転可能な制度・慣行とそうでないものとを区別する．彼らの制度論的アプローチからすると，もし，制度・慣行のある部分が移転不可能な場合には，「機能的に同じ役割をするもの」を利用する事によりその代替も可能となる (Oliver and Wilkinson 1992：14)．

　彼らは，「企業が外部環境を支配できる事が，全面的な改革を成功させる条件である」と述べている (Oliver and Wilkinson 1992：18)．この事は，社会的条件が生産システム（制度・慣行）と「適合」する必要性を意味し，従って，労使関係のある程度の変化が必要であることをも示唆している．この点は，1991年の労働組合会議 (TUC) 大会において製造・科学・金融労働組合 (MSF) が，日本の幾つかの企業を批判しながら「外国 (alien)」の経営慣行を問題として提出した動議に典型的に示されている（安井：1998）．この動議にたいして，一般自治体・ボイラーメーカー労働組合 (GMB) は，イギリスにおいて「一元的 (unitarist)」労使関係を希望するのは，日本企業だけではない，

と反対した．この議論は，制度の移転と労使関係の関わりが重要であることを如実に示すものである．イギリスにおけるジャパナイゼーションの是非に関しては，労働組合の中でも意見が分かれていた．しかし，大会後にはTUC代表が日本大使館や日本企業を訪問し，彼らが日本の直接投資に積極的である旨を伝えたとのことであるから，結果的には，労働組合も雇用確保のためには新しい制度の導入，即ち，既存制度・慣行の変革を認めざるを得ない状況に置かれていたことを示している．

MSFの危惧は労使関係管理がジャパナイゼーションの実践に決定的に重要である事を暗示するものである．尤も，最近のイギリス労使関係の変化は，後述するローバー社の経営者が述べているように，イギリス資本主義の構造的変化と政治的変化により促進されているものであるが，ジャパナイゼーションもこのような政治経済学的な文脈で生じている現象である．従って，オリバーとウィルキンソンが制度を一つの相互連関した「パッケージ」として考える点は正しいと言える．慣行の移転はその慣行を支える社会関係も移転されると申し分ないが，社会関係の移転は難しいので，既存のそれを変更する事が不可欠となる．

オリバーやウィルキンソンと同じ視点で日本的経営の移転に関する問題を論じているのが，ジャーナル・オブ・マネジメント・スタディ（Journal of Management Studies, Vol. 32, No 6, No. 1995）の特集号である．この特集号の編者である，モリスとウィルキンソン（ウィルキンソンは上記オリバーとの共編者）は，生産システムの世界的な変貌を認め，その変化の方向が日本モデルに向かっていると論じている．彼らはまた，大陸ヨーロッパと日本のモデルはいずれもテーラー・フォーディズムからは大きく乖離したものであると考えている．更に，グローバル競争の増大に伴い日本型モデルが大陸ヨーロッパ型のそれよりも優勢になってきている，と論じている（モリス・ウィルキンソン1955：721）．

彼らの視点には面白い点が含まれている．それは，日本型モデルについてその肯定的側面と否定的側面の両方を分析し，資本主義的生産の二面性を検討している点である．多能工，ジョブ・ローテーション，チームワーク，従業員参

画などを評価し，人間性尊重のモデルと見なす反面，同じ現象を労働強化の源泉とも見なしている．一方は，労働者の解放を，他方は，労働者の支配強化を示唆している．更に，この特集号ではジャパナイゼーションを生産モデルの議論として考察する見解も存在する．一つは，日本型モデルは，フォーディズムやテーラーイズムとは異なるもので，日本型モデルがより優勢になってきたとする見解である．これは，レギュラシオーン学派がフォーディズムは新しいモデルによって置換されているとする考え方と似ている．レギュラシオーン学派と異なる点は，このジャーナルに代表される人々は，レギュラシオーン学派以上に日本モデルを新しい時代の代表的パラダイムと見なす点である．しかし，日本型モデルは，結局，労働者に労働強化をもたらす点で，彼らはより批判的である点に注目すべきである．更に，彼らは経営慣行の移転が成功するためには，「経営権」の確立が決定的に重要であると結論している．

以上のジャパナイゼーション論者に比べると，Nissan Enigma (Garrahan and Stewart: 1992) のガラハンとスチュワートは，日本的経営に対し極めて否定的である．彼らの研究対象は，イングランド北部のサンダーランドにあるニッサン工場で実施されている日本的経営である．彼らは，日本型モデルをポスト・フォーディズムと見なす事を拒否し，フォーディズムの単なる変形，その強化であると考える．資本主義の下では，如何なる経営も階級対立から抜け出す事は出来ず，従って，ニッサンのシステムも組織内部の従業員はもちろん，その地域共同体をも含む支配体制となる (Garrahan and Stewart 1992: xi)．

ニッサンでは，駐車場，食堂，医療手当て，付加給付において従業員差別（ブルーカラー労働者，ホワイトカラー労働者，管理職間の差別）を廃止し，労働者の参画，品質管理の向上，作業組織の柔軟性の導入を試みるが，これらは，楽観主義者が主張するようなポスト・フォーディズムではなく，実際にはフォーディズム実現の手段に過ぎないと主張する．品質管理を通しての支配，柔軟性を通しての搾取，チーム・ワーキングを通しての監視など，ニッサンでは異なる方法で企業目的が達成されているに過ぎないのである．従って，彼らの焦点は労働と管理（支配）にあり，ガラハンとスチュワートにとってジャパナイ

ゼーションはより高度な搾取と管理の過程ということになる．

上記共著者の一人であるスチュワートは，アジア・パシィフィック・ビジネス・レヴュー（Asia Pacific Business Review 1996: vol. 2, No. 4）において，日本の経営特集号を編集している．この特集号では彼自身も執筆し，オリバーやウィルキンソンに代表される制度論的アプローチに依拠するジャパナイゼーション学派を批判し，この制度論的アプローチが国際化した現代資本主義の社会関係の分析に失敗している点を強調する（Stewart: 1996）．スチュワートは，制度論的アプローチは制度が「どのように」また「何故」機能するかを説明するだけで，労働の「従属」と「参画（コミットメント）」の問題を説明していないと批判する．彼の議論の焦点は，作業現場における社会関係のダイナミズムである．即ち，従業員がどのように管理・支配されているかと言うだけではなく，従業員がどのようにその支配に抵抗できる力を潜在的に有しているかを明らかにする必要性である．従って，問題は，現場の秩序が「同意－黙従」或いは，「支配－支配受容・闘争」，更に，「従属－抵抗」或いは，「圧力による征服」のいずれによって維持されているかである（Stewart: 1996）．

生産システム，管理，労使関係におけるジャパナイゼーションを論じるこれらのイギリスの議論から，グローバル化がジャパナイゼーションを引き起こし，それが，ジャパナイゼーションの内容と理解をめぐる論争に発展していることがわかる．それは，移転の事実・度合から労働・労使関係に対する影響に移行している．そして，現在では，日本型モデルは不可避的に労働強化を伴う事，そして，ジャパナイゼーションには経営権の強化（労働組合の規制力の後退）が不可欠なことが，イギリスの研究者の間では共通の認識となっている．スチュワートの批判を見ると，ジャパナイゼーションの研究は労働に対する否定的影響の分析から，社会関係のダイナミズム研究へと移行している．

以下においては，上記の理論の背景となっているジャパナイゼーションの実態を概観し，それを1980年代にアメリカから導入された人的資源論的アプローチ（HRM）との関わりで検討したい．

3．ジャパナイゼーション

　ジャパナイゼーションは日系企業の新規設立工場に最も典型的であるが，日本企業が吸収合併したイギリスの工場にも認められる．更に，ローバー社のように，かつてホンダと提携関係にあり，現在はドイツ企業（BMW）の一翼をになうイギリスの工場においても認められる．何れも，これらの工場は競争力の強いグローバル企業の工場である点で共通している．グローバル企業はグローバル市場において，品質・コストの点で激しい競争を展開している．この競争圧力がジャパナイゼーションの主要な源泉となっている．これら三つの事例を概観する事により，生産システムと経営の変化の方向，並びにその理論的含意を検討する．

1）トヨタUKの事例

　イギリスのトヨタ工場（Toyota UK）は，典型的な新立地の工場で1989年に操業を開始し，92年に最初の車を完成している．96年の生産台数は117,000台，従業員数は，2,289人（内，日本人52名），将来の生産能力は200,000台，従業員は3,000人を計画している．生産台数の70％が大陸ヨーロッパへ輸出され，25％がイギリス国内市場へ，残り5％がその他海外への輸出となっている．部品の現地化率は80％，160の部品供給企業のうち10が日系企業である．日系企業以外の部品供給企業はイギリスと大陸ヨーロッパの企業，更に在欧米系企業にほぼ均等に分散している（トヨタ工場でのインタビュー：1997）[7]．

　製造技術はアドバイザーと呼ばれている日本人従業員によって移転・管理された．彼らは，トヨタが現在でもグローバルな競争に有効に対処し，有機的成長を続けている状況の下で，自らの製造技術の先進性に確信を持っている．有機的成長は，企業の発展が量・質ともに発展している状況を意味し，その源泉の一つが製造技術である．表1は，典型的なジャパナイゼーションとしてのトヨタUKの経営制度・慣行を要約したものである．組織，生産システム，労

働に対するアプローチは，日本のそれをイギリスの条件に則して導入したものとなっている．これは，効率的な分業体制のもとで最適な秩序を作り，技術条件と人的資源の最適結合を目指すものである．人的資源の活用において決定的に重要なのは，チーム・コンセプトを如何に具体化・機能させるかである．チームは労働組織の柔軟性を獲得するために形成されるが，同時に，従業員の個別評価も昇進との文脈で実施されている．

　生産技術は生産システムの中核をなしている．オートメーションの水準は各々の生産工程において不均等であるが，作業の標準化と平準化は維持されている．現場の社会関係を反映する労使関係は，トヨタ従業員諮問委員会（TMAB）と呼ばれる従業員代表協議会において具体化されている．この協議会はイギリスに伝統的な強い労働組合に依拠する対立的労使関係とは大いに異なっている．ここでの労使関係は，多くの組合の中からトヨタが選んだ合同機械工組合（AEU）[8]を中心とした協調的労使関係である．しかも，大半の事項はこの従業員代表協議会において協議され，組合が労使関係の直接の主体とし

表1　トヨタUKの管理システム

企業文化	単一身分制（ブルー・カラーとホワイト・カラー）と同一階級意識，コミットメント
戦略行動	中期・長期戦略，調整と高度な管理
組織	開放的・柔軟な組織，現地化の促進
生産システム	ライン生産，TQC，チーム生産，標準化，平準化，改善ミルク・ラン・システム，看板システムの不採用，流れ生産，自動化，QC活動の不採用，従業員のイニシアティブ重視
労働へのアプローチ	能力査定（潜在的，実力），個人査定，（個人に対する）高度な管理，仕事の境界廃止，系統的な教育・訓練
賃金・給与	仕事と賃率のリンク廃止，全給与システム（時間給は不採用）
労使関係	パートナーシップを前提にAEEUとのシングル協定，組合員を含む労使協議会（TMAB）の設置，
労働条件	業界の平均

資料）トヨタ（UK）工場でのインタビュー（1997年6月）

て日常的に登場しないようになっている．

　表1に示される，トヨタの生産・管理・労使関係は，企業文化としての単一身分制，戦略行動における長期志向，組織の開放性，生産システムにおける柔軟性，労働に対する人的資源論的アプローチ，パートナーシップを前提としたシングルユニオン協定などの点で，技術と社会関係を結びつけた有機的統合性の高い経営システムとして，従来のイギリス的経営とは大きく異なっている．

　2）DAKSシンプソン社の事例

　次の事例は，イギリスの高級紳士服製造企業DAKSシンプソン社である．この企業は1991年に日本の中堅繊維商社，三共生興に買収されたが，イギリスの典型的な経営をグローバルな競争に適応させるために，革新・再生し，それに成功した典型的な事例である．買収時には二つの主要な課題が存在した．一つは，DAKSのブランド・イメージを維持する事，二つは，買収企業の経営（管理・組織）を再生する事であった（インタビュー：1997）．企業の文化はその組織のエートスを反映するものである．具体的には，従業員の心と態度に現れ，更に，管理スタイルや会社組織にも移転されている．即ち，従業員の思考と行動に影響を与えるものである．表2は，ロンドンにあるDAKSシンプソン社の役員，スコットランドにあるラークホール工場の役員，更に工場の組合役員に対するアンケート調査（1997）を集約したものである．買収前と後の管理内容を比較することにより，ジャパナイゼーションの範囲，度合い，更にその意味を検討することが出来る．インタビューに応えた人の中で，DAKSシンプソン社の役員一人と工場の役員の一人は，三共生興から派遣された日本人である．伝統的なイギリスの経営を改革した仕掛け人である．あと二人の役員と組合の幹部はともに買収以前から長期にわたりこの企業に勤務しているイギリス人である．組合の幹部は，この企業が所属する産業別組合のかつてのリーダーであった．

　買収後の最大の変化は企業文化に認められる．買収により，会社の経営者は創業者の後継家族から専門経営者に取って代わられた．会社は三共生興と

DAKSシンプソン社それ自身のために存在することになった．これは，創業者家族による「専制的」な経営から専門経営者による「民主的」な経営への移行を意味していた．買収以前の経営・管理は，創業者家族と親戚関係にあるM氏（40年間会長職にあった）の極めて「専制的」かつ「私的」な経営スタイルが続いていた．スコットランドのラーク・ホール工場も，M氏に任命されたK氏の下で同様の管理が実施されていた．即ち，工場の文化は，「K氏の言う通りにせよ（Do As K Says, DAKS）」と言う合い言葉に典型的に示されていた．このように，ロンドン本社と工場の両方で，「専制的・私的」な経営エー

表2　DAKSシンプソン社の管理スタイル比較（買収以前と以後）

	買収以前の管理	買収以後の管理
企業文化	私的な管理，創業者家族に従属したトップマネージメント	専門経営者，集団意思決定，しかし日本の親企業の合意を必要とする
戦略的行動	具体的な戦略はなし	発展と革新の戦略
組織	組織の分散化，閉鎖的，階層的	商品企画，生産，販売，マーケティングの統一
生産システム	ライン生産	QRS生産方式
労働へのアプローチ	人事管理的アプローチ：賃金・仕事の一体化	HRM的アプローチ
賃金・給与	地域の平均水準，同業界では最高水準	地域の平均水準，同業界では最高水準，賃金，労働時間の大きな変化はなし，年金の買い取りと利益連動型支払要素を導入
労使関係	経営・組合の対立（組合の影響力大）	協力的労使関係
労働条件	労働条件は比較的良好，しかし，条件決定に対する労働者の参加はなし	条件の改善（除湿条件，温度，教育訓練，職務満足の向上など）

資料）DAKSシンプソン社でのアンケート調査に基づき作成（1997年6月）

トスが支配していた．従業員の自治は極めて限定され，従業員の熱意・士気も低く，革新をもたらす誘因は殆ど存在しなかった．

　買収後にはこれまでの「専制的・私的」な管理が除去され，内部から任命された経営者の新しい管理が実施された．F氏がDAKSシンプソン社の執行責任者に任命されるとともに，日本の親会社の役員にもなった．他の役職もその大半が内部昇進により埋められた．内部で適切な人材が見つからない場合にのみ，外部から人材が採用された．ラーク・ホール工場では，内部から選ばれた経営者と外部から採用された経営者による新しいチームが作られた．新しい企業文化は，従業員が聞き，話し，考え，そして，経営者に応えることが出来ると言う点で，「民主的」な経営スタイルとなった．「私が言うから，そのようにしなさい（Do it because I say so）」式の，一方的スタイルとは対照的であった．組織内の開放的コミュニケーションが管理の重要な手段となっている．このように，伝統的イギリス式経営から「民主的」原理に基づく新しい管理スタイルへ移行した．その他の制度・慣行もこの企業文化に沿って変革された．表2はDAKSシンプソン社の買収以前・以後の管理スタイルを比較したものである．

　生産システムの領域における改革は更に革命的であり，人的資源管理（HRM）のコンセプトを具体化したものとなっている．その中心は，QRS（Quick Response System）の導入である．これはU型チーム生産方法で，工場では従来のライン生産方式と平行して実施されている．QRSで働く労働者は，機械の「一部」となることから解放されている．彼らは，自らが機械を利用していると感じることができ，ライン生産の速いスピードに起因するストレスは大きく削減されている．労働者はチームを作ることにより柔軟に組織され，労働者が製品の品質・コスト・生産性を決定するようになった．

　表3は，機械と労働者の組み合わせ方，労働組織のあり方，更に，品質や生産性に及ぼす影響の点で，二つのシステムが大きく異なることを示している．QRSのもっとも重要な点は，チームの概念でそれを構成する多能工化した労働者は効率・品質を高める一方，仕事に対する満足度も高めている．

　旧いライン生産は，作業者の満足度，生産性，品質において著しく問題を含

んでいたが，新しいシステムはこれらの問題を解決している．旧い生産システムでは，機械が作業者を使い，作業者の能力は同一であるという仮説に立脚していた．このシステムでは，トイレに行くことが困難，仲間の誰かがラインを欠勤するとラインは停止する（欠勤率は平均5％，この水準では問題が生じる），作業者の能力は同じと見なされているので，同じ仕事であれば賃金は同じである，作業者は同じ姿勢で長時間働かざるをえない，工程で問題が増えるとそれに応じて検査係りを増やす，などの問題が存在した．これに対し新しいQRSシステムは，作業者が機械を使い，作業者の能力は異なり，作業者は信頼しうるという仮説に立っている．このコンセプトは，多様化した市場（小規模多種類生産）に適応し，労働者はすべての工程に熟知し，欠勤者があっても作業の中断はなく（実際は欠勤も減少，問題も減少），作業の統合により検査と保守は

表3　新・旧生産システムの比較

	旧いライン・システム (1996)	QRSチーム・システム (1996)
システムのコンセプト	人間は機械の一部，個別作業	人が機械を使う，チーム作業
機械(ミシン)の種類	単一機能	多機能
労働者の技能	固定的	柔軟，絶えざる進歩
作業組織	ライン方式，120人	チーム方式（U型），12人×2グループ
一人当たりの工程数	1ないし2工程	10工程
満足度と労働者の参画意識	低い	高い
賃金と仕事	仕事別賃金（7等級）	技能別等級（4等級）とチームの業績
品質	低い（欠陥率30％）	高い（欠陥率0％）
品質検査	品質検査係	作業者一人一人
生産性	低い	高い（30％上昇）

資料）DAKSシンプソン社ラーク・ホール工場でのインタビュー調査に基づき作成（1997年6月）

チームとして実施，未熟練工をチームに容易に包摂し，全ての作業者は一つ以上のミシンを使用するので立ち作業となり，能力に応じて異なる賃金を支給され，労働者はブランド製品を生産することから仕事に対する自信と誇りを持っているなど，品質，生産性，労働者の満足度などにおいて，遥かに改善されたシステムとなっている．具体的な成果としては，品質の向上（0－3％の欠陥率，消費者の満足度向上），欠勤率の低下，生産性の向上（30－40％上昇）が達成されている．

　QRSチームの労働者が1996年に生産性の上昇に見合った賃上げを要求した．しかし，これは同じ工場の大半の労働者がまだ旧式のライン生産にあり，彼らの賃金が上昇しないのに，QRSチームの労働者の賃上げを実施するのは公平ではないとの理由で，経営側は拒否している．したがって，QRSシステムが労働において真に人間性を回復し，生産性上昇を可能とし，その成果が労働者に還元されるものかどうかは，社会関係，即ち，労使関係の具体的なダイナミズムに左右されることを示している．労働者の側からは，自分の属するチームが生産性の向上に貢献したのであるから，その成果の還元を要求するのは当然であるが，工場の全労働者の賃金との兼ね合いを重視する経営側は，それを認めることが出来なかった．この議論は，労働時間，賃金，その他の労働条件とも関わる問題である．QRSはグローバル競争の激化に伴う経営側のイニシアティブによる革新であるから，労働における「人間性」の回復は，生産性や効率を高めるために導入した新しいシステムの副産物である．これまでの，ライン生産に比べ，真に労働者が幸福に感じ，満足しているかどうかは，新しい作業組織における賃金を含む労働条件を長期に調査する必要がある．なぜなら，新しい労働システムそれ自体が労働に優しい性格を有していても，もし，労働条件が悪化するならば，その優しさは減少するのみではなく，逆に，労働強化の手段となる可能性を含んでいるからである．

　QRSの賃金等級はAからDまで4つのグループに分けられている．旧いライン生産ではAからGまでの7等級であった．QRSにおいては，労働者の60％がBかCの等級に位置づけられており，ライン生産で最高級のE，FとGの

等級は存在しない[9]．その点でもQRSは経営側にとって費用節約的な生産方式となっている．QRSの第2のグループを作るためにミシンとプレスの仕事をする労働者をより経験の少ない労働者から選んだ．これは，部分的にはQRSで使用されているミシンが旧いライン生産のそれよりも新しいミシンであること，また，QRSシステム内の教育・訓練により可能となったと考えられる．従って，QRSシステムの労働者は，各々従来と同じか，若しくはより高い賃金の支払いを受けている．即ち，大半の労働者がより低い等級から選ばれていることになる．そして，全体としてみると，旧来のライン生産の労働者よりも低い等級の労働者で占められ，その結果，賃金水準は相対的に低く抑えられている．このように，既存労働者の不満を引き起こさない形で労働コストの削減に寄与しているのが，このQRSシステムである．

それでは，賃金水準の相対的な低下と彼らの労使関係は如何に理解されるべきであろうか．2,300人の従業員が働くこの工場の労使関係は伝統的なイギリスのそれに比べると，おおむね協調的であった．現在の経営陣は，これまでの労使関係が労働組合のリーダーとの個別交渉に依拠していたので，これをより公式的なものにしようとしている．組合のリーダーを中心とした非公式なスタイルは経営側に不利であったと判断している．会社側は，工場協議会，各種会合，ニューズ・レターなどにより公式なコミュニケーション手段を確立し，組合リーダーの直接的な影響を弱め，直接労働者に接近することを望んでいる．例えば，教育訓練プログラムの充実により，コースに参加する従業員に資格を付与する事なども考えている．

買収後の労使関係は，組合が経営側と協力し，パートナーとして協動する点では，現在のイギリスの労使関係の一般的傾向を反映するものである．組合は会社の競争力を高めることにより雇用を確保することが最も重要であると考えている．このためには，賃金や労働条件を幾分かは犠牲にすることさえ覚悟しているようである．グローバル競争に乗り出している企業の経営者は，このような状況を利用して，組織の効率を高める戦略に従業員を包摂することに成功していると言える．DAKSの労使関係は，賃金やその他の労働条件が全国平

均を上回っているので協調的な状況になり得たと言える．新しいQRSシステムが革新的なシステムとして継続するかどうかは，労使のダイナミズムに依拠している．彼らが，作業組織の効率と従業員の民主的・経済的要求を統合する新しい労使関係コンセプトを作り出すときに，QRSシステムは真にその内容を発展させる事が出来るであろう．

3）ローバー社の事例

ローバー社の起源は古くその設立は1904年である．その後，この会社はイギリス自動車産業の合併史を潜り抜けてきた．1952年にはオースチンとモリスの合併でブリティッシュ・モーターズが誕生したが，その後も，多くの吸収合併を繰り返してきた．しかし，経営革新の点でもっとも大きな変化は，1979年のホンダとの提携である．これはホンダによるローバー社の株式20％所有とローバー社によるホンダのスウィンドン工場の株式20％所有により具体化された．この提携関係は1996年にローバー社がBMW社に売却されるまで続いた．この間，ホンダは生産システムや管理技法においてローバー社に大きな影響を与えた．これは，ローバー社の管理者をホンダのアメリカ・オハイオ工場へ派遣することにより実施された．彼らはそこでホンダの製造方法と管理の哲学，とりわけ，「一つのチーム・一つの目標」と言う哲学を学んだ．更に，品質とコストを保障するための哲学，すなわち，「詳細なことに注意を払う」事の重要性も学んだ（ローバー社でのインタビュー：1997）．

具体的には，ローバー社は企業家精神，多機能チーム作業，仕事境界の廃止，シングル・ステータス制，部門間の協力，開放的管理，教育訓練，水平組織，小さいコントロール・スパン，部品業者との連係，JITの導入など，多くのことを学んだ（Oliver and Wilkinson 1992：100）．即ち，柔軟性，協力的・革新的な作業組織に基づく工場経営であった．しかし，労働者の参画や労働生活の質的向上と言う点での目立った改善は見られなかったようである（Oliver and Wilkinson 1992：102）．この点は，1980年代後半に試みられた経営改革「ゾーン・サークル・イニシアティブ」に対する労働者の抵抗と拒否に示されてい

表 4　ニュー・ディール後の経営革新

経営項目	経営革新内容
企業文化	未来志向，目標の定まったチーム活動，シングル・ステータス
戦略的行動	BMW のグローバル戦略，開発と革新
組織	水平組織，両方向コミュニケーション（上から下へ，下から上へ），開放的システム
生産システム	ライン生産，チーム，柔軟性，QC（品質監査システム）
労働へのアプローチ	人的資源としての従業員，教育訓練，内部昇進，個別査定
賃金・給与のシステム	15人からなるチーム作業，1チーム10作業，アソシエイトと言うタイトルの下に，一つの賃金カテゴリーに一つの賃率
労使関係	ショップ・スチュワードが労使協調に積極的，EU の労使協議制，シングル・テーブル交渉：TGM，AEEU，MSF

資料）ローバー工場でのインタビュー（1997年6月）

る．ローバー社は，トヨタ UK とは異なりグローバル競争の激化を背景に，既存の企業文化・慣行の上に新しい経営改革を試みている．イギリスにやってきた日系企業の大半が，新規設立を土台に技術的にも社会関係的にも有利な条件を享受することが出来たのとは対照的である．1991年には，ローバー社は「明日のローバー社：ニュー・ディール」と呼ばれる経営改革（労働組合との協約）を導入した．筆者が1997年に調査訪問したときの経営者へのインタビューによると，この改革は，生産システム，管理，労使関係にわたる大規模な改革であったとのことである．同じ経営者は，このような変革を可能にした条件として，サチャーリズムの影響，二つの不況，組合員の著しい減少，変化を求める経営者のイニシアティブを指摘していた．即ち，1980年代のサッチャー政権下での大規模な法制改革（80年の雇用法，82年の雇用法，84年の労働組合法など）

や経済不況，更に，管理権限の強化が企業改革に不可欠であったことを意味している．表4は「ニュー・ディール」によってもたらされた変化を纏めたものである．

ローバー社のこのような大改革は，技術革新，グローバルな競争，労働市場の変化など，いわゆる外部環境変化に対する内部組織・制度の適応を示すものである．即ち，競争力回復を目指す経営システムの大改革である．具体的には，チーム・ワーク，JIT そして TQC など，組織効率の改善，企業の目標に対する従業員の参画・包摂を狙ったものである．すでに検討したトヨタ，DAKS の工場に見られる経営システムと多くの点で類似しており，その背後にある哲学は，労働重視の人的資源論的アプローチであると言える．

4．収斂と社会関係

製造業の管理において，もっとも重要な領域は広い意味での生産システムである．それらは，作業慣行，製造方法，雇用慣行に具体化され，品質，コスト，生産性を決定する（安井：1998）．更に，労働者の参画意識（コミットメント）は，品質，コスト，生産性に重要な影響を与えている．

本章で検討された3つのジャパナイゼーションの事例は，製品をどのように作るかと言う，もっとも重要な経営課題への革新である．そこで，当然生じる疑問は，類似の製品を，類似の技術で，しかも，類似の競争条件で生産する場合，生産に関わる管理（作業慣行，製造方法，雇用慣行）などの収斂はありうるのかと言うことである．この事例研究に関わる限り，収斂の傾向は認められると言えよう．具体的な産業，企業の置かれている環境の差異は，決して厳密な意味での収斂をもたらすことはないが，その傾向においては共通性が認められる．本稿の事例からは，かなりの程度でジャパナイゼーションが認められる．しかし，ジャパナイゼーションの内容については議論が残るであろう．三つの事例に共通する哲学は，機械と労働との組み合わせにおいて，労働に対する考え方が人的資源論的アプローチにある点である．つまり，人間の「自己実現」

と「参加」という，仕事に対する普遍的な価値観を制度・慣行に具体化し，実践している点である．このことは，必ずしも労働条件の維持・向上を無条件に保障するものではないが，従来の管理を支配する二元論的イギリスの哲学（労使の対立を前提とした管理）にくらべると「革新的」なものである．また，これら三つの企業で実施されている，効率的な生産を可能にする制度・慣行を形成・維持しているのは，経営権の確立と経営者のイニシアティブによるものである．二元論的哲学から，一元論的哲学（労使協調）への移行は，既存の工場において，経営革新を達成したローバー社の「同一チーム，同一ゴール」の哲学に典型的に現れていた．更に，大変興味深いことは，80年代後半に普及したイギリスにおけるジャパナイゼーションが，イギリスの人事管理の変化，即ち，人的資源管理への移行と時を同じくしている点である．この二つの流れはお互いに補完し合っているが故に，イギリスの旧い経営とその社会的条件である労使関係に大きな影響を及ぼしたと考えることが出来る．人事管理から人的資源管理へ，二元論から一元論へ，管理哲学のこのような移行はマクロの政治・経済環境の変化とそれに伴う労使の力関係のバランスの変化，更に，その下での経営権の確立によって初めて可能となったものである．

　イギリスの研究者や労働組合が，ジャパナイゼーションに懐疑的であったのは，まさに，このような管理哲学のシフトに対する疑問をも反映するものである．即ち，彼らは日本的経営の中核にある生産システムの強さは，労働者の生産に対する「参画（コミットメント）」にあり，それが，企業別組織を基礎とする企業別組合によって可能となっていること知っていたのである．日本の労使関係は，イギリスから見れば組織的にも，機能的も一元的な関係であると見なされていると言えよう．生産システムが，生産性，品質，コストに大きく寄与するとするならば，労働者の「参画」は決定的に重要であり，そのためには，人的資源論的アプローチが有用であることは当然である．また，イギリスの労働者が，「我々は，日本の労働者とは違うのだ」と言ったときに，彼らは，直感的に，一元的労使関係の下での人的資源管理論的アプローチによる労働管理，とりわけ，現場での「参画」的労働管理が労働強化をもたらす危険を察知

していたと言える．

　結局，資本主義的生産システム・管理に関する議論は二つの見解に帰着する．一つは，楽観的な見地である．ジャパナイゼーションの下では，労働はフォーディズム的支配から解放されていると見なし，労働の解放は資本主義の下でも生産システムの改革と企業における民主主義の発展で部分的に可能であるとする考えである．これは，DAKSの労働者が，フォーディズムのラインではなく，それと平行して存在するQRSシステムで働くことにより，フォーディズムのラインよりも解放感と満足感を得ていることに示されている．しかし，もし，労働条件の改善がなされない場合には，「参画」それ自体は「労働強化」を示唆するものである．日本では，労働者は「参画」したが，より良き労働条件でそれが報いられること無く，低成長とグローバル化の時代に移行したために，結局，経営に裏切られたことになる．もう一つの見解は，社会関係の側面からすべてを理解する見地で，資本主義の下ではどのシステムも，結局，抑圧と搾取を強めるパラダイムであり，ジャパナイゼーションはフォーディズムの一層の強化であると見なす視点である．

　ところで，「参画」は，確かに，品質を確保するのに大変重要である．現在の消費者は単に目に見える製品の欠陥のみではなく，製品のすべての領域での品質のよさを要求する．品質確保の要素としての労働者の「参画」はフォーディズムの時代以上に重要である．しかも，オートメーションの広範な普及にもかかわらず「参画」は必要なのである．

　労働者のこの「参画」は，もしそれが労働条件や「参画」に関わる社会関係の他の条件によって代償されなければ，労働強化の原因となる．社会関係は労働者が公正に扱われているかどうかを反映し，これは，賃金・給与をはじめとする労働条件によって測られる．もし，賃金・給与を始め，労働条件が彼らの生産に対する貢献に比して貧弱であれば，彼らの「参画」は「労働強化」と「搾取」の手段となる．日本では，確かに，労働者の強い「参画」にもかかわらず，労働条件と賃金・給与の水準は，彼らの貢献に比して相応しくないものであった．これは，部分的には，企業別組合の弱さによるものでもある．即

ち，1970年代の中頃より，企業別組合は，自らのイデオロギーを会社のそれと同一化することにより，会社組合へと変質し，組織的にも，機能的にも一元化した．

　日本の企業が「生産性」と「参画」のパラダイムを維持し，絶えざる革新によりグローバルな競争で勝ち残るならば，このパラダイムに対する経営者の賞賛と収斂は続くであろう．しかし，労働条件や労働者の生活を規定する社会関係は既に，国ごと，産業ごと，企業ごとに異なっている．従って，「参画」が労働条件と生活の質の向上によって代償されない限り，労働強化は労働者の不満の源泉となり，二元的関係へ逆戻りする可能性がある．地域別に，更に，グローバルに，労働条件に対する規制が実施されない限り，労使関係の多様な形態が予測され，ジャパナイゼーションや人的資源論的アプローチに対する労働側からの抵抗が生じるであろう．グローバル競争の激化の下で，生産性の高い生産システムへの収斂は続くであろう．しかし，労働者の「参画」を引き出す方法と労働条件をめぐるダイナミズムは，国，産業，企業別に多様性が残るであろう．

5．結　　び

　イギリスのジャパナイゼーションに関する議論とその前提となるジャパナイゼーションの最近の実態を検討した．これらは，それぞれジャパナイゼーションの背景と経過が異なっているにもかかわらず，グローバル競争の下で，生産システムを中心として経営改革が決定的に重要であると認識する点，更に，それを強化するために，日本的或いは人的資源論的アプローチを必要とする点で共通性があった．それらの共通性は，専門性，合理性を重視する企業文化である点，戦略においては，革新・計画性に富む点，組織では，開放的・柔軟・水平である点，生産システムでは柔軟性，品質，チーム生産を重視する点，労働へのアプローチでは，人的資源論的アプローチである点，賃金給与では仕事給から個人の能力・成果重視である点，労使関係では交渉組合の合理化（シング

ル・テーブル交渉,シングル・ユニオンなど)と協調的労使関係である点,労働条件では標準もしくは,それを幾分上回る点,などにおいて収斂傾向が認められた.

しかし,具体的には多くの点で多様性が存在し,それらは産業,企業,工場別に展開される労使関係のダイナミズムに規定されていると考えられる.生産システムにおいては,旧いフォーディズム的労働支配から柔軟な・開放的労働支配に移行している点,また,新しいシステムの下で品質・コスト・生産性の向上が確保されている点で,新しいシステムは「先進」性を発揮している.しかし,イギリスの多くの研究者が指摘する労働強化の点では,労働条件の実態の解明とともに更に研究が進められねばならない.何故なら,ジャパナイゼーションの進んだ企業に見られる協調的な労使関係は,もし,それが真に民主的な関係を含まないならば,日本と同じく労働条件の悪化や労働強化を導く可能性を含むからである.

最後に,1980年代後半のジャパナイゼーションの普及がイギリスにおける人的資源管理の普及と時を同じくしている点は,これらが90年代のイギリス企業経営の特徴の形成に果たした役割と共に,ジャパナイゼーションに含まれる論理が人的資源管理のそれと共通性や補完性を有しているものと考えられる.

1) 英国産業連盟(CBI)の会長は,この新しいプログラムに関連して,TUCの総会で「ヨーロッパの労働市場には問題がある」と述べている.彼のこの不満は他国,とりわけ,アメリカ合衆国の労働市場の状態と比べ,ヨーロッパのそれが満足すべきものないことを示唆している.失業率は,アメリカの5%に比べ,ヨーロッパは12%であり,1980年以降の新規雇用の創出も,アメリカの2,500万人に比べ,ヨーロッパは400万人とのことである.新しいプログラムは,経営と従業員と間に存在する労使の協約に関わる労働組織のあり方をも包摂するものであることを示している (The Times: 1997. 11. 9).
2) ローバー社の生産性,経営がよくないために,BMW本社の主要株主はローバー社買収を実施した社長を辞任させた事が報じられている.イギリス政府が補助金を出して,ローバー社の近代化を援助するか,工場を閉鎖するかの選択を迫られている.グローバル化の競争の下で政府が個別企業に援助する事の意味は

何であるのか，競争企業はこれに当然反対している (The Gurdian : 1997. 1. 30)．
3) イギリスにおける人的資源論的アプローチの普及とその歴史的経過については，Berridge (1992) を参照．とりわけ，1980年代から90年代におけるその普及がグローバル化やジャパナイゼーションと関わっている点の指摘は，興味深い (Berridge, J. (1992) 'Human Resource Management in Britain' in *Employee Relations*, Vol. 14, No. 5, 1992. また，本稿では人的資源論管理を以下のように考えている．アメリカで1950年代から60年代にかけて普及した諸説の実践であり，それらは，マクレガー (McGregor, D.)，リッカート (Likert, R.)，アージリス (Argyris, C.)，ハーズバーグ (Herzberg, F.) らの，ⅰ) 人間モデルは経済人ではなく自己実現型である，ⅱ) 組織成員の自己統制を重んじる，ⅲ) 参加的管理の有効性を認めることなどである (奥林：1994)．これらは，長期的に組織の有効性を高めるのに寄与すると見なす見解である．
4) 日本的経営と言う場合，終身雇用，年功制，企業別組合，系列下請，企業集団など，雇用慣行，組織，企業間関係などを広く含むが，海外で日本の競争力の源泉として取り分け興味を引いたのは生産システム，即ち，柔軟性，チームワーキング，JIT，TQC など作業組織・慣行・方法に関するものであった．そして，日本的生産システムの基礎にある哲学は，アメリカで発展した人的資源論的アプローチが重視する労働者の「自己実現」と「参画」を重視する事により組織効率を高めようとする考えと類似性がある．
5) イギリスの対外直接投資残高は日本を上回ると同時に，最近の世界の対外直接投資上位5カ国においてはアメリカに次ぎ2位を占めている (日本貿易振興会，『ジェトロ投資白書』1999年版，4頁)．
6) この用語に潜む発想は，イギリスが日本から一方的に影響を受けると言う視点 (リ・アクテブ) であり，日本側のグローバル化を含意する安保 (1994) のハイブリッド経営 (プロ・アクテブ) 的な発想とは対照的である．
7) 最初，2,000社の候補企業から400社が選ばれた．選考の基準は，先ず，年間100,000台規模の生産に必要な部品を供給する能力があることに，次に，トヨタの仕様の部品を供給できること，そして，品質とコストの両方で満足できること，が条件となった (トヨタ工場でのインタビュー：1997)．
8) AEU と EETPU (電機・電子・通信・配管工労働組合) は1992年に合併し，AEEU (合同機械・電気工組合) となっている．
9) 生産ラインの賃金は，A (£157.65) から G (£206.75) であるが，QRS のそれは，A (£132.17) から D (£167.25) である (DAKS社，ラーク・ホール工場でのインタビュー：1997)．

参 考 文 献

Abo, T. (ed.) (1994), *Hybrid Factory : The Japanese Production System in the United States*, New York : Oxford University Press.

Asia Pacific Business Review, Vol. 2, No. 4, Frank Cass, Summer 1996.

Berridge, J. (1992), 'Human Resource Management in Britain', in *Employee Relations*, Vol. 14, No. 5, 1992.

Bratton, J. (1992), *Japanization at Work*, Lonodn : Macmillan.

Dunning, John H. (1998), *American Investment in British Manufacturing Industry*, London : Routledge.

Elger, T. and Smith, C. (eds.) (1994), *Global Japanization? : The Transnational Restructuring of the Labour Process*, London : Routledge.

Garrahan, P. and Stewart, P. (1992), *The Nissan Enigma : Flexibility at Work in a Local Economy*, London : Mansell Publlishing Ltd.

Hasegawa, H. (1998), 'Japanese global strategies in Europe and the formation of regional markets', in Hasegawa, H. and Hook, G.D. (eds.) (1998), *Japanese Business Management*, London : Routledge.

Journal of Management Studies, Vol. 32, No. 6, Blackwell, Nov. 1995.

日本貿易振興会 (1999),『ジェトロ投資白書』, 日本貿易振興会.

Oliver, N. and Wilkinson, B. (1988, 92), *The Japanization of British Industry*, Oxford : Blackwell.

奥林康司 (1994),「人的資源論」(吉田和夫・大橋昭一編『基本経営学用語辞典』, 東京：同文舘.)

Strange, R. (1993), *Japanese Manufacturing Investment in Europe*, London : Routledge.

The Gurdian : 1997. 1. 30

The Times : 1997. 9. 11.

Turnbull, P.J. (1988), 'The limits to "Japanization"- just-in-time, labour relations and the UK automotive industry', *New Technology, Work and Employment*, 3, 1 Spring, 1988, pp. 7-20.

Wickens, P. (1987), *The Road to Nissan*, London : Macmillan. (佐久間賢監訳『英国日産の挑戦-改善への道のり-』, 東洋経済新報社, 1989年)

Womack, J.P., Jones, D.T. and Roos, D. (1990), *The Machine that Changed the World*, NewYork : Rawson Associates.

安井恒則 (1998),「企業労働の日英比較研究の視角と方法」(石田和夫・安井恒則・加藤正治編『企業労働の日英比較』, 東京：大月書店.)

第6章 イタリアにおける日系企業の経営ビヘイビアーの特徴
―― イタリア企業との比較において ――

要　旨

　イタリアに対する日系企業の直接投資は，他のヨーロッパ諸国への投資に比べ，限られたものでしかなかったが近年漸増傾向を示している．

　在伊日本人商工会議所が行った実態調査によれば，在伊日系企業の業績に対する満足度は，他のヨーロッパ諸国の日系企業より高いという結果が出ている．

　これは，80年代～90年代にかけて急速に競争力を強化したイタリアの中小企業の経営スタイルの内，マーチャンダイジングとマーケティング力の2つと日本企業のもつ現場主義にもとづく効率的な生産管理技術，すなわち双方の良いところを結合した結果，高次元のハイブリッド化によるものであると考える．

1．日系企業の対イタリア直接投資の実績

1）日系企業の対欧投資におけるイタリア直接投資の位置づけ

　大蔵省国際金融局の資料によると，日系企業のヨーロッパ主要国向け投資（送金ベース）の実績は，表1の通りである．96年度末の累計でみると，日系企業のイタリア向け投資は，20億2600万ドルで第9位にとどまっている．1位は英国で407億ドル，2位はオランダで220億ドル，3位をドイツとフランスとで競い合っている．

　一方，同じ大蔵省国際金融局の対外投資実績（届出ベース）をみると，95年，96年，97年の3年間のイタリアへの投資は，各年とも件数では10と変化は見ら

表1　日本の対外直接投資実績（送金ベース）

（単位：100万ドル）

国名	平成6年度 （1994年度）	平成7年度 （1995年度）	平成8年度 （1996年度）	51年度～96年度 （S26年度～H8年度） 金　額	欧州内シェア
英国	2,169	3,445	3,438	40,712	38.5%
フランス	418	1,524	503	8,418	8.0%
オランダ	1,050	1,509	1,090	22,055	20.9%
ドイツ	727	547	571	9,179	8.7%
ベルギー	858	358	89	3,661	3.5%
アイルランド	343	340	397	2,378	2.2%
イタリア	172	120	109	2,026	1.9%
スイス	39	109	58	3,333	3.2%
スペイン	184	51	318	3,337	3.2%
欧州合計	6,230	6,470	7,372	105,709	100%

出所）大蔵省国際金融局

れないものの，総投資額では少しずつ増えているのがわかる．（表2参照）

　日系企業のイタリア向け投資のもう一つの特徴は，一件当りの投資が，平均して17億円（97年度）と少ないことである．他国と比較すると同じ年度で英国は60億円，オランダは101億円となっており，この事実は明白である．

　それではなぜ日系企業によるイタリアへの投資の累計額は，ヨーロッパへの全投資額の約2％という低位にとどまっているのであろうか．こうした疑問は，数年来，イタリア政府やビジネス界からも在伊日本人ビジネスマンに問いかけられてきている．

　これに対してイタリアの対日貿易収支はこの数年にわたって黒字であったが，これは日本のイタリアブームに支えられたと言えよう．この日・伊貿易の現状については，イタリア側は満足しているようである．しかし，現在，失業

表2 主要国・地域別対外直接投資実績（届出ベース）

(単位：件，億円，)

国・地域	平成7年度(1995年度) 件数	金額	平成8年度(1996年度) 件数	金額	平成9年度(1997年度) 件数	金額
英国	62	3,332	77	3,873	84	5,054
オランダ	45	1,439	36	1,238	40	4,043
フランス	37	1,561	25	556	36	2,130
ドイツ	69	530	30	643	19	898
アイルランド	14	343	13	448	11	695
スペイン	3	49	7	358	5	285
イタリア	10	119	10	123	10	171

出所）大蔵省国際金融局

問題がイタリア社会の最大の社会問題になっており，イタリア政府はややもするとこれまでなおざりにしてきた製造業を中心とする外国資本を本格的に誘致し，この失業問題の解決に役立てようと真剣に考えはじめている．その意味でも，イタリア側からすれば，なぜ日本からの直接投資が少ないのかを問題にせざるを得ないのである．

2）主要OECD諸国の対イタリア直接投資

図1によりイタリアへの各国直接投資の推移，表3によりイタリアへのOECD諸国の投資額，さらに表4の産業別直投資額を見ると，次の2点が注目されるべきである．

第1は，全般的傾向としては，80年代の後半（特に88年と90年度）に投資が増大し，90年代前半に一休みした後，さらに後半に増加傾向を示していることである．各国別に見ると，80年代後半には，EU以外のOECD諸国（特にアメリカ及びスイス）からの投資が目立つ．これは92年から始まったEC域内市場の自由化をにらんだ動きであったと理解される．これに対して，90年代後半の投資はEU諸国による域内投資が主体となっていることがわかる．90年代に入

図1　イタリアへの直接投資の推移

(単位：10億リラ)

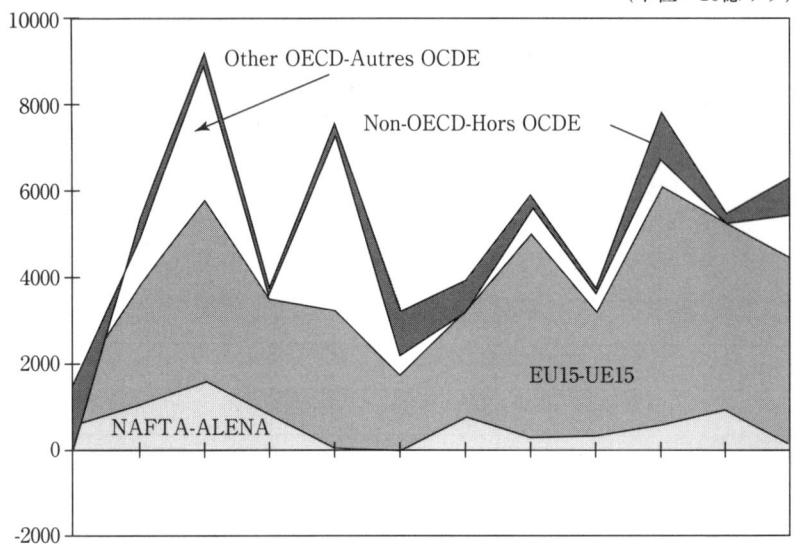

出所）DECD *International Direct Investment Statistics Year Book* 1998

ると，フランス・ベルギーといったいわゆるラテン文化圏の国々が投資を増やしていることが，興味深い．また，90年代後半にいたり，ドイツおよびイギリスからの投資が漸増傾向にあるのに対して，アメリカおよびスイスからの投資は，90年代に入っては低水準になっている．(表3参照)

　第2は，イタリアへの産業別直接投資額についてみると，97年度末の累計では，サービス業(とりわけ金融業)が最も大きく，次に第2次産業が続くが,その中でも最大のものは，金属機械であり，次に食品産業が大きい．その他の産業としては,繊維,木工製品と石油及び石油化学分野の直接投資額がみられる．

　90年代の動きをみてみると金属機械及び食品分野にコンスタントに投資されているのに対して，繊維，木工製品及び化学分野への投資が97年にいたって増加しているのが注目される．金属機械，食品，繊維，及び木工品の産業分野ではイタリアの中小企業が強い競争力をもっており，これらの投資は，外国企業

表3 主要OECD諸国の対伊直接投資

国 名	90	91	92	93	94	95	96	97	97年末累計
ベルギー・ルクセンブルク	239	906	577	1,451	784	739	965	1,823	15,545
フランス	2,534	841	1,081	751	385	1,033	1,037	944	19,528
ドイツ	349	5	148	303	557	1,930	728	378	12,851
オランダ	△562	157	251	930	329	253	△15	400	13,303
イギリス	314	△522	129	644	597	1,268	1,279	522	16,144
スイス	3,867	0	△40	522	493	523	△190	836	24,212
アメリカ	52	65	800	339	282	621	948	172	20,783
日本	280	54	67	119	32	153	56	93	2,651

出所）図1に同じ

表4 対伊直接投資の産業分野別実績

	90	91	92	93	94	95	96	97	97年末累計
第1次産業	248	47	123	△394	20	709	1,599	2,409	3,837
第2次産業	1,397	2,137	930	2,957	2,733	2,014	2,000	4,529	53,435
（主要業種）									
食品	256	70	970	1,022	413	79	160	479	6,909
繊維・木工製品			151	269	363	△48	456	989	―
石油及び化学			△689	△56	43	196	287	866	―
金属・機械		468	1,090	436	506	388	1,020	439	940	18,936
サービス産業	7,037	6,093	5,569	7,714	4,832	6,073	4,982	9,256	85,478
（主要業種）									
金融業	5,411	5,168	5,542	6,932	3,962	5,276	2,130	9,250	57,154

出所）図1に同じ

がその競争力を取り込もうとしていることを示していると思われる．

2．在イタリア日系企業の現状

1） 主要日系企業15社の概要

表5は，現在イタリアで操業している主要日系企業15社（14社は製造販売で1社は販売のみ）の概要を示したものである．業種別にみると以下の通り．

①繊維及びファッション：YKK，アルカンターラ（東レ），ジボーコー，TMI
（4社）
②金属機械：本田，フィアット日立，オリベッティーキャノン，エバラポンプ，ヤンマーカジバ　（5社）
③化学　　：資生堂，ミテーニ，ビオイタリア，ブリジストンファイアストーン，イタルペット　（5社）
④その他　：ソニー　（1社）

表5　在イタリア主要日系製造業一覧

会社名	業種	設立年	従業員数	振込資本金	株主(出資比率%)	工場所在地
YKKイタリア	ファスナー製販	1968	269	20	YKK(100)	ピエモンテ
資生堂イタリア	化粧品販売	1968	98	40	資生堂(100)	―
アルカンターラ	人工皮革製販	1974	510	210	東レ(70) 三井物産(30)	ウンブリア
本田イタリア	オートバイ製販	1977	902	140	本田(100)	アブルツォ
フィアット日立	建機製販	1986	1572	1540	日立建機(36) フィアット他(64)	ピエモンテ
オリベッティ・キャノン	コピー機及びプリンター製販	1987	803	98	オリベッティ(50%+1株) キャノン(50%-1株)	ピエモンテ
ソニーイタリア	カセットテープ製販	1987	253	120	ソニー(100)	トレンティーノ
エバラポンプ	ポンプ製販	1988	366	700	荏原製作所(100)	トレンティーノ
ミテーニ	薬品中間体製販	1988	193	130	三菱商事(90) トーケム(10)	ベネト
ビオイタリア	アミノ酸製販	1990	85	390	味の素(100)	ベネト
ブリジストン・ファイアストン	タイヤ製販	1992	772	750	ブリジストン(100)	プーリア
ジボーコー	ガーメント製販	1994	64	21	オンワード樫山(100)	フィレンツェ
TMIヨーロッパ	合成繊維織物製販	1994	293	140	帝人(63)，マンテロ(11) 伊藤忠商事(26)	ピエモンテ
イタルペット	ペットボトル中間体製販	1995	136	169	丸紅(38) 他2社(62)	ピエモンテ
ヤンマーカジバ	ディーゼルエンジン製販	1996	38	80	ヤンマーディーゼル(70) カジバ(30)	ロンバルディア

出所）在イタリア日本人商工会議所『日本企業の対イタリア投資促進のために』1998年

前記1の2）で，イタリアへの製造業投資の全般的傾向としては，金属機械，繊維，食品，化学分野に特化していると述べたが，日系企業の例を見ても同様な傾向が見られる．ただし，食品分野への進出が日系企業には見られないのが一つの特色となっている．

また，上記14社（販売のみの1社を除く）の工場所在地をみると，

　　北イタリア（ボローニャ以北）　　　　　　10社
　　中部イタリア（ローマとボローニャの中間）　3社
　　南イタリア　　　　　　　　　　　　　　　1社

となっており，北中部に集中しているのがわかる．イタリアの重工業は，北西部に集中しており，また後記4の2）で述べるように，イタリアの競争力ある中小企業（ファッション，家具，食品，金属機械など）は，北東部及び中部イタリアに集中しているが，上記日系企業の工場所在地の分布状況は，このことと関連していると考える．

2）日系企業進出の歴史
ⅰ）　60年代及び70年代

60年代後半に資生堂とYKKが進出している．イタリアは50年代から60年代末までにかけてイタリアの奇跡といわれる高度経済成長を遂げており，それによって成長した国内市場を狙ったものと思われる．

70年代に入るとイタリアは，60年代の高度成長の結果として，労働力不足の状態になり，労働組合の力が強力になって，労使関係の対立が深まった．労働者の要求がエスカレートしてきて，70年度には労働組合は強い労働者保護を盛り込んだ「労働憲章」を勝ち取る．

このような激しい労働攻勢に二度にわたる石油危機が重なり，イタリア経済は，対外収支の慢性的赤字，リラ安，高インフレが共存する危機的状況に置かれる．

こうした中でも，本田（オートバイ）とアルカンターラ（東レ，衣料）が進出

しているのは注目に値する．両社いずれも，地場産業の強さを活用する目的であった．イタリアはオートバイの生産ではヨーロッパで群を抜いていたし，本田にとって，優れた部品やデザインの入手にメリットがあったという．また，アルカンターラ社（スエード調人工皮革）の場合は，イタリアが高級天然スエードの最大の生産国であるとともに消費国であり，その製品作りおよびマーケティング手法を学び取り入れる意図があった．

興味があるのは，この二社とも現地資本との合弁事業の形で事業を開始していることである（本田は70年代末には日本資本100％となる）．前記のように社会が不安定な時代であったので，現地側パートナーの経営ノウハウを必要としたということであると思う．

70年代末において操業していた日系製造業は，本田，アルカンターラの他にYKKだけの3社という状態であった．

　ⅱ）　**80年代**
　　a）　イタリアの大企業と中小企業の動き

70年代末から80年代にかけてイタリア企業は大きな変革にのりだした．その対応を大企業と中小企業別々にみてゆくことにする．

大　企　業

70年代の激動期に最も深刻な影響を受けたのは，イタリアの大企業（特に国営大企業）であり，彼等は，80年代に入り，労働運動がやや沈静化したのを契機に，収益改善に乗り出す．

おりからイギリスでは，サッチャー首相が「小さな政府」や「民活」を旗じるしに改革を推し進めていた．イタリアの大企業もこれにならい，家族的経営あるいは，国家官僚による経営（これらを伝統的イタリア型経営スタイルとよぶ）から民間の経営専門家をマネジメントに迎え入れ，経営の強化をはかり始めた．彼等は，経営の合理化に着手し，その過程で効率的経営のモデルとして世界から注目されはじめていた「日本的経営」，特に現場の生産管理手法に注目した．

表6　経営スタイルからみたイタリア中小企業と従来型との比較

	従来の経営スタイル	イタリアの中小企業
基本思想	大衆機械文明 (産業革命の継承)	高度情報化文明 (産業革命を越えるもの)
対象市場	マスマーケット	ニッチマーケット
商品特性	コモデティ，機能性，品質の均一性，低コスト (数値で測られるもの)	スペシャルティグッズ，色，スタイル，使い勝手の良さ，遊び心をかき立てるものなどの独創性 (数値で測られないもの－感性)
商品設計の根底にあるもの	生産者優位の発想－消費者は好むはずだという機能をおしつける．商品設計はえてして自分の生産体制（マスプロ）に都合のよいものになる．	消費者優位の発想－本当に消費者が求めているものを作る． 小ロットや特別仕様にも応じる
マーケット情報の活用	遅い－大きな組織の中で情報は埋没しがち	早い－消費者の嗜好の変化の動きを直接つかみ，小さな組織の中で，すばやく商品化
製品の販売経路	いくつかの段階を経る場合が多い (問屋の介在など)	直営店もしくは，小売店への直接販売
生産体制	見込み生産，少品種大量生産，徹底した省力化－人の手を使うのは遅れているという思想	受注生産，多品種少量生産，職人の知恵を生かす－感性を物作りに生かすのは人（職人）であるという考え方
担い手	大企業主体－中小企業は下請として組み込まれる．	中小企業－独立企業体であり下請に組み込まれることを潔しとしない．
資本家	多数の外部小株主集団	家族資本
優先経営目標	売上極大化－このため操業度極大化が優先され，価格維持は二次的なものになる．	利益極大化－価格維持は至上命令，そのために操業度が二次的なものになる．

出所）小林元『人生を楽しみ懸命に働くイタリアーニ』日経BP社　89ページ

中 小 企 業

　80年代に入って，世界市場に本格的に進出したのがイタリアの中小企業である．50年〜60年代の試行錯誤期を経て彼等は，70年代に大企業が苦難の下で喘ぐのを尻目に，創造的な商品企画と小回りの良さを武器に労働攻勢を擦り抜け，80年代には輸出に本格的に乗り出していく．

　イタリアの中小企業の生い立ちについては，4の2）に詳しく述べているので参照してほしい．またイタリアの中小企業の経営スタイルの特徴について，表6に従来のマスプロダクション，マスセールの経営スタイルとの差異を説明しているので参照してほしい．

　b)　日本企業の対応

　このような流れの中で，日系企業は，80年代後半になってから，①イタリア大企業との合弁形態，さらに②日系資本100％所有による進出の2つの形態をとってイタリア市場への投資をふやすようになる．以下この2つの形態について具体的に説明しよう．

　①　イタリア大企業との合弁——技術及び販売協力型

　この方式としては，フィアット日立社（1986年）とオリベッティキヤノン社（1987年）の両ケースが典型である．いずれの場合も，上に述べたようにイタリアの民間大企業が外部に向かって門戸を開き（この場合は，日本という外資に対して），日本企業の生産管理技術と販売力を取り込もうとしたのである．

　これらのケースでイタリア側は，合弁出資比率において，常にマジョリティーをキープしていることに留意されたい．もう一つの例は，MITENI社である．この場合は，国営企業（ENI）が日系企業の販売力を取り込もうとしたものとみられる．

　②　日系資本100％の進出の始まり

　一方，80年代後半から90年代初めにかけては，従業員数が200〜300人程度の規模は大きくないが，日系100％出資による企業進出がいくつかみられるのは，注目に値する．このケースとしては，

ソニーイタリア社（1987年），エバラポンプ社（1988年），
ビオイタリア社（味の素）（1990年）の三つがあげられる．

　進出日系製造企業のうち100％所有が増大していることは，イタリアの社会が80年代前半の改革によって安定化に向かい，かつ他地域での経営ノウハウの蓄積により，日系企業が100％出資でもイタリアにおいて経営できると判断したことを示している．

　ⅲ）　**90年代**

　92年，ECが本格的な共同市場になったことも契機となって進出は増え続く．

　ジボーコー社，ブリヂストン・ファイアストン社のような100％日本資本の例もふえてゆく．一方では，TMIヨーロッパ社，イタリーペット社及びヤンマーカジバ社のように，イタリア資本との合弁の例も依然として見られる．このことはイタリアに本格的に進出する場合，投資規模が100億円近くの大きいケースでは，これらの企業はイタリアビジネスが持つノウハウを活用するために，出資者という固定したステイタスでのイタリア側の協力が必要と考えていたとみられる．

　一方，イタリアでの事業経験を積んだ日系企業は，おりからのイタリア政府の民営化政策に則り，イタリア側パートナーの出資分を買い取り，90年代後半に100％日本資本化していることは注目に値する．

　アルカンターラ社（東レ），MITENI社がこの例である．

3．在イタリア日系企業の実態調査

　日系企業165社で構成される在イタリア日本人商工会議所は，昨年をもって設立25周年を迎えた．同会議所は「日系企業の対イタリア投資促進のために」という提言をイタリア政府当局に行うことにし，そのため，日系企業による投資の実態についての調査を行い，その結果による提言をまとめている．

　まず在イタリア日系企業法人（駐在員事務所を除く）124社を対象としたアン

ケート調査が行われ，そこで提起された問題点を中心にさらに日系主要製造企業20社ならびに，大規模な販売会社2社を加え，22社を対象に詳細なアンケート調査が行われた．

　これらのアンケート調査結果の概要は次の通りである．

　1）日系企業がイタリアで操業する上での問題点
　日系企業がイタリアで事業運営する上で問題点としてあげられたのは以下の点である．
①イタリア人は，仕事への取り組みはまじめな反面，協調性に欠ける．
②さらに，個人の責任の範囲内では高い生産性を示すが，チームプレイとなると日本とは比較にならないくらい生産性が落ちる．チームとしての業績達成意欲・関心が低い．
③イタリア企業では，品質に関する考え方が弱い．
④品質管理サークルの円滑な運営が難しい．
⑤計画性の概念に乏しい．
⑥出勤率が悪い．
⑦法律が労働者を保護しすぎで，労働組合が強すぎる．このため労務コストの硬直化が避けられない．
⑧税控除，補助金・低利融資等の設備投資に対する恩典があるが，手続きが煩雑で実効性が低い．
⑨リラ安以外は，これといった投資メリットがない．
⑩地域による格差は大きい．北イタリアへの投資をみるとき，生産性の視点を加えると賃金が比較的安いこと，イタリア人従業員の仕事への取り組みのまじめさや，リラ安によりイタリアからの輸出でメリットが大きいといった点があげられる．しかし，ユーロ導入後，これらの条件の平準化が進むと，どの程度のメリットが残るかの不安がある．
⑪南部イタリア進出へのインセンティブは，長期的に見ると企業経営にメリットとしては残らない．

⑫許認可事項やルールの変更が多すぎる．官僚主義が蔓延しており，早急な改善の望みは薄い．投資を呼び込む努力はしているが，投資をした後でも企業が安心して経営に打ち込めるような地盤がない．
⑬大都市以外で英語が通じない．
⑭郵便・電話・電力等のサービスレベルが低い．
⑮EU レベルでの平準化が進むものの，税務などでイタリア独自の法規が存在し，理解するのに多大な労力を要する．

　他方では，以下の通り労働環境の改善が進んでいることが指摘されている．
　96％の企業が，年間ストライキ時間は25時間以下と指摘しており，減少していることがわかる．給与面でも，86％の企業がインセンティブ制を導入しており，フレキシビリティーが出てきている．

2）日系企業のイタリアでの操業上のメリット
ⅰ）**アンケートから引き出される諸メリット**
　イタリアで操業している日系企業は，対イタリア投資のメリットとして以下のような点をあげている．
①ビジネスの内容によりイタリア国内での最適立地先を選べば，今後とも有望であると考える．
②イタリアの技術系のエンジニアの優秀な人材を比較的低いコストで確保できる．
③イタリアの従業員は，オリジナリティーが高く，発想力に期待ができる．
④イタリア人のマネジメント層の能力が高く，商品開発力，販売力に優れている．
⑤イタリア人に権限委譲を図り，給与面でもインセンティブを与えれば予想以上の効果が期待できる．
⑥従業員は全般的に，残業も自主的に行うなど，勤労意識が高い．
⑦北イタリアでは良質な労働力を確保できる．欧州・中近東へのアクセスが良い．原材料調達も容易である．

⑧部品調達の面でイタリアは一定のメリットがある．
⑨過去の実績を見る限りでは，リラ安は購買と販売を合算してみると，全体としてはプラスに作用している．
⑩南イタリアに対する投資について，インセンティブは魅力的であるとする企業もある．

ⅱ） 操業の現状に対する満足度

この「22社調査」の結果から，日本企業の対イタリア投資に対する総合的評価をみると，現時点での在イタリア日系企業は，操業の現状にかなり満足していることが次の点によって確認が出来る．

①「業績に非常に満足している」と答えている企業が27％，「業績にほぼ満足している」と回答している企業が55％であったので，82％の企業が業績についてポジティブな評価をしていることになる．
②生産性のレベルは日本と同等かそれ以上と認識している企業は64％あった．
③管理職の生産性が日本と同等もしくは高いと認識している企業は68％あった．ちなみに，日本側がマジョリティ出資している80％の企業がイタリア人を役員に登用しているという事実があることを指摘しておく．

ジェトロが1997年3月に発表した「第13回在欧日系企業（製造業）経営実態調査」（対象は欧州18ヵ国738社．うち回答企業は434社）によると，欧州における日系企業において95年の業績が黒字で，業績に満足していると回答した企業の割合は約64％と過去最高を記録した．これに対して，今回実施した「22社調査」によると，上記のように約82％の企業が業績に満足・ほぼ満足と回答しており，欧州の平均よりかなり高い数字が記録されている．ところが，この状況は在イタリア日系企業の間でも十分認識されていないし，ましてや日本のビジネス界では全く知られていない事実と言えよう．

3） イタリアへの日系企業投資が低水準に留まっている理由

日系企業の対イタリア投資が低水準である理由

イタリアへの日系企業の投資額が他のヨーロッパ諸国に比べ低水準に留まっ

ている理由として以下のものがあげられよう．

ⅰ）イタリアについての誤った先入観

日本において，90年代にイタリアが成し遂げた政治，経済・社会，財政面での大変革がいまだ十分理解されていない．若い世代の人は，"Made in Italy"を身につけることによって，イタリアについてむしろ良いイメージを持ち，あこがれの対象にすらなっている．

しかし，日本のビジネス界を支配している中高年世代は，まだ90年代の変革以前の古いイタリア観にとらわれている人が多いように見受けられる．これが投資の大きな阻害要因となっている．このために，ヨーロッパに投資しようとする日本企業が，投資採算性検討（フィージビリティ・スタディ）をする候補地リストを作るときに，その第一次リストにおいてすらイタリアが落ちてしまうケースが出ている．

ⅱ）労務費が高く，労使関係が硬直的であるとの通念

第一次の投資候補地のリストにあがり，現地調査が行われる．日系企業の常として既進出企業の操業状況，とくにどんな問題点を抱えているかの詳細な聞き取り調査を行う．日本の製造業の基本的な競争力の根源の一つは，少品種の製品を生産現場において効率よく大量に生産し，品質が均一でコストの安い製品を供給することにある．製造工程においては，この様な目標を達成するために，いかに従業員がお互いに協力して効率的に働くことができるかがキーポイントになる．

したがって，日本企業にとってこうした作業形態を可能にするフレキシブルな労使慣行が当該国にあるか，またその労働コストがどの程度かが極めて重大な関心事である．こうした視点からすると日本からの出張者にとって，前記3の1）に述べたような既進出企業からのネガティブなコメントは，マイナス要因となる．

他方，既進出企業がイタリアで操業する上でのメリットとして挙げている点も多い．例えば「オリジナリティーが高く，発想力に優れた人材を比較的低いコストで確保できる」などである．この意味は，絶対的水準としての労務コス

トは，決して他のヨーロッパ諸国より安くはないが，優れたオリジナリティーや発想力などにみられる高い労働の生産性を考えると比較優位があるといっているのである．

しかし，当地のビジネスによほど経験を積み精通した人でないと，この生産性の高さというのは理解しがたいであろう．かくして，調査の結果，労務コストの絶対的水準が高いという数字面からの分析でイタリアは第一次調査の段階で落ちてしまうケースが多いようだ．生産性の高さの質的分析にまで進まないようである．

iii） **イタリア側の問題点**

今まで外国資本誘致の必要性について国としてのコンセンサスができていなかった．

したがって，イタリア政府は自国の投資環境について十分な情報を（例えば，上記の労働生産性の高さのメリット等）外国投資家に提供してこなかった．また，外資誘致の専門家集団を組織したり，外国に事務所を設置し，イタリアの投資環境についての情報を提供することをやってこなかったといえる．

4．日本イタリア経営文化のハイブリッド化

1）　日本的経営の移転の限界

本稿3の2）のii）において，在伊日本人商工会のアンケート調査において，在イタリア日系製造業の82％が業績に満足ないしは，ほぼ満足しており，これはJETRO調査「在欧日系企業経営実態調査（第13回）」による64％という数字より高くなっていると述べておいた．

一般的にいって，ヨーロッパで事業運営を安定的に継続していくことは，日系企業にとってむずかしいといわれている．通産省の「海外事業活動動向の調査」でも，日系製造業の収益率はアジアが最も高く，アメリカがこれに次ぎ，ヨーロッパの収益率が最も低いと指摘されている．このことは，いわゆる日本的経営"ジャパンモデル"がアジア及びアメリカに比べヨーロッパでは機能し

にくいことを示している．つまり当地では，日本的経営の適用に限界があることを示していると思う．

神戸大学の吉原英樹教授は『未熟な国際経営』(白桃書房刊) の中で，海外子会社社長の現地化と海外子会社の業績との間に直接関連があるのではないかとの視点から日系進出調査の実態調査を行い，ある程度の関連があるとの見解を述べている．

ヨーロッパとりわけ大陸 (ドイツ，フランス，イタリア) の日系企業経営の現場に長く勤務した筆者の経験によれば，社長がどの程度現地人化されているかは重要なポイントではあるとは思うが，もっと本質的なことは，現地人経営者の背後にあるヨーロッパの経営文化への適応が今まで十分できていなかったということではないかと思う．

ヨーロッパ大陸の国々，特にドイツ，フランス，イタリアは自分たち独自の物作りの体系をもっており，その経営文化というものに誇りを持ち，それを頑なに維持しようとしている．

こうしたすでに確立した経営文化をもっている土壌において，日本的なものと融合させるのは大変困難な作業である．

筆者が12年間勤務していたアルカンターラ社の例をとっても，事業が成功している理由として，株主である東レが開発した極細繊維というハイテクを導入したこと，それにイタリア的商品開発とマーケティング手法を採り入れたことが挙げられる．イタリア的なものを積極的に採り入れるために，日本資本100％でありながら，徹底した経営の現地化を行っている．当社では，会長 (非常勤)，社長，部長15人は全てイタリア人である．こうしたことができるようになったのも，会社設立後25年にもなる試行錯誤の結果であると思う．日本企業のグローカリゼーション (戦略はグローバルに，しかし日々の経営はローカルに) が言われて久しい．

イタリアでの先に述べた日系企業の収益状況の調査結果は，20年以上の試行錯誤の末に日系企業は日本的経営の良いところとイタリアの経営文化の良いところとハイブリッドする足がかりを，ようやく掴み始めたことを示しているの

ではないかと筆者は考えている．

　では，日本的経営の特徴と言われるものの中で現時点でもなお普遍性をもつものは何なのか，またイタリア経営文化の特徴の中で我々が学ぶべき点は何なのかを考えてみたい．

　2）イタリアのビジネススタイル
　今，日本はイタリアブームの真っ只中にあるといえる．我々の衣食住生活の中にイタリア製品は深く浸透しつつあるといえるからである．
　これらのファッショングッズを作っているのは，主として北東部及び中部イタリアの中小企業たちであり，彼らのビジネススタイルは "Flexible Specialization" (Michael J. Piore, Charles F. Sabel『The Second Industrial Divide』)と呼ばれ，先進国における新しい物作りのモデルとして世界的に大変注目されている．
　このモデルはまた，日本の産地や中小企業の再活性化モデルとして高く評価され，このところ日本の産地の方々のミラノ詣でが相次いでいる．
　第二次大戦後，特に50年から63年にかけて，イタリアは年平均成長率6％という高度成長を遂げ，イタリア経済の奇跡といわれた．この経済成長を支えたのは，国営および民間の大企業であった．実はこの高度成長の華やかな舞台の下で，新しいイタリアの中小企業が生まれていた．
　それらの代表的な企業例としてベネトン社があり，マックス・マーラ社がある．彼らは，十数年も続いた好景気のおかげで経済的に余裕のある中流階級の家庭が増え，人々が今までの堅苦しい服からカジュアルな肩のこらない服を欲しがっていることを見抜き，そうした需要に応えるために，カラフルで，着やすい，見た目に美しいデザインでかつ価格のこなれた衣料を供給する企業を興したのである．
　ここで特に注目すべきことは，例えばマックス・マーラ社でみると，この新しい物作りのモデルを設計するに当たって，従来のマスプロダクションによる服作りと職人による手作りの服作りの二つのコンセプトを融合していることで

ある．

　すなわち，機械化しても品質に影響を与えない工程は徹底的に機械化，省力化し，一方，着やすさや見た目の美しさを出す工程では，職人による手作業を頑なに残しているのである．同社の創立者，アキーレ・マルモッティは，これを"インダストリーと仕立屋の結婚"と呼んでいる．

　こうした中小企業群が，大企業が困難に直面した70年代に頭角を現わし，80年代に入るとファッショングッズから産業機械分野（繊維機械，工作機械，包装機械など）にまで波及し，90年代に入ると"Made in Italy"といわれる商品群を作り上げ，イタリアブームを世界的に引き起こしたのである．

　このようなイタリアの中小企業の経営スタイルと，従来のマスプロダクション，マスセールの経営スタイルとの比較を行い，別表に示してみた．（表6参照）イタリアの中小企業の経営スタイルは，自分たちの血の中に受け継いできた地中海的感性を職人の知恵を通して物作りに生かし，消費者が求めている個性的な商品を作るシステムである．従来の大衆機械文明の物作りのモデルとその根底にある思想に対する一つの挑戦であり，革命であり，脱工業化，高度情報化社会のモデルとして重要な示唆を含んでいると思う．

　イタリアの大企業は，70年代の労使対立，高インフレ，リラ安による困難な時代を経て，80年代に入ると，本格的な合理化に乗り出すが，イタリア中小企業の成功を目のあたりにして，彼らの経営スタイルを取り入れた．すなわち，国営企業の民営化，市場に密着したマーケティング，組織のスリム化，利益率重視に転換し，経営基盤の再構築を行ったのである．

3）日本的経営とのハイブリッド化

　日本の製造業の強さのうち最大のものは，現場主義による生産現場の効率化にあると思う．（"ジャパンモデル"と言われる）その特徴を表7の上段に示す．

　これは世界に通用する普遍的なモデルであり，アジア，アメリカおよび英国において，その有効性は多くの事例で認められている．しかしながら，ヨーロッパ大陸においては，このモデルに対する現地側の受けとめ方は，いささか他

表7　日伊経営文化のハイブリッド化

(ジャパンモデル)

1．現場主義による生産現場の効率化
   (1) 内容
       収率向上，品質均一化，コストダウン，在庫減少，納期短縮，安全第一など
   (2) 特徴
       ①誰にもわかりやすい
       ②現場労働者を考える存在として扱う（←→労使対決，部品と考える）
   (3) 方法
       ①OJTで労働者に仕事内容を分からせる
       ②労働者に考えさせ，改善として提案させる．（←→戦略主義）
       ③チームワークのメリットを教える（←→個人主義）
   (4) 労使は効率向上という共通目標を持つようになり，対決から協調へ

(イタリアモデル)

1．消費者の好む感性（色，スタイルなど）を製品開発に取り込む
2．消費者優位の発想
    小ロット，特別仕様に応じる
3．ニッチマーケットへ高値で売る（利益重視）
    量は追わない
4．小売店への直売（サプライチェーンの短縮）
    この結果として，市場情報を早く正確につかむことが可能
5．受注生産，多品種小量生産体制
6．感性を製品作りに取り込むのは人（職人）であるとの考え方
    （物作りにおける人間の復興）

の地域とは異なっていたように思う．なぜなら大陸，とくに独仏伊においては，自分たち独自の物作りの伝統を持ち，それに誇りをもっているからである．だから，"ジャパンモデル"が浸透するには，多くの困難を伴った．そのことが，先に述べたように「在外日系製造業の収益率が最も低いのが欧州である」という事実に反映されていると思う．

　ところが，イタリアにおいては，業績に対する満足度が他のヨーロッパ地域

より高くなっている．なぜなのだろうか．それは，20年以上の試行錯誤の結果，日系企業は当地での事業に"ジャパンモデル"を適応させることにある程度成功しつつあること，それだけではなく，"イタリアモデル"の良いところを自らのうちに取り込むこと（二つの経営文化のハイブリッド化）に成功しはじめているのではないか，と筆者は感じている．ではどの様に適応が行われたのか，例をあげて説明しよう．(表7を参照してほしい)

ⅰ) "ジャパンモデル"の現地への適応

ある日系企業は次の様な過程をへて"ジャパンモデル"の現地への適応に成功した．

日本式品質管理方式（TQC，TPMなど）をいきなり現場に導入しようとしたところ，イタリア人労働者／組合から労働強化ととられ，拒否反応がおきた．

このため方法を転換し，日本の品質管理方式に精通したイタリア人コンサルタントを起用し，彼等からイタリア人労働者にイタリア語で，イタリア人の論理にのっとって説明させた．

また，このコンサルタントにイタリア人管理者も十分教育してもらい，出来るだけイタリア人管理者をおもてに立てて現場に導入していった．

労働者は，はじめは静観するという態度だったが，次第に日本式方式の背後にあるコンセプト即ち，

a) 現場に則した考え方（現場主義）で彼等にもわかりやすい．
b) 労働者を代替できる部品としてではなく，一個の考える存在として扱っていること

を理解するようになる．

これらのコンセプトは，イタリア人の考え方の根底にある平等主義，人間主義と同じものではないかと考えるようになった．こうして彼等は日本的品質管理システムの導入に協力的になり，効率向上が労使共通の目標となった．

ⅱ) 日本人出向者が"イタリアモデル"の良いところを取り込む

日本式経営スタイルは，表6の「従来の経営スタイル」の中で述べているよ

うに，その商品特性は，機能性，品質の均一性，低コストなどである．アルカンターラ社において，日本側からの出向者は，この商品（人工スエード）の特性を当初，その様に考えていた．（例えば，しわにならない，水洗い出来る，虫がつかないなどの機能性）．ところが，イタリア人のこの商品に対する見方はちがっていた．彼等は機能性よりもむしろ，商品がもつ涼しいタッチ，どんな色でも出せるという特性に注目し，その特性をヨーロッパの消費者にアピールして市場に"アルカンターラブーム"を引き起したのである．

　従来の在外日系企業のビヘイビアの研究は，"ジャパンモデル"を海外においてどこまで適用または適応出来るかというものであったように思う．そこでは"ジャパンモデル"が中心にすえられていた．ところが，強固な経営文化をもつヨーロッパ大陸，特にイタリアにおいて"ジャパンモデル"と"イタリアモデル"という2つのモデルを並列させ，それぞれの良いところを結合したもの（高次元のハイブリッド化）が生まれているのではないだろうか．ヨーロッパの物づくりの現場に長期にわたって勤務した筆者はその様な実感をもっている．

　在イタリア日系主要製造業15社のうちの大多数はまだ，"ジャパンモデル"の適用か適応にとどまっているように思う．しかし，いくつかのケースにおいてイタリア人をトップにすえ，"イタリアモデル"を柱にすえながら，他方では"ジャパンモデル"の現場主義による効率化を進めている企業がみられる．それらの企業は，イタリア企業として認知され高い収益率をあげている．アルカンターラ社，資生堂イタリア社，ソニーイタリア社及びジボーコー社などがその例である．

参 考 文 献

1．通商産業省『第27回海外事業活動動向調査概要』(1997年調査)
2．JETRO『在欧日系企業経営実態調査（第13回）』(1997年)
3．OECD, *International Direct Investment Statistics Yearbook*, 1998.

4．吉原英機『未熟な国際経営』白桃書房，1997年．
5．在イタリア日本人商工会議所『日本企業の対イタリア投資促進のために』，1998年．
6．小林元「ヨーロッパの日系企業の現場で今何が起こっているか」(『BUSINESS RESEARCH』企業研究会，1998年10月号～1999年3月号，にかけて6回連載．)
7．小林元「在イタリア日系製造業は今」(『ジェトロセンサー』日本貿易振興会，1997年3月．)
8．小林元『人生を楽しみ，懸命に働くイタリアーニ』，日経BP社，1998年．
9．Carlos Filippini (ed), *The Italian and Japanese Economies in the '80*, EGEA, 1994.
10．Michael J. Piore, Charles F. Sabel, *The Second Industrial Divide*, Basic Books Inc., 1984.

第7章 アメリカ・東アジア・イギリスにおけるハイブリッド工場

要　旨

　本稿は，アメリカ，東アジア，イギリスにおける日系工場の経営の特徴を，フィールド調査によるデータに基づいて，四つの側面における日本的要素の移転という視角から分析しようとするものである．四つの側面とは，「ヒト方式」，「モノ方式」，「ヒト結果」，「モノ結果」である．一般に，社会的条件の異なる海外に「ヒト方式」を移転するのには困難が伴う．アメリカでは既存の制度が，イギリスでは階級社会の残滓が「ヒト方式」の移転の障碍となっている．台湾や韓国にはそうした障碍となる制度はないが，転職率の高さや学歴による昇進の壁が実質的な移転を妨げる要因となっているし，ASEAN地域ではそれに加えて日本企業自身が多能工化などの措置の移転を抑える傾向がある．品質管理などの「モノ方式」は，「ヒト方式」に比べて移転が進んでいるものの，「ヒト方式」の移転が不十分なことが「モノ方式」にとっても実質的な意味での移転を遅らせる要因となっている．形式的な移転と実質的な移転のギャップを埋めているのが，人材，設備や部品など出来合の要素の移転，すなわち「ヒト結果」と「モノ結果」である．これは，日本企業にとっても現地側にとっても問題含みであるのは事実だが，その真の解決策は時間をかけての技術移転しかない．

1. はじめに

　本稿は，日本企業による経営と生産システムの海外移転を考察の対象とする[1]．バブル崩壊後の長びく不況の中で日本的経営に対する評価は地に落ちた感がある．多様な経営資源を抱えながら環境変化に対応しようとする事業戦略，長期雇用を優先する雇用慣行，幅広い技能の形成と情報の共有に基づく参

加型の意思決定のあり方，こうした日本企業の特徴が，長期化し深刻化する不況の中で，日本企業の収益性を悪化させていることは確かである．しかし，こと製造業のモノづくりに関する限り，日本企業のシステムの優位性は今なお基本的には失われていない．海外の日系工場が日本国内で培われた生産システムを移植しようと努力しているだけではなく，現在でもヨーロッパやアメリカにおいて現地資本企業が，カンバン，カイゼンといった日本生まれの用語をそのまま用いて日本方式の導入を熱心に図ろうとしているのが，その証左である．とりわけ自動車・電機などの加工組立型の製造業においてそれは当てはまる．つまり，海外の日系工場にとって，日本方式の導入は工場経営のパフォーマンスを向上させる鍵だといってよい．しかも，先ほど挙げた日本企業の経営の特色は，生産現場を中心としたモノづくりの組織的前提なのである．本稿で，日本企業による経営と生産システムの海外移転を取り上げるゆえんである．

2．分析枠組み

　本論では，日本企業による経営・生産システムの海外移転を四つの側面から評価していく．日本企業がその日本的な要素を海外に移転する場合に，経営スタイルや工場運営の方法を現地に持ち込む側面と，日本国内で育成された人材や生産・開発された設備・部品といった出来合いの要素を持ち込む側面の二つに大別できるであろう．前者を「方式」，後者を「結果」と呼ぼう．「結果」というのは，人材にしろ設備・部品にしろ日本的な経営スタイルや生産方式によって育てられ生み出された出来合の結果だからである．さて，「方式」と「結果」のそれぞれは，さらに「ヒト」に関する側面と「モノ」に関する側面に分けることができる．すると，日本型システムの国際移転の程度は，「ヒト方式」，「モノ方式」，「ヒト結果」，「モノ結果」の四つの側面から評価できることになる．

　表1によりながら簡単に四つの側面の内容を説明しておこう．

　「ヒト方式」には，まず低い職務間の垣根とそれを前提とした多面的な熟練

形成のありかた，ホワイトカラーもブルーカラーも同じように勤続年数と人事考課によって賃金が決まる賃金制度，長期雇用と多面的な技能形成によって成り立つ内部昇進制といった要素が含まれる．これらの要素は日本的な経営システムの人的・組織的コアと位置づけられ，表1では「作業組織とその管理運営」のグループに分類された6項目によって移転の程度が評価される．ヒト方式には他に「参画意識」と「労使関係」のグループがある．参画意識のグループでは小集団活動の活発さ，従業員間の情報の共有化や一体感を高める措置がとられているかどうかが評価される．いわば人的・組織的コアの移転のための土壌づくり，すなわちサブシステムと位置づけられる．労使関係のグループでは労使協調や長期雇用の程度などが評価される．これは人的・組織的コアの土台をなすといってよい．これら三つのグループからなるヒト方式の移転度合いが高ければ，海外工場において幅広い従業員層が経営に参加し様々なノウハウや情報が現場に蓄積される参加型の経営が実践されていると想定できる．

「モノ方式」では，ジャストインタイムに代表される部品在庫の徹底管理，製造工程での品質の作り込み，部品会社との長期的取引関係などの程度が測られる．これらの項目は工場運営のいわば機能的コアをなすといえる．人的・組織的コアと機能的コアとは，後者が前者を前提として成り立っているという関係にある．「ヒト結果」では，日本人出向者の比率と現地人経営者の地位が評価の対象となり，「モノ結果」では生産設備の調達先，部品・部材のローカルコンテント，部品のサプライヤーが評価される．

以上に独立項目である「現地会社の権限」を加えた23項目の評価においては，日本的要素の持ち込み度合いに応じて5段階の評点がつけられる．すなわち100％日本的な要素が持ち込まれていれば「5」，逆に日本的な要素がゼロであれば「1」と評価され，その評点は日本的要素の適用度＝持ち込み度合いを表すことになる[2]．

日本的要素が浸透していない部分は，現地特有の方式であったり，あるいはアメリカ以外の地域の場合には，アメリカ式経営が20世紀における経営・生産のモデルとなったことを考えれば，現地に移植されたアメリカ・システムであ

表1　海外日系工場の地域別適用度

	アメリカ自動車組立 1989年	アメリカ自動車組立 1996年	台湾・韓国	ASEAN	イギリス
[方式]	3.6	3.9	3.5	3.2	3.3
ヒト方式	3.7	3.9	3.5	3.2	3.4
Ⅰ作業組織とその管理運営	3.3	3.5	3.7	3.3	3.4
①職務区分	4.8	5.0	4.9	4.5	4.4
②多能工化	3.2	3.4	2.9	2.6	3.1
③教育・訓練	3.4	3.8	3.4	3.3	3.4
④賃金体系	2.1	2.0	3.9	3.1	2.7
⑤昇進	3.2	3.0	3.7	3.1	3.3
⑥作業長	3.1	3.6	3.4	2.9	3.2
Ⅱ参画意識	3.9	4.6	3.4	3.2	3.3
⑦小集団活動	2.7	4.2	3.2	2.9	2.7
⑧情報共有化	4.4	4.8	3.5	3.3	3.5
⑨一体感	4.6	4.8	3.6	3.3	3.7
Ⅲ労使関係	4.2	4.2	3.4	3.1	3.5
⑩採用方法	4.3	3.8	3.0	3.1	3.1
⑪長期雇用	4.9	5.0	3.3	3.0	3.4
⑫労使協調	4.2	4.2	4.0	3.3	4.2
⑬苦情処理	3.2	3.6	3.2	3.1	3.1
モノ方式	3.2	3.9	3.4	3.1	3.3
⑭メンテナンス	2.9	3.6	3.3	3.0	3.0
⑮品質管理	4.0	4.0	3.6	3.2	3.6
⑯工程管理	2.9	4.0	3.5	3.2	3.5
⑰調達方法	3.0	4.0	3.2	2.8	2.9
[結果]	3.4	2.6	2.8	3.3	3.0
ヒト結果	3.6	2.9	2.1	2.7	2.8
⑱日本人従業員比率	3.8	2.2	1.5	1.6	2.6
⑲現地人経営者の地位	3.3	3.6	2.7	3.9	3.0
モノ結果	3.3	2.5	3.3	3.6	3.1
⑳生産設備	3.9	3.6	3.5	4.0	3.7
㉑ローカル・コンテント	2.3	1.8	2.9	3.1	3.0
㉒部品調達先	3.8	2.0	3.5	3.8	2.7
現地会社の権限					
㉓現地会社の権限	3.3	3.8	2.7	3.2	2.8
23項目平均	3.5	3.6	3.3	3.2	3.2

ったりするであろう．さらに，ちょうど戦後の日本においてアメリカ・システムの持ち込みが日本的環境条件の制約のもとで日本特有のシステムを生み出したと同じように，アメリカ方式に触発された現地における新たなシステムであるという可能性もある．そうした様々なバリエーションはありうるものの，ともかく海外の日系工場においては日本的要素とそれ以外の経営スタイルとの混合物が形成されているとみてよい．これを，ハイブリッド工場と表現するのである．以下，ハイブリッドの形状が地域ごとにどのように異なっているかを検討していこう．

3．アメリカの日系工場

　アメリカについては，主に自動車組立工場を分析の対象とする．その理由として，まず第1に，我々の調査対象とした電機・自動車産業のうちカラーテレビなど家電工場では生産をメキシコに移管しており，半導体工場でも撤退や縮小に向かう工場が多い中で，自動車組立工場では，生産能力の増強，現地調達率の上昇，複数工場の立ち上げなど現地生産の拡充・深化を目指す動きが顕著であることが挙げられる．第2には，研究グループとしての北米調査からすでに10年が経過しており当時のデータを用いて他の地域と比較するのはいささか無理があるが，幸い自動車組立についてはその後の動向に関する工場内部にまで立ち入った報告が得られるためである[3]．
　アメリカに進出する日本企業が日本的な生産方式を導入しようとする際にぶつかる最大の障碍は，タテとヨコの職務の垣根の高さである．タテの職務の垣根とは，設備のメンテナンス要員と一般作業者といった熟練度の違う職種の間の垣根である．伝統型のアメリカ工場では，一般作業者はメンテナンス業務にタッチしてはならず，また両者の間には明白な賃金格差が存在するなど，仕事上の垣根が厳然としてある．ヨコの垣根とは，日本的感覚でいえばほぼ同一の熟練度の職務間の垣根であり，例えば一般作業者の中に存在する垣根，しかも組立工と塗装工といったレベルではなく，組立工なら組立工の中にある職務区

分をいう．一般の生産職が多数の職種に区分され，それぞれの職種に応じて賃金が決まるという賃金体系がそうした垣根の因となり果となる．

　もし，日系企業がジョブ・ローテーションを通じて多能工化を促進したり，一般の作業者を品質のチェックや設備異常への対処に関与させるというシステムを移転しようとするなら，このタテ・ヨコの職務の垣根を取り払う必要がある．しかし，既存のシステムの変更には，当然のことながら現地従業員を説得する手間暇や彼らとの間に生じるかもしれない摩擦といったコストを伴う．そのため，日系のテレビ工場や一部の半導体工場ではアメリカに伝統的な職務区分とそれに基づく賃金体系を採用していた．テレビ工場の場合には熟練度をさほど必要としない最終組立工程のみの工場であったこと，半導体工場の場合には一般の作業員の熟練よりはメンテナンスなど設備の調整・管理のほうが品質確保にとってより重要度が高かったことなどから，無理をしてまで既存のシステムを打ち壊す必要がなかったのである．

　しかし，自動車組立の場合には，多数の部品と工程を擁する本格的な工場であったこと，しかも一般の作業者を含む従業員の幅広い熟練に品質と生産効率が大きく依存していること，なおかつ投資額も突出して高く現地生産の失敗は許されない状況にあったこと，こうしたことから日本的な生産システムを導入する必要度が電機産業に比べてはるかに大きかった．そのため，すべての日系自動車メーカーは，多数の職種が多段階の賃金グレードに配置されるアメリカの自動車工場に伝統的な職務区分を，一般作業者と保全工（熟練工）の2段階に思い切って簡素化したのである．その上でチーム（日本流にいえば班）内でのジョブ・ローテーションを活発に行い多能工化を図り，また，一般作業者が品質に責任を持ち，品質上問題があれば一般作業者がラインを停止する権限を持つなど工程内での品質の造り込みを実践している．また，日本と同様なジャスト・イン・タイムの実施は無理だとしても，工程内・工場間の在庫を圧縮しようとする様々な工夫が凝らされている．自動車組立工場では，異質な経営環境の中にあっても日本的生産システムの人的・組織的コアと機能的コアの適用志向が強く，また，かなりの程度その移転に成功していると言える．しかも，

アメリカでの操業経験を積むとともに「方式」面での適用度が高まる傾向にあることは大いに注目しておいてよい[4]。

しかし，自動車組立工場においても方式面での適用には種々の面で制約がある．その最たるものが賃金体系である（表1の賃金体系の適用度の低さに注目）．賃金体系は以下のような意味で完全なアメリカ流となっている．まず第1に，ホワイトカラーとブルーカラーでは全く別の体系となっている．したがって，第2に，ブルーカラーの場合には，賃金は職務によって決まり，ごく短期を除けば勤続年数は賃金に反映されず，人事考課（performance evaluation）も存在しない．第3に，職務区分は二つに簡素化されたが，熟練工（メンテナンス）と一般工の賃金は截然と分かれている．しかも，こうしたアメリカ流の賃金体系は，操業開始以来年数のたった現在でもいっさい変更が加えられていない．既存の伝統的な制度を打ち壊すのがいかに難しいかがここに示されている．

こうした賃金体系の採用は職務のタテの垣根を高くし，これが一般作業者の品質や設備の問題解決に対する関与を妨げ，ひいては幅広い従業員層の経営参加を阻害する要因となりかねない．もっとも，工場が拡張していれば意欲のある従業員をチームリーダーやグループリーダーに登用することで彼らのモチベーションを高めることが可能である．しかし，その際でも，組合のある工場では，ブルーカラーであるチームリーダーへの昇進は労使合同の委員会が選抜を決定するなど組合の職務規制の対象となっている場合がある[5]。

方式面での適用に関するもう一つの問題は，コアの適用度に比べてサブである参画意識や労使関係の適用度が高い点である．これは，人的・組織的コアの適用の難しさを，従業員からの抵抗の少ないサブシステムの適用や雇用の保障・協調的労使関係によってカバーし，従業員の経営参加を促そうとする措置であると解釈できる．

コア部分の方式適用の制約を補っているのが「結果」の持ち込みである．すなわち，日本人出向者の派遣，日本で改良を施された生産設備，日本からあるいは現地に進出している日系部品メーカーからの基幹部品の調達，これらによって現地工場での生産効率と製品品質が確保されているのは疑いない．

ただし，現地生産の経験を積むに従って，またそれに伴って方式面での適用度が高まるにつれて，「結果」への依存度は低下しつつある．特に，部品調達の面においてその傾向が明瞭に現れており，現地調達率が上昇し（表1のローカルコントントの適用度の低下に示される），しかも現地部品メーカーからの調達が増している（同表の部品調達先の適用度の低下）．ヒト結果の面でも，全従業員に占める日本人従業員比率は，89年時点の平均3％台の後半から96年の2％あまりへとかなり顕著な幅の低下を示している[6]．Kumon (1996) によると，日本人比率の低下は経営責任者ではなく主としてコーディネーターやアドヴァイザーという肩書きでアメリカ人経営者のサポート役として派遣されている出向者の減少によるものである．したがって，現地人経営者の発言力そのものは89年と96年時点の間で大きな変化はなく，実質的にはいまなお日本人主導型の経営スタイルがとられているといってよい[7]．

4．台湾・韓国の日系工場

台湾と韓国における日系工場の最も際だった特徴は，ヒト方式，しかも人的・組織的コアの適用度が高く，逆にヒト結果の適用度が低いという対照性にある．しかもその特徴は，自動車および電機（それぞれ部品を含む）両産業に共通している[8]．

人的・組織的コアの中でも目立つのは，職務間の垣根の低さ（ただし制度的な垣根）である．それは，端的には日本の職能資格制に基づく賃金とよく似た賃金体系が採用されていることに示される．つまり，個々の従業員は学歴，勤続年数，人事考課によって等級づけられ，賃金は仕事別ではなく，その等級によって基本部分が決まり，なおかつ同じ等級に配置されていても毎年の昇給があるという制度が採用されているのである．そうした垣根の低さを前提にして，多能工を育てたり内部で人材を育成し昇進させる態勢づくりが目指されている．ただし，後者の面においては産業間の違いがある．すなわち，アメリカのところでも述べたように，一般の作業者を含む従業員の幅広い熟練に品質と

生産効率が大きく依存している自動車組立においては，多能工の育成に力を入れており，またその成果もかなりあがっている．逆に，一般組立工の熟練度をさほど要しない電機組立では多能工化への指向性は総じて弱いものの，操業経験の長い工場が存在することもあって有能な人材を内部昇進させるシステムが有効に機能している．

さらに，以上みたような人的・組織的コアの適用を基盤として，内部養成工によるメンテナンスや工程内での品質の造り込みといった機能的コアの適用も一定程度進んでいる．機能的コアの面での特徴としては，第1に，単純な意味での労働生産性[9]については日本と遜色ない，あるいはむしろ日本を上回る工場が存在すること，第2に，多品種小ロット生産を実践する（あるいはせざるを得ない）工場が多いことが挙げられる．特に，前者のような工場が存在することは，次のASEANとならんで東アジアの工場の特色といえよう．

方式，とりわけヒト方式のコアの適用が進んでいる理由としては，まず，アメリカとは異なって，日本システムの導入にとって障碍となるような既存のシステムが現地に確立していなかった点が挙げられる．同時に，職務間の垣根の低さなどもともと日本と仕事の仕方において共通する部分があったとも考えられる．後者の側面は日本システムの適用とは言えないが，ここでは便宜的に適用度評価を高くするという処理の仕方をしておく．つまり，現地にないものが日本から持ち込まれたのか，それとももともと日本と共通するのかは問わず，現地工場で採用されているものが日本のシステムと同じであれば適用度が高いと評価するのである．

ヒト結果の適用度の低さでは，日本人出向者の比率が1％未満の工場が多数を占めているなど，日本人比率の低さが指摘できる．ただし，比率の低さだけでいえばASEANの日系工場もほぼ同水準である．台湾・韓国では，単に比率が低いだけではなく，経営の実質的責任を担う現地人経営者が他の地域と比べて格段に多い点に特徴がある．調査対象工場の約半数において，実質上の経営最高責任者は現地人であった．また，最高責任者ではなくても，長くその企業に勤めており，工場運営のキーパーソンとなっている現地人経営者も時には

存在する．つまり，経営の現地化が質量ともに進んでいる点が，この地域のもっとも目立つ特徴なのである．その最大の理由は，日本語によるコミュニケーションが可能であることなどからくる現地人経営者の日本方式への理解の深さであろう．

人的・組織的コアの適用度が高く，なおかつ経営の現地化が進んでいるという理想的な経営が実現されているかにみえる台湾・韓国の日系工場であるが，問題は制度と運用実態に落差があるという点であろう．つまり，職務の制度的な垣根は低いがそれと同程度には多能工化が進んでいない，品質の造り込みという形式はあるが工程内での不良率などで見る限り実態は必ずしも伴っていない，といった実質的な適用の限界がみてとれる．また，経営の現地化にしても，特に電機部品のように日本市場向けの製品を生産している工場の中には，少数の日本人が強い実権を握っているケースが見受けられる．

こうした限界が生じるのは，日本と比べて高い離職率，またASEANほどではないが学歴に基づく昇進の限界や職層間の賃金格差の存在，従業員間の一体感および情報の共有化の程度の低さ，などがその原因といえよう．

最後に，台湾と韓国の相違について触れておくと，台湾は韓国よりもヒト結果への依存度が高く，逆に韓国は台湾に比べてモノ結果への依存度が高いという点が興味深い．台湾では，中小企業を中心とした部品産業のすそ野が広く，また日本人への強い抵抗がなく実利本位で日本人を受け入れているのに対して，韓国では周知のように部品産業の厚みに欠けており，また日本人のプレゼンスに対する抵抗が強い，というのがそうした違いを生む要因であろう．

5．ASEANの日系工場

本節でのASEAN対象国は，タイ，マレーシア，シンガポールである[10]．ASEANでの経営を考察する際に留意すべき一つのポイントは，これらの国々（シンガポールを除く）が輸入代替型工業化政策を採っていた時代に進出した工場，すなわち電機ならミニ松下タイプの工場，自動車ならノックダウン

工場と，80年代半ば以降の円高に対応して進出した輸出中心の新鋭工場との間にどのような類似点と相違があるか，ということである．もう一つのポイントは，特にシンガポールやマレーシアを対象とした際に浮かび上がる論点であるが，イギリスの植民地時代の遺制が存在したり日本企業に先んじて進出したアメリカ企業の慣行が残っていて，日本的システムを導入するのに障碍となっていることはないのか，である．

　前者は後に検討することとして，後者について結論から先に述べれば，そうした障碍はない，あってもそれほど強くないと言ってよいのではないか．その端的なあらわれが賃金制度である．シンガポールやマレーシアを含めてASEANの日系工場では，職務別ではなく勤続年数，学歴，年齢などを基準とし，それに査定が加味された賃金体系が採用されている．もちろん一般作業者に関しては職務別賃金を採っている企業や査定を実施していない工場もあるが，それは既存の制度が邪魔をして導入したくてもできないというよりは，企業の側でどうしても導入したいという意欲がみられない場合のようである．つまり，アメリカとは異なって，日本的システムを移植する上での制度的な障碍は，シンガポールやマレーシアを含めて強固ではないといいうる．

　制度的な障碍が稀薄であるにもかかわらず，台湾・韓国に比べてコアの部分での適用度が低いのは（表1），日本企業の側で日本方式の持ち込みを制限していることがまず第1の原因である．ASEAN工場における賃金体系が，職能資格制度に似たシステムを採用している台湾や韓国に比べてあまり体系だったものとなっていない点にそれは示されている．さらにその点をより鮮明に示すのが，多能工化の問題である．ASEANでは，日本の企業サイドの方から従業員の仕事の範囲を狭めたり，ジョブ・ローテーションを行わない，という例が多い．その最大の理由は，ASEAN諸国（シンガポールを除く）の工業化の歴史の浅さである．つまり，管理職を含めて経験の浅い従業員には，割り振られた仕事の守備範囲を正確にこなしてもらうのがまず先決であり，多能工化による工場運営のフレキシビリティを追求する段階にはまだ至っていない，といってよい．日本方式の適用を難しくする現地社会側の要因としては，少しで

も高い賃金を求めて転職をする流動性の高い従業員の存在, 台湾・韓国と比べてはるかに大きな社会的な格差 (職層や職位間の賃金格差の大きさがその象徴である), 多宗教・多民族からくる構成員の非同質性, などが挙げられる.

台湾・韓国との際だった相違は, ヒト結果の適用に顕れている. 先にも触れたように, 日本人比率だけをみれば台湾・韓国と ASEAN の間にほとんど違いはない. 問題は, 経営管理者層の現地化である. ASEAN 工場の場合, 大部分の工場で最高経営者は日本人であり, さらに各部門のトップも人事部門を除いて日本人が占めるというケースが多い. つまり, 日本人の数そのものは少ないが権限の上では日本人主導の経営となっているのが ASEAN 工場の特徴である. ASEAN において台湾や韓国ほど経営の現地化が進んでいないのは, 工業化の歴史の浅さからくる人材不足に加えて, 互いに母国語ではない英語で意志疎通を図らなくてはならないというコミュニケーション・ギャップ, 日本との文化的・歴史的な距離, 高学歴層における英米流の影響を受けた教育的バック・グラウンドなどの問題が要因として考えられる.

最後に, 古くから操業している現地市場向け工場と新鋭の輸出専門工場との比較をしておこう. 旧型工場の場合には, 長い間の操業経験の積み重ねのうちに, 徐々に内部昇進制や多能工化の慣行が浸透していったケースが存在する. おそらく, 工場規模があまり大きくなく, またやや逆説的であるが, 現地市場においてあまり高い品質水準を要求されないことが, そうした日本的慣行の浸透を容易にしたともいえる. 他方, 従業員の点でも投資額の点でも規模が大きく, 新鋭設備を稼働させている輸出専門工場では, 内部昇進は重視せずに経営管理層には高学歴者を就け, また, 職務の専門化をより鮮明にしている工場が多い. つまり, 日本人出向者と一部の現地人技術者によるトップダウン型の経営によって, 設備主導型の工場運営を行っているのである. ただ, 新鋭工場においては, 優秀な人材の採用, 日本への派遣を中心とした教育訓練, 現地サプライヤーの育成, などに相当な力点を置いている場合が多い. したがって, こうした努力がやがて実を結べば, 将来においては日本方式の適用度が高まると予想される[11].

6．イギリスの日系工場

　イギリスにおける日系工場の特徴についてまず第1に注目すべきなのは，職務のヨコの垣根は比較的容易に取り払えているのに対して，タテの垣根は根強く残っているということである[12]．ヨコの垣根について言えば，現地の自動車企業（あるいは古くからイギリスに進出しているアメリカ系企業）は，アメリカの伝統型工場と同様に生産職だけでも優に100を超える職務区分を持っていた．それを，日系の自動車組立工場ではアメリカでの方式を踏襲して一般工とメンテナンスの2職種に簡素化したのである．電機組立についても同様であり，いくつかの工場においては，職種ではなく多能工化の程度による技能の高低によって賃金階梯のランクづけが行われている．ヨコの垣根を取り払うことによって，自動車組立では活発なジョブ・ローテーションが実施され，カラーテレビ工場では一人組立のいわゆるセル方式を導入している工場も存在する．ヨコの垣根に関しては，アメリカ以上に取り払うのが容易であると言ってよい．

　ところが，賃金・採用が完全に別枠であることもあってメンテナンス業務への一般工の関与は極めて弱く，また，作業長への昇進は国家資格を必要としているため内部昇進が容易ではないなど，熟練工と非熟練工を隔てるタテの垣根に関しては，自動車組立，電機組立ともアメリカ以上に強固に残っている．こうしたタテの垣根の強さは，階級社会あるいはそれを反映した学歴社会の残滓であるといってよいかもしれない．

　その論点と関連してイギリスの日系工場において次に注目すべきなのは，日本方式の導入に極めて熱心な現地人経営者が存在する一方，現場従業員の参加意識は一般的に言ってあまり高くない，というコントラストである．現場従業員の参加意識の低さは，上で述べたタテの垣根の存在によってまずは説明がつく．熱心な現地人経営者の存在は，イギリス製造業の決定的な衰退を経験したことによって，よかれと思えば日本方式のようななじみのないものであっても積極的に取り入れようとする下地があったこと，また学歴社会の中では正当に

評価されなかった人材が日系企業において活躍の場を見いだすことができたこと（一部のブランド力のある企業を除けば，多くの日系現地工場は日本では大企業であってもイギリスでは単なる中小企業に過ぎない），などからくるのであろう．

ただし，日本方式導入へのイギリス人経営者の熱意は，現段階では，自らのユニフォームの着用，一般従業員に対するアソシエーツの呼称，管理職と一般従業員共用の食堂などいわゆるシングル・ステータスの強調と，ノンユニオンやシングル・ユニオン，ワークス・コミティーの活用に代表される労使協調を実現しようとする努力の側面で主に発揮されているように思える．その点で，人的・組織的コアの適用度の難しさを一体感の醸成や労使協調路線によってカバーしようとするアメリカの状況と共通点がある．

ともあれ，日本的経営方式はブルーカラーには歓迎されているが，管理者層からは必ずしも支持されていないという通説は[13]，少なくともイギリスの製造業に関しては見直す必要があるように思われる．一般従業員の参加意識の低さは，小集団活動の低調さによって示されている．イギリスでは小集団活動を実施していない工場が多く，実施していても参加率は低いというのが一般的である．やや，極論すれば，イギリスのブルーカラーが歓迎しているのは，単一の食堂などに示される階級社会の旧弊をあらためたシングル・ステータスの側面であり，小集団活動に限らず現場での改善活動など積極的な経営参加にはあまり熱心ではないというのが多くの日系工場における実態であるように思われる．

したがって，機能的コアの側面においても，例えば品質の造り込みをとれば，たしかにその体制は敷かれているものの，その内実は自動車・電機とも日本に比べて劣っている．そこで，検査要員と修理要員を多めに配置して出荷段階での品質を確保しているのである．メンテナンスにおいても，一般の作業者の関与が極めて限定されている以上，技術者および熟練工主導型の態勢となっている．

部品調達面でのイギリスにおける特徴は，まず，ヨーロッパ全域からの調達を行っているためジャスト・イン・タイムを実現するのは困難である，という

ことである．次に，ヨーロッパの保護主義に対する配慮から日本やアジアからの製品の持ち込みが難しく，多品種生産を行っているために，管理すべき部品の種類が多いというのも特徴である．つまり，広範な地域から多種多様な部品と素材を調達せねばならないので，部品管理の巧拙によって工場運営のパフォーマンスが大きく左右されるのである．しかも，アメリカや東アジアと大きく異なるのは，日系部品メーカーへの依存度が低いという点である．日系部品メーカーへの依存度の低さは，大陸を含む現地に有力部品メーカーが存在していることが大きい．有力部品メーカーの存在は，日本企業にとって日系部品メーカーに頼らずとも調達を可能にするプラスの要因であるといってよいが，逆に，たとえ日系メーカーに頼りたい場合でも政策的配慮からして簡単にはできないという制約条件にもなっている．

7．総括と展望

評点では必ずしも明瞭に示されていないが，一般的にいって人的・組織的コアに比べて機能的コアの適用の方がスムーズに進む傾向がある．人的・組織的コアにおいては，既存の伝統的な制度，企業間の人の流動性の高さ，社会的環境からくる情報の共有や一体感の程度の低さ，などに妨げられて日本方式を適用しようとしても一筋縄ではいかないし，適用が著しく困難でむしろそのリスクとコストを考えれば適用を断念した方が望ましい場合もある．他方，機能的コアの適用においては，そうした経営環境との結びつきが組織的コアの場合ほど直接的ではないだけに，実質はともかくとして少なくとも制度や形を導入する上ではそれほど大きな抵抗がみられない場合が多い．しかし，それがどの程度実質的に機能するかは，やや強くいえば人的・組織的コアの適用いかんということになる．つまり，形式的には機能的コアを移転できたとしても，その実質的な移転の程度は人的・組織的コアの適用度によって左右されるのである[14]．

機能的コアの（実質的）移転によって達成されるべき工場パフォーマンス

(具体的には製品品質，コスト・生産効率，多品種小ロット生産) をどの程度追求するかは，市場の性格や立地の特性によって異なってくる．アメリカにおける現地生産工場と ASEAN における日本を中心とした先進国市場向け輸出専門工場では，何よりもまず結果としての品質が最優先され (アメリカではそのためにかなりコストをかけている)，同時に，多くの工場で多品種小ロット生産はあきらめて少品種大量生産によるコスト・パフォーマンスの向上が図られている．同じく日本向け輸出工場でも台湾・韓国の場合には，品質の確保は当然として，中級で，かつ製品当たりの数量が比較的小さな製品を多品種小ロットで生産することによって日本国内および ASEAN 工場との棲み分けを行っている．東アジアの現地市場向け製品の工場では，品質よりもコスト優先であり，また多品種小ロットならぬ多品種少量生産を余儀なくされている．欧州市場全体をにらんだ部品調達と製品供給を行っているイギリスでは，品質の確保もさることながら多地域から調達される部材の管理と多品種小ロット生産をいかに円滑に進めるかが工場運営のポイントとなっている．

このように達成すべきパフォーマンスの中身と程度は工場によって異なるものの，いずれの工場においても目標とするパフォーマンスを得るためには，機能的コアの適用における制度と運用実態のギャップをその中身と程度に応じて埋めなければならない．そのギャップを埋めているのがヒトおよびモノ両面における結果の持ち込みなのである．ヒトおよびモノの持ち込みのバランスと程度は，これまた工場によって異なっている．しかし，結果の適用が方式適用の不足する部分，とりわけ機能的コアの形式と実態のギャップを埋めるという構図は海外日系工場に共通している．

ヒト・モノ結果の持ち込みは程度の差はあれ海外工場を運営する上で不可欠なのであるが，しかし同時に，日本企業サイドにとっても受け入れ国側にとっても大きな問題をはらんでいる．日本企業にとっては，まずなによりもコスト高を招く要因であるし，また，ヒトの現地化の遅れは優秀な現地従業員のモチベーションを低下させ，ひいては優秀な人材の採用を困難にする可能性がある．受け入れ国側にとっては，マクロ的には対日貿易赤字，ミクロ的には技術

移転の遅れに対する不満を募らせる要因となる．

　とはいえヒトおよびモノ結果への依存が制度と運用実態のギャップを埋める上で不可欠である以上，性急な現地化の要請はかえって真の意味での技術移転を妨げる可能性が大である．この点に関して，次の3点を指摘しておきたい．

　まず第1に，アメリカの自動車組立の変化からわかるように，現地生産の経験が長くなるにつれて「方式」の適用度が上昇し，その分だけ「結果」への依存度が低下するという傾向がみてとれる．第2に，方式適用の高まりをもたらすのは，日本企業による継続的な技術移転の努力である[15]．しばしば，日本企業は技術移転に熱心ではないという批判が聞かれるが，少なくとも組織的コアや機能的コアの面における技術移転に関しては，日本企業の熱意は他国の多国籍企業の比ではない，というのが筆者の判断である．それと関連して，現地工場におけるOJTならびに日本における海外従業員の教育訓練にかける日本企業の有形・無形のコストは，並大抵なものではない．つまり，1と2から，ヒトおよびモノの現地化には時間がかかるが，しかし，日本企業による技術移転にむけての息の長い努力が継続されるならば，徐々にではあれ現地化が進んでいくであろうことが予想される．

　第3に，今後，人的・組織的コアの適用度を高めるためには，「修正的適用」の方法をより活用していく必要がある．修正的適用とは，日本における制度や形式をそのままの形で海外に移植するのではなく，時には現地にすでにある要素などを使いながら現地に受け入れられやすい形に修正して，しかし実質的な内実を持ち込もうとする適用のあり方を指す[16]．第4に，そうした修正的適用を含めて日本のシステムを海外に本格的に移転しようとする際には，日本の中で試行錯誤を重ねながら，時には無意識の結果あるいは「怪我の功名」によって経験主義的に形成されてきたシステムを[17]，意識的に論理化し体系化する試みが必要である．

　人的・組織的コアの適用の難しさとは，煎じ詰めれば情報の共有化に基づく参加型経営を実践することの難しさである．定着度の高い同質的な従業員から構成されている日本国内とは異なり，流動性が高く，人種的にも，社会階層的

にも，価値観や行動様式の上でも多様な構成員からなる海外工場においては，情報の共有と経営参加によって得られるであろう経営のフレキシビリティをある程度犠牲にしてでも日本よりはトップダウン型意志決定と組織や仕事の標準化を進める必要がある．先ほどの修正的適用も実はそうした経営環境の中で，定着度の高いコアとなる従業員層を中心に，情報の共有と経営参加を実現しようとする試みにほかならない．

1) 本稿の考察は，筆者もその一員である「日本多国籍企業研究グループ」による実場調査に主として基づくものである．グループによる調査の概要と主要な研究成果は，以下の注に記されている．
2) もちろん「ヒト結果」の場合は100％日本人ということはあり得ない．この場合は日本人の比率で適用度を評価する．例えば，全従業員に占める日本人出向社員の比率が5％以上なら5，1％未満から1というように．なお，ローカルコンテントや現地人経営者の地位，現地会社の権限などは，例えばローカルコンテントの比率が高かったり現地人経営者や現限が強かったりすれば，日本的要素は小さくなるので適用度は低くなる．
3) 北米における共同調査は89年に実施され，日系では34工場が対象となった．うち自動車組立は9工場である．その後安保調査が93年，公文調査が96年に実施されている．安保他 (1991)，安保 (1996) および Kumon (1997) を参照．またアメリカの日系自動車工場については鈴木 (1991)，Besser (1996) も参照．
4) 安保 (1996) および Kumon (1997)．
5) Kumon (1997)．
6) 注1に示した日本人従業員比率の基準を参照．
7) 表1では89年から比べて96年には現地人経営者の発言力がむしろ弱まっている評点となっているが（すなわち現地人経営者の発言力の適用度の上昇），これは主としてビッグ3との合弁であった1工場が日本側100％出資に変わったことによる．
8) 台湾と韓国の調査は，1992年9月に実施されており，少しデータは古い．しかし，その後行った筆者の実地調査からみると（最新の調査は98年），日本システムの移転という点では大きな変化は生じていないと言ってよい．台湾と韓国での調査対象日系工場は，25である．詳しくは板垣 (1997) を参照．
9) 労働生産性は，ST（標準時間）の日本工場との比較およびその達成度によっ

て測ったもの．「単純な労働生産性」という意味は，工場の総合的な生産性は単なる作業者の作業速度だけでなく，設備稼働率，機種の切換，混流生産の程度などのファクターを考慮した上で評価されるべきだからである．
10) ASEAN調査を実施したのは1993年9月である．ASEANについても筆者はその後いくつかの工場を訪問しているが（最新の調査は98年），台湾・韓国と同様に日本システムの移転という意味では大きな変化は生じていない．ASEANの調査対象日系工場は35である．詳しくはItagaki (1997) を参照．またASEANの日系工場についてはYamashita (1991) および山下他 (1989) をも参照．
11) こうした性格は，輸出専用工場だけでなく，近年になって現地市場の拡大を睨んで設備を更新したり，工場を新設したりした現地市場向け工場にも共通する．
12) イギリス調査は1997年に実施され，調査対象となった日系工場は21工場である．詳しくは，日本多国籍企業研究グループ編 (1997) を参照．また，イギリスの日系工場に関してはOliver & Wilkinson (1989)，高橋 (1997)，Wickens (1987)，Trevor (1988) をも参照．
13) White & Trevor (1983)．
14) 機能的コアの形式が比較的スムーズに移転されるにもかかわらず評点がそれほど高くないのは，運用実態の実質を評価してその分適用度を割り引いたためである．
15) 継続的な技術移転の意義については板垣 (1998) を参照．
16) その具体的な事例に関しては板垣 (1998) を参照．
17) こうしたシステム生成のプロセスを藤本 (1997) は，「創発プロセス」と表現している．

参考文献

安保哲夫 (1996)，「アメリカにおける日本的生産システムの移転，1989-1993年－変化の方向とアジア，ヨーロッパとの比較－」（『国民経済雑誌』第174号第1巻）．

Abo, Tetsuo ed. (1994), *Hybrid Factory : The Japanese Production System in the United States*, Oxford University Press, New york.

安保哲夫・板垣博・上山邦雄・河村哲二・公文溥 (1991)，『アメリカに生きる日本的生産システム－現地工場の「適用」と「適応」－』，東洋経済新報社．

Besser, Terry L. (1966), *Team Toyota : Transplanting the Toyota Culture to the Camry Plant in Kentucky,* State University of New York, New York（邦訳，

鈴木良始訳『トヨタの米国工場』，北海道大学図書刊行会，1999年）．

藤本隆宏（1997），『生産システムの進化論：トヨタシステムにみる組織能力と創発プロセス』，有斐閣．

板垣博（1997），『日本的経営・生産システムと東アジア－台湾・韓国・中国におけるハイブリッド工場－』，ミネルヴァ書房．

板垣博（1998），「日本型生産システムの国際移転－その外と内とへのインパクト－」（東京大学社会科学研究所『社会科学研究』第50巻第1号）．

Itagaki, Hiroshi ed. (1997), The Japanese Production System: Hybrid Factories in East Asia, The Macmillan Press, London.

Kumon, Hiroshi (1997), 'A 1996 Survey of the Conditions for the Long-term Establishment of the Japanese Production System at Japanese Auto Assembly Plants in the US (Economic Research Center Discussion Paper, Nagoya University).

日本多国籍企業研究グループ編（1997），『日英経営・生産モデルの競争と強調に関する調査研究』，産業研究所．

Oliver, N. & Wilkinson B. (1989), *The Japanization of British Industry*, Oxford University Press.

鈴木直次（1991），『アメリカ社会のなかの日系企業』，東洋経済新報社．

高橋泰隆（1997），『日本自動車企業のグローバル経営』，日本経済評論社．

Trevor, Malcolm (1988), *Toshiba's New British Company: Competitiveness Through Innovation in Industry,* Policy Studies Institute（邦訳，村松司叙・黒田哲彦訳『英国東芝の経営革新』，東洋経済新報社，1991年）．

White, M. & Trevor, M. (1983), *Under Japanese Management: The Experience of British Workers,* Hinemann（邦訳，猪原英雄『ジャパニーズ・カンパニー－外国人労働者がみた日本式経営』，光文社，1986年）．

Wickens, Peter (1987), *The Road to Nissan: Flexibility, Quality, Teamwork,* Macmillan（邦訳，佐久間賢監訳『英国日産の挑戦』，東洋経済新報社，1990年）．

Yamashita, Shoichi ed. (1991), *Transfer of Japanese Technology and Management to the ASEAN Countries,* University of Tokyo Press.

山下彰一，竹内常善，川邊信雄，竹花誠児（1989），「ASEAN諸国における日本型経営と技術移転に関する経営者の意識調査」（広島大学『年報経済学』第10巻）．

第8章　日本型経営技術の国際移転
―― 日中合弁企業における経営のハイブリッド化 ――

要　旨

　日中合弁企業では，実地調査データの分析から日本型経営技術のうち普遍性の高いコア要素の多くがグローバルなメガ競争時代の生産性向上の要請に対応して機能補完的に受容されているものの，幅広い内部移動制やQCサークルなどの実施率が未だ低いことが明らかになった．この問題の本質は，日中間の異質な経営組織原理に起因しており，暗黙知（アナログ情報・ノウハウ）の形式知（デジタル情報・標準マニュアル）への変換を戦略的に実践していく必要がある．また，異文化インターフェイス経営の理解・認識不足は，日本型経営技術と経営制度に対する評価や動機づけに対する知覚ギャップを増幅しており，異文化インターフェイスの担い手を組織的に育成していくことが必要である．

　さらに，長期安定雇用とコミットメントの相関分析では，中国人ミドル管理者の場合，長期安定雇用と「仕事に対するやる気」との相関仮説が検証されたが，「会社への忠誠心」との関連性は必ずしも確認できなかった．また，彼らの職務満足度を高める動機づけとして権限委譲，仕事への挑戦，新技術・技能の習得などの要因の重要性が明らかとなった．それゆえ，日中合弁企業ではこれらの動機づけや異文化インターフェイス経営を重視した日中ハイブリッド型の人事・労務・組織管理方式の開発が肝要である．

1. はじめに

1）中国における経営技術移転の背景

　中国は，1978年から漸進的な経済改革・対外開放政策に転じ，1979年以降から国際機関や西側先進国による政府開発援助を受け入れてきた．日本からの戦

後対中国直接投資は，1979年度より開始され，以来1990年代前半の対中国企業進出ブーム期を経て，1999年3月末現在，大蔵省「対外直接投資届出実績」によれば，累計で直接投資件数4,436件，金額1兆9,576億円に達している．

中国市場における日本企業の投資は，中国の外資導入政策の展開と中国経済の発展に伴ない，非製造業から製造業，特に従来の労働集約型産業から電気・機械などの技術集約型産業へと転換してきた．とりわけ，従来の生産コスト，輸出重視型投資からハイテク型の家電・電子，自動車産業などの将来の中国市場参入を目指す大型投資が増加しており，電気・電子産業部門は，日本の対中国直接投資の中で最も投資額が多い．

中国の電気・電子産業における外資企業の比率をみると，外資系は，生産額で37％，売上高で47％，利潤・税金で61％を占めている[1]．また，これら外資系企業の大部分は，合弁企業形態をとっており，企業間競争も激しくなっている．このような状況下で日系企業は，優れた経営技術等をいかに効果的に中国に導入し，根づかせることができるかを模索しているのである．

そこで小論では，1997年に実施した中日合弁電気・電子企業12社の実態調査データに基づき[2]，日本企業の経営技術移転の現状を明らかにした上で日本型経営技術移転をめぐる諸問題の要因を分析し，中国の経営風土に根づく経営技術移転のあり方を考えてみたい．

2) 日本型経営技術の現地化とハイブリッド化の概念

そもそも日本的経営とは，日本固有の経営方式，経営制度，経営の基本的な考え方のことである．日本の風土で醸成された日本的経営の海外適用については，異なる環境風土の条件下で日本的経営の全てがそのまま異文化間摩擦を伴なうことなく，スムーズに現地で受け入れられるものではない．日本的経営が現地で受け入れられないということは，長年に渡って蓄積された企業の経営資源やその能力が十分に発揮されず，国際比較優位性を確保できないということである．そこで，日本的経営の諸要素のうち国際的な普遍性を含むコア要素を海外現地法人に移植することが必要となる．このような国際移転性を有する日

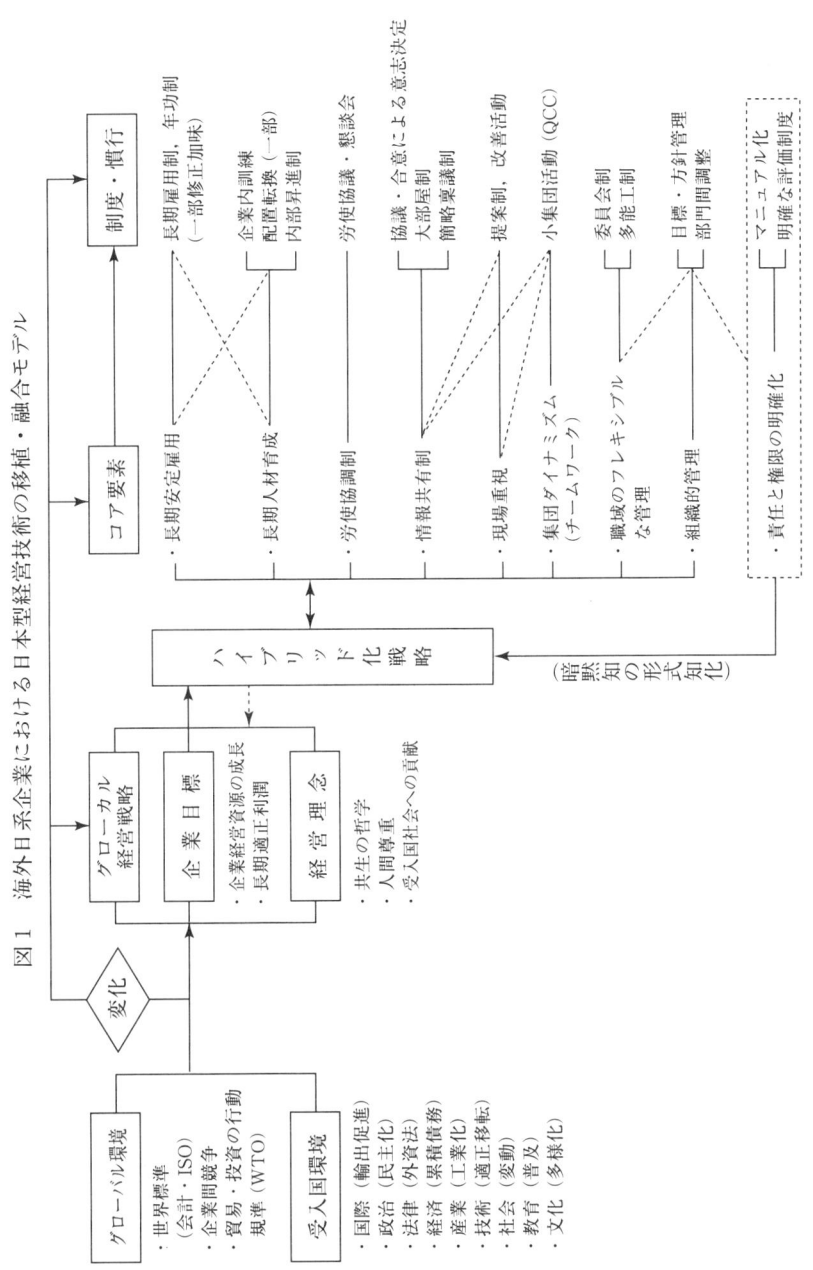

第 8 章 日本型経営技術の国際移転 159

図1 海外日系企業における日本型経営技術の移植・融合モデル

グローバル環境
- 世界標準（会計・ISO）
- 企業間競争
- 貿易・投資の行動規準（WTO）

受入国環境
- 国際（輸出促進）
- 政治（民主化）
- 法律（外資法）
- 経済（累積債務）
- 産業（工業化）
- 技術（適正移転）
- 社会（変動）
- 教育（普及）
- 文化（多様化）

↓ 変化

グローバル経営戦略

企業目標
- 企業経営資源の成長
- 長期適正利潤

経営理念
- 共生の哲学
- 人間尊重
- 受入国社会への貢献

→ ハイブリッド化戦略 ←（暗黙知の形式知化）

コア要素
- 長期安定雇用
- 長期人材育成
- 労使協調制
- 情報共有制
- 現場重視
- 集団ダイナミズム（チームワーク）
- 職域のフレキシブルな管理
- 組織的管理

制度・慣行
- 長期雇用制, 年功制（一部修正加味）
- 企業内訓練　配置転換（一部）　内部昇進制
- 労使協議・懇談会
- 協議・合意による意思決定　大部屋制　簡略稟議制
- 提案制, 改善活動　小集団活動（QCC）
- 委員会制　多能工制
- 目標・方針管理　部門間調整

マニュアル化
- 明確な評価制度
- 責任と権限の明確化

出所　筆者作成（1999年）

本的経営の諸要素やコンセプトを機能的原理に普遍化させることが肝要である．つまり，日本的経営の諸要素を機能的に優れた原理やコンセプトに変換することにより海外でも受け入れられるようになるのである．小論では，このような変換可能な原理やコンセプトを日本型経営技術と言う．小論では，人事・労務管理，組織的管理の側面に限定した日本型経営技術のコアとなる次の八つの諸要素に注目してみたい（図1）[3]．①雇用の安定性，②長期人材育成，③労使協調制，④情報共有，⑤現場重視，⑥集団ダイナミズム（チームワーク），⑦職域のフレキシブルな管理，⑧組織的管理．

次に，現地化とは，企業が対外直接投資をする際，現地の制度・慣行に順応・同化することである．受入国政府による外資政策や法規制，社会・文化的同化を求める圧力に対する日系企業の順応・同化も現地化に含まれる．例えば，ローカル・コンテンツ比率の義務化，外資規制・労働法等の遵守，輸出の奨励などが挙げられる．

一方，ハイブリッド化とは，自社の経営要素を現地の要素と融合させることである．また，日本方式をそのまま適用することが困難な場合，現地の制度や慣行を修正的に適用するやり方で，現地に受け入れやすい形にすることによって，その日本方式が目指している論理や精神を実現しようとするものである．ハイブリッド化には，広義と狭義のハイブリッド化がある．広義の方は，日本型経営技術と現地の経営方式の混成や混合を意味し，ハイブリッド化プロセスの初期段階から比較的多くみられる．他方，狭義の方は，日本型経営技術と現地の経営方式との異種融合を意味し，第3の新しい経営方式が作られることをいう．これは，進出後の操業学習経験の年数が長い場合に多くみられる．この後者のハイブリッド化を促進させる概念として，異文化インターフェイス管理が含まれる．林吉郎教授によれば，異文化インターフェイス管理とは，両文化の文化翻訳ができ，両言語に通じ，両文化グループから信頼されている第三の複合的な文化体が，異文化の交差する組織において文化や価値観などの相違に起因するトラブルを未然に防ぎ，異文化集団間の橋渡し役を演じることで効果的なコミュニケーションを可能にする新しい組織管理の方法をいう[4]．

図 2　日本型経営の適用，現地化，ハイブリッド化の関連図

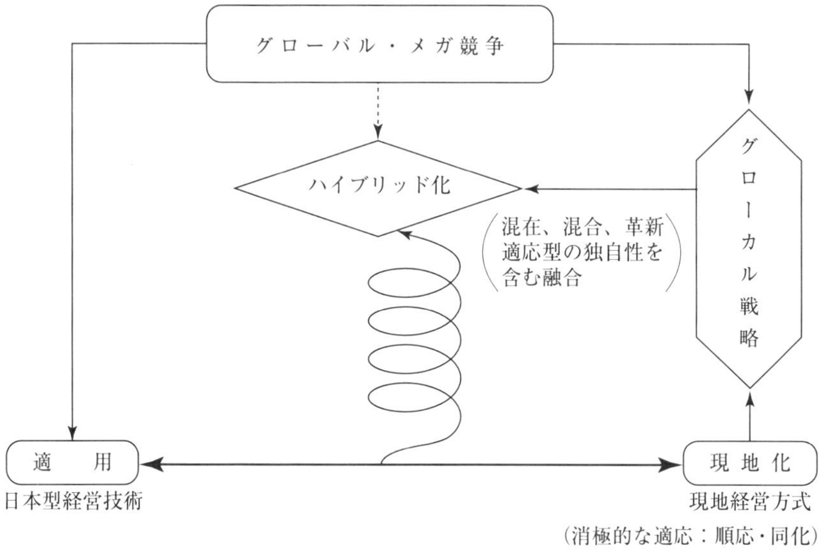
グローバル・メガ競争
ハイブリッド化
グローカル戦略
混在、混合、革新適応型の独自性を含む融合
適　用
日本型経営技術
現地化
現地経営方式
(消極的な適応：順応・同化)

なお，適用，現地化，ハイブリッド化の関係は，図 2 で示す通りである．総じて日本企業が対外直接投資に伴い，経営技術移転を展開する進化の過程には，次の三つの方式がある．第 1 は，適用の段階であり，現地へ日本型経営技術をそのまま持ち込むことである．第 2 は，現地化の段階であり，現地の経営方式に順応・同化することである．第 3 は，ハイブリッド化の段階であり，日本式の経営技術と現地式の経営方式を異種融合させることである．また，日本型経営技術を軸とした国際経営のハイブリッド化は，グローバルな市場競争条件下で絶えざる外部環境の変化と革新・創造的に相互作用して，グローカル戦略の下でスパイラル的に発展していくのである．

日本型経営技術の進化の過程は，適用と適応の二つの局面だけで捉えるのではなく，後者の適応には，広義の適応すなわち，一部修正を含む混在方式と革新適応型の独自性を志向するハイブリッド化の二つの形態に分類できる．小論では，広義のハイブリッド化の中に狭義のハイブリッド化も包摂されるものとする．

2. 日中合弁企業における日本型経営技術の移転

1) 日中経営システムの比較

　一般に各国の経営システムの特徴は，国内外や地域レベルを取り巻く環境諸条件の変化による影響を受ける一方で，企業組織固有の蓄積された経営文化や経営者独自の経営理念の形成，企業構成員の価値観や態度の変化などの要因が重層的に影響を与え合いながら進化し変容するものと考えられる．

　日本の経営システムは，90年代のバブル経済の破綻とグローバルな大競争時代に直面し，企業統治のあり方から雇用慣行の一部に変容が見られるものの，未だ根本的に経営のコア要素まで大きく変わっているようには見えない．市村教授他による1985年，1997年実施の「日本における日本的経営の実施率調査」によれば，過去12年間に根本的に大きな変化は見られない[5]．同調査によれば，日本企業が重視している経営慣行の実施率で過去よりも高まったものとして，①経営理念の強調（79％），②労使間の人的融和（75％），③地位格差の縮小（50％），④職務規定の弾力的運用（58％），⑤合意的意思決定（60％），⑥ジョブ・ローテション（56％）が挙げられている．また，大体不変なものとして①QCサークル（64％），②年功型給与（49％）が挙げられている．なお，以前ほど実施されなくなったものとして，①稟議制（60％），②雇用の安定（75％）が挙げられているものの，これらは，依然として実施率が比較的高いことがわかる．

　同著者達が指摘するように，これらの変化の方向と程度は，今後も継続して長い期間観察していく必要があるものの，小論では，日本的経営慣行にみる経営のコア要素の多くが未だ根本的に変容していないものとして日中経営システムの比較をしてみたい．

　表1は，原口・中江両教授の比較図等を参考に著者が一部加筆修正を試みたものであるが，国有企業の中国的経営システムは，筆者の調査時点におけるアンケート聴き取り調査結果とほぼ整合していると言えよう．

表1　経営システムの日中比較

項目	日本的経営システム	中国的経営システム（国有企業）
経営理念・風土	・和と相互信頼の尊重 ・協調性の重視と組織への忠誠心	・柔軟な個人的属性関係（クアンシ）と官僚制 ・協調意識が弱く，面子を重視
企業の所有観	・株主だけでなく，経営者や全従業員も総有意識を共有	・所有者（株主）の利益を守る董事会が存在，董事会長に権限が集中，総経理が董事会の決定を執行
経営の方式	・集団主義的経営 ・職務・職域範囲が広く権限と責任が不明確 ・部門間の調和の強調 ・集団の連帯感や協調的な対人関係の重視 ・個人よりも集団の優先	・官僚主義的経営 ・能力主義が採られず，下級者は上級者に服従 ・管理者の能力・責任が不充分 ・部下の責任回避態度 ・企業での地位を個人的クアンシに利用
意思決定スタイルと情報の共有化	・稟議制，ボトムアップ方式 ・情報の共有化と伝播	・トップダウン方式 ・各社員は情報を財産として占有し，情報の共有化や伝播が困難
雇用慣行と組合	・長期安定雇用 ・年功昇進・昇給 ・年功制と能力主義のバランス ・企業別組合 ・労使協調制（労使協議会・懇談会） ・企業を生活共同体と考える	・終身雇用 ・組織の改善に対する意欲の欠如 ・組合は中華全国総工会を頂点とするピラミッド型組織だが，各企業の工会代表は，人事・労務を担当し，役員会に出席する ・企業を運命共同体と考えない
定期採用と教育・訓練	・新卒者を定期採用 ・採用人数は比較的長期的視野で考える ・多くの職場を経験させる配置転換と適材適所 ・企業内のOJTによる教育・訓練	・新卒者の定期採用は比較的長期的視野で考える ・一定の学歴・資格を持つ人を重視して採用 ・企業内の教育・訓練がない ・教育・訓練を受けた社員による賃上げ要求や他社への転出

出所）原口俊道「中国日系企業と日本的経営」1997年日本経営学会全国大会報告資料および中江剛毅「中国への日本的経営システムの導入の諸問題」日本経営学会編『現代企業と社会』日本・千倉書房，1995年，213-217頁を参考に作成．

日中間に見られる経済環境,経営制度,文化風土の類似性から「中国企業が自ずと日本的経営に近似していく必要性がある」と結論づける論者[6]がいるものの,日中間の経営システム比較表でみる通り,中国国有企業における経営システムのコア要素は,一部表面的に類似に見える雇用慣行も含み,本質的に異質性が高く似て非なるものと見るべきであろう.例えば,中国人特有のクアンシのダイナミックなネットワーク構築は,個人の共通属性（血統,同族,社会集団等）に基づく特定の個人間の関係に基づいているのに対し,日本人の場合は,家族の一員というような一定の枠組みにおける共同的集団に基づいているのである[7].このような個人的属性に基づくクアンシや面子を重視する中国的経営風土の伝統や中国人の行動価値観は根深く存在しており,改革・開放後の市場経済に移行した今日においても経営方式,雇用慣行,組識行動などあらゆる面で未だ顕著な特性を発揮しているのである.

　表1に示した中国的経営方式や意思決定スタイルの特徴は,東南アジアや中南米の企業の多くとむしろ類似している部分が多い[8].また,トップダウン方式の意思決定スタイルは,欧・米企業にもよく見られる特性である.

　次に,雇用慣行の柱の一つである中国の終身雇用制についてその実態を見ると,中国では国の労働管理機関の雇用計画に基づいて労働力が割り当てられており,従業員は一度配属された企業に終身勤務し,画一的な定年制はないのである[9].いわば国が実質的な雇用責任を持っているため,中国の「終身雇用制」は,国家に対する依存を強める一方で企業に対する帰属意識や忠誠心を逆に弱めているのである.これに対して,日本企業では,周知の通り,長期雇用慣行の背景には,厳しい企業内・外における競争上の評価が人事考課で行なわれ,昇進や給与査定にも反映されている.さらに,日本企業の多くでは,年功制と能力主義のバランスを経済変動や時代の要請に対応して,労使協調路線の上で柔軟に調整しているのである.これらの柔軟な企業の諸施策は,比較的多くの社員が企業を生活共同体と考える歴史的な企業風土の中で労使間のコンセンサスと信頼関係に基づいて行なわれている限り,企業への帰属意識や運命共同体的な忠誠心が諸外国に比べ比較的高まりやすくなるのである.

最後に日中間の経営目標の相違について触れておこう．中国の請負責任制を実施している国有企業では，新技術や新製品の開発に積極的に取り組もうとせずに機械設備を酷使し，短期的な利益を追求する例が多い[10]．これに対して日本企業の多くは，新製品・新事業の開発，市場占有率の拡大，市場の成長性など長期的な成長目標を重視するのである．このような経営目標の違いは，日中合弁企業パートナー側の経営政策や戦略策定におけるのギャップ要因となりがちである．

その他，日中間の経営システムに関連した問題点として，日中投資促進機構や総合研究開発機構の調査報告書では，「法規・制度の未整備・不備問題」，「生産・品質問題」，「労働・人事管理問題」，「雇用・定着問題」などが上位に挙げられている[11]．

2）日本型経営技術の移転実態
ⅰ）**調査企業のプロフィール**

本調査のサンプル企業は，中国の電気・電子産業の主要な進出地域の一つになっている北京市周辺の主要な日中合弁電気・電子企業12社である．これは，北京市における日系の大手同業企業の60%を占めている．日本親会社は大企業10社，中堅企業2社であるが，現地合弁企業の規模等は，表2に示す通り，従業員数で大規模な企業が5社，中小規模が7社となっている．また，出資比率は，日本側の51%以上所有の会社が7社，50%の会社が4社，49%以下の会社が1社となっている．12社の平均操業経験年数は4.6年と比較的短い．現地アンケート，面接聴き取り調査は1997年1月に大学院生曽涌と共同で実施し，日中各トップ経営者と日中ミドル管理者より103票の有効回答を得た（回収率85%）．

ⅱ）**日本型経営技術の適用度**

まず我々は，日本型生産・経営技術の適用度について日中トップ経営者に5点尺度法で質問した．表3で明らかなように，生産技術に関しては，開発（設計，工具，製造設備）以外は，いずれも高い適用度が確認された．一方，経営

表2 実態調査対象日中合弁電気・電子企業のプロフィール

社名	業種	設立年月	総投資額	出資比率	主要販売市場,比率	従業員数(日本人)	経営業績	董事長国籍	総経理国籍
A社	半導体	94.6	380億円	日51%中49%	海外90%	890(23)	黒字	中国	日本
B社	電子	94.6	7,300万US$	日80%中20%	海外70%	600(4)	黒字	中国	日本
C社	電子	94.4	5,000万US$	日86.5%中13.5%	海外90%	120(7)	赤字	中国	日本
D社	電気	93.11	543万US$	日60%中40%	中国90%	230(2)	黒字	中国	中国
E社	電気・ソフトウェア	94.1	338万US$	日51%中49%	日本90%	182(14)	黒字	日本	日本
F社	電気	87.9	300億円	日50%中50%	中国60%	4700(5)	黒字	中国	日本
G社	電子材料	93.8	875万US$	日50%中50%	中国60%	177(1)	黒字	中国	日本
H社	通信	92.7	3,410万US$	日50%中50%	中国90%	400(5)	黒字	中国	日本
I社	電気	93.8	6,018万US$	日50%中50%	海外80%	700(5)	黒字	中国	日本
J社	電気	94.8	1,250万US$	日25%中75%	海外82%	45(1)	黒字	中国	中国
K社	電気	88.3	3.8億円	日70%中30%	海外90%	30(0)	黒字	日本	中国
L社	ソフトウェア	87.12	1.04億円	日60%中40%	中国80%	25(0)	黒字	日本	中国

(出所) 植木英雄・曽通、1997年調査データ。

表3　日本型生産・経営技術の適用度（日中トップ経営者の回答）

	日本側 J	中国側 C	平均値 (J＋C)/2	差 J－C
＜生産技術＞				
生産ラインの操作技術	4.4	4.4	4.4	0
生産ラインの修理技術	4.0	4.4	4.2	-0.4
品質管理	4.8	4.8	4.8	0
工程管理	4.3	4.3	4.3	0
部品調達	4.3	3.7	4.0	0.6
技術改良と技術導入	4.4	4.2	4.3	0.2
製品設計	4.2	3.7	4.0	0.5
開発設計	3.3	3.7	3.5	-0.4
工具の開発	3.2	2.8	3.0	0.4
製造設備の開発	2.6	2.0	2.3	0.6
＜経営管理技術＞				
労務管理	3.8	3.0	3.4	0.8
生産管理	4.3	4.1	4.2	0.2
購買管理	4.1	3.5	3.8	0.6
在庫管理	4.2	4.2	4.2	0
マーケティング	3.5	3.5	3.5	0
財務管理	3.5	3.9	3.7	-0.4
総合的管理	3.0	3.9	4.1	0.4

注）評点5：そのまま適用，4：一部適用，3：修正適用，2：将来移転を検討，1：移転せず．
出所）植木英雄・曽涌，1997年調査データ．

管理技術では，生産，在庫，購買管理で比較的高いものの，総合的管理，労務管理，マーケティング，財務管理で比較的中程度に留まった．

次に，筆者がこれまで6カ国で実施してきた質問票に基づき，日本型人事・労務管理，組織的管理について得られた日中合弁企業11社の調査結果をみてみよう（表4参照）．

まず，(A)人事・労務管理分野では，企業内人材育成と全人格的評価の平均値が3点満点中2.5点ときわめて高い移転度を示している一方で，その他の項目

表4　日中合弁企業における日本型人事・労務管理，組織的管理の移転度

(N＝11社)

日本型経営技術			平均値
A 人事・労働管理分野	1 新卒採用		1.8
	2 企業内人材育成		2.5
	3 全人格的評価		2.5
	4 年功賃金制		1.5
	5 年功序列制（年功昇進）		1.6
	6 長期雇用制		1.3
	7 幅広い内部移動制	①配転	1.4
		②多能工	1.3
		③昇進	1.0
		平均	1.2
	8 福利厚生の充実（社内・法定外）		1.6
	平均		1.7
B 組織的管理分野	9 協議・合意による意思決定		2.6
	10 協働参加制	①労使協調制	1.5
		②大部屋式・現場尊重	2.5
		平均	2.0
	11 情報共有制	①稟議制	2.3
		②全社的	2.5
		平均	2.4
	12 組織的経営・管理技法（方針管理，目標管理等）		2.1
	13 集団帰属制（企業一体感）		1.9
	14 日本型品質管理	①QC	2.1
		②QCサークル	0.9
		③提案制度	1.2
		平均	1.4
	平均		2.0
総平均			1.8

注）評点3：そのまま適用（日本方式80％以上），2：一部適用（50～80％），
　　1：修正適応（10～50％），0：移転せず（0％）
出所）植木英雄，1997年調査データ．

では，いずれも未だ低い移転度に留まっている．特に低い項目として，幅広い内部移動制（配転，多能工，昇進），終身（長期）雇用制，年功制（賃金・昇進）などが挙げられる．中国の国有企業では，従業員は，配属時に主に学歴によって「幹部」と「工人」に大別・固定化され，企業内での部門や職務の配置転換などの移動は少ないため，日本企業側の幅広い内部移動制の導入は，一部しか行なえないのである．また，終身（長期）雇用制や年功制も前述の通り，日中間の制度・慣行の実情は似て非なるものであるため，日本方式の制度・慣行の移転度が低いのである．別の要因としては，中国では人事・労務担当者は中国の共産党員でなければならず，通常この部門の責任者には工会（労働組合）の委員長がその職責を担っているため，これらの日本式諸制度・慣行の導入が制約されているものと考えられる．

次に，(B)組織的管理分野では，総じて日本方式の適用度が高い．特に，協議・合意による意思決定や情報共有は，きわめて高い．また，組織的経営・管理技法も比較的高い．これに対して，日本型品質管理では，QC技法は比較的高いものの，QCサークルや提案制度が低い水準に留まっている．これは，平

表5　日本型経営技術の国際移転比較

国別 ＼ 分野別	A	B	平均評点	N社
中国	1.7	2.0	1.8	11
フィリピン	1.5	2.2	1.8	10
インドネシア	1.6	2.1	1.9	10
マレーシア	1.5	1.9	1.7	11
アメリカ	1.2	1.6	1.4	20
メキシコ	1.3	1.6	1.4	11
ブラジル	1.2	1.7	1.5	30
総平均	1.4	1.9	1.6	

出所）植木英雄，実態調査データ．

均操業年数が4.6年と未だ短いため,「近い将来に導入していく」と面接聴き取りで回答する企業トップが多くみられたことから, 段階的にOJTを通じて導入, 育成されていくであろうと考えられる.

ただし, 中国の企業組織内にはホワイトカラーとブルーカラーの間に意識的な距離が存在しており, 両者共同で行なわれるQCサークル活動には心理的な抵抗がみられる[12]. それゆえホワイトカラー層の意識改革も教育訓練で行なっていく必要があるのである.

さて, このような中国の日系合弁企業の調査結果は, 筆者がこれまで実施してきた6カ国 (フィリピン, インドネシア, マレーシア, アメリカ, メキシコ, ブラジル) と比べてどの水準にあるのかをまとめたのが表5である[13]. 中国は, 平均評点でみて1.8とインドネシアに次いでフィリピンと並び第2位の高さであり, アメリカ, メキシコ, ブラジルよりも高いことが確認できる.

概して(B)の分野は, (A)の分野よりいずれも移転度が高い. 一般に経営技術の移転度に影響を与える要因として, ①経済発展段階の局面や経済環境の類似性, ②確立された固有の制度, 慣行の存在, ③社会・文化的コアの価値観や宗教, 倫理規範などが考えられる. 日本と中国およびその他東アジアの国々は, アメリカや中南米の国々よりこれらの諸条件において比較的類似性の程度が高いと考えられる. (これらの詳細な比較分析と考察については別の機会に譲りたい.)

3. 日本型経営技術の適応と異文化インターフェイス経営問題

1) 現地の制約要因と日中管理者間の認識ギャップ

前述のような経営技術の移転度に大きな影響を与える三要因に関連して外部環境, 会社の組織文化, 個人の態度の三つの視座からみた中国の制約要因と日中トップ経営者の評価を5点尺度でみると表6のようになる.

A. 外部環境要因

まず, 日中トップ経営者の両方が比較的高い制約要因とみている項目として

表6　日本型経営技術移転の制約要因と日中トップ経営者の評価

(日本側N＝12，中国側N＝11)

		日本側 J	中国側 C	平均値 (J+C)/2	差 J−C
A 外部環境	a 外資企業に対するナショナリズム	2.0	1.5	1.8	0.5
	b 政治制度の障壁	4.0	1.4	2.7	2.6
	c 言語，文化，マスコミの中国的統合化	3.2	2.0	2.6	1.2
	d 経済，法制の障壁と変化	4.5	3.5	4.0	1.0
	e 経営技術移転の要請	2.6	3.2	2.9	−0.6
	f 社会資本インフラストラクチャーの不備	3.6	3.2	3.4	0.4
B 会社の組織文化	a 労使関係の対立	1.4	1.8	1.6	−0.4
	b 職務権限の責任の明確性	3.7	3.2	3.5	0.5
	c 意思決定方式の相違	3.8	2.9	3.4	0.9
	d 行動規範，制度の融通性	3.4	2.9	3.2	0.5
	e 業績諸概念の相違	3.0	2.3	2.7	0.7
	f 家族的人間関係	2.6	2.0	2.3	0.6
	g 指導，研修様式の相違（マニュアル化）	3.0	2.5	2.8	0.5
C 個人の態度	a 個人中心の生活スタイル	4.0	2.6	3.3	1.4
	b 仕事に対する意欲の相違	4.0	3.0	3.5	1.0
	c 友情の原則が集団連帯より優先	3.8	2.7	3.3	1.1
	d 創意，創造についての考え方の相違	2.8	2.6	2.7	0.2
	e 賃金，生活水準意欲と転職	3.7	3.0	3.4	0.7

注) 評点5：大いにある，4：かなりある，3：普通，2：少しある，1：全くない．
出所) 植木英雄・曽涌，1997年調査データ．

は，(d)経済・法制の障壁と変化，(f)社会資本インフラの不備が挙げられる．しかし(d)に関しては日本人経営者と中国人経営者間の認識の差が大きい．また，日中経営者間の認識ギャップの高い項目として，(b)政治制度の障壁と(c)言語・文化・マスコミの中国的統合化が特記できる．これらは，いずれも日本人経営者が非常に心配しているほどパートナー側の中国人経営者が制約要因とみなしていないことを示している．ただし，経営技術移転の要請については，日中経

営者間で見方が逆転しており，これは中国人パートナー側が日本親企業側に対する不満を少し抱いているからとも読み取れる．

B．会社の組織文化要因

日中経営者ともに比較的高い制約要因とみている項目としては，(b)職務権限と責任の明確性が挙げられる．また，日中経営者間の認識ギャップの比較的高い項目として，(c)意思決定方式の相違，(e)業績諸概念の相違が挙げられる．

C．個人の態度要因

企業内の個人の態度要因については，日本人経営者が(a)個人中心の生活スタイル，(b)仕事に対する意欲の相違，(c)仕事の原則が集団連帯より優先，(e)賃金・生活水準向上意欲と転職のいずれも比較的高い制約要因とみているのに対して，中国人経営者は，あまりそれらの項目について大きな制約要因とみておらず，認識ギャップが比較的大きい．

このような個人の態度や価値観は，個人差・学歴・地域などのバリエーションが当然認められるものの，総じて中国の外部環境要因や会社の組織文化要因とも関連し合っている部分が少なくないとみられる．したがって，中国人の最大公約数的な共通の国民性や行動・態度・動機づけなどに関しては，中国人の個人的クアンシや面子を重視する人間関係なども踏まえた上で責任と権限を明確にし，信賞必罰の明快なルール化と標準マニュアルの整備，個人の利害関心に結び付けた職場内の運命共同体意識の形成などの対策が有効と考えられる．

2) 異文化インターフェイス経営と日中管理者の認識ギャップ

日中合弁企業は，日本親企業の持つ組織文化，コミュニケーション特性と中国合弁企業パートナーの持つ組織文化，コミュニケーション特性が異文化接触する場を共有している．このような異文化間のインターフェイスの組織的な構造とコミュニケーション文化の特性が正しく認識・理解され，適性に行なわれないと合弁企業経営の効率が低下することになるのである．前述の日中トップ経営者間のさまざまなパーセプション・ギャップもこのような異文化インターフェイス経営に対する認識や対策の不足がギャップの幅を増幅していると言え

よう．

　さて，中国の場合56の民族が共存し，言語への依存度が高い低コンテクスト文化に属し，ホンネと内容を重視するのに対して，日本の場合ホモジニアスでアナログ的な非言語表現や場の状況で情報の意味内容を察し合う高コンテクスト文化に属し，タテマエと形式や和を重視するという大きな違いがあることを再認識する必要がある．さらに，日中間の経営組織原理は，日本企業の有機的組織原理に対して，中国の国有企業の官僚的・機械論的組織原理が対峙しているため，問題の本質はより構造的に深く，日中合弁企業体の文化変容と経営組織原理の修正によるハイブリッド（異種融合）化への道は，はるかに険しいと言える．例えば，日本型経営技術移転の制約要因の一つに職務権限と責任の明確性の問題が挙げられている．職務権限と責任範囲（境界線）を少し明確にしつつ，いかに日本型のハイコンテクストな現場の情報共有と伝播を重視する有機的でダイナミックな組織的チームワークの相乗効果を高めるかといった二律背反になりがちな日中間の経営組織原理をどのように修正し，ハイブリッド化していくことができるかが今後の重要な課題となるのである[14]．

　日中合弁企業では，このような異文化インターフェイス問題に対してどのような対策を講じているのだろうか．日本人・中国人のトップとミドルに対して異文化インターフェイス経営の改善策について質問した回答は表7の通りであ

表7　異文化インターフェイス経営の改善策

項　目	トップ 日本側 回答数（人）	トップ 日本側 比率	トップ 中国側 回答数（人）	トップ 中国側 比率	ミドル 日本側 回答数（人）	ミドル 日本側 比率	ミドル 中国側 回答数（人）	ミドル 中国側 比率
講じている	2	16%	3	27%	8	28%	5	9%
少し講じている	10	84%	3	27%	17	58%	26	49%
まだ講じていない	0	0%	5	46%	4	14%	22	42%
合計	12	100%	11	100%	29	100%	53	100%

出所）植木英雄・曽涌，1997年調査データ．

る．

　まず日本人のトップ経営者は，12社の全てが何らかの改善策を講じていると回答しているのに対して，中国人のトップ経営者は5社で未だ何も講じていないと回答しており，認識ギャップが見られる．また，ミドル管理者の場合も回答者29人中25人が何らかの改善策を講じていると回答しているのに対して，中国人のミドル管理者は53人中22人（42%）がまだ何の対策も講じていないと回答しており，ここでも大きな認識ギャップが見られるのである．

　次に合弁企業組織内の業務遂行と上司の意思決定に対する理解度を日中ミドル管理者に質問した回答は，それぞれ表8，表9に示す通りである．表8で

表8　「日本人派遣者がいない場合，中国人管理者と従業員は指導通りにやれるか」に対する回答

項　目	ミドル 日本側 回答数(人)	比率	ミドル 中国側 回答数(人)	比率
はい	10	34%	36	68%
いいえ	19	66%	17	32%
合計	29	100%	53	100%

出所）植木英雄・曽涌, 1997年調査データ．

表9　日本人（または中国人）上司の意思決定の理解度

項　目	ミドル 日本側 回答数(人)	比率	ミドル 中国側 回答数(人)	比率
分かる	19	65%	19	36%
何とか分かる	8	27%	34	64%
殆ど分からない	2	8%	0	0%
合計	29	100%	53	100%

出所）植木英雄・曽涌, 1997年調査データ．

は，「日本人派遣者がいない場合に中国人管理者と従業員が指示通りにやれるか」について質問したものだが，回答をみると日本人ミドルの2/3がやれないと答えているのに対し，中国人ミドルの2/3が逆にやれると答えており，ここでも認識ギャップが顕著にみられる．

さらに，日本型経営技術の移転度を高めるための手段について重要度を質問した回答を表10で見てみよう．日本人のトップ経営者は，「優秀な人材の確保と教育・訓練の増強」に12社中11社が重要と答えており，「異文化コミュニケーションの改善」を重要とするものは1社のみとなっている．これに対して中国人トップ経営者は，11社中6社で「異文化コミュニケーションの改善」が最も重要と答えている．また，ミドル管理者の回答をみると，日本人・中国人双方ともに回答が分散しており，「教育と訓練の増強」がそれぞれ一番重要とする回答が多い．「異文化コミュニケーションの改善」については，それぞれ31％，26％となっており，教育・訓練や優秀な人材の確保に比べてやや問題意識が低いと言える[15]．

表10　日本型経営技術の移転度を高めるための手段（重要度）

項目	トップ 日本側 回答数(人)	比率	トップ 中国側 回答数(人)	比率	ミドル 日本側 回答数(人)	比率	ミドル 中国側 回答数(人)	比率
異文化コミュニケーションの改善	1	8%	6	54%	9	31%	14	26%
教育と訓練の増強	4	33%	5	46%	11	38%	20	38%
優秀な人材の確保	7	59%	0	0%	9	31%	19	36%
合計	12	100%	11	100%	29	100%	53	100%

出所）植木英雄・曽涌，1997年調査データ．

4. 日本型経営技術の評価と職務満足度

日本型経営技術は，日中合弁企業でどのように評価されており，中国人のミドル管理者にとってどの程度受容されているのか．また，ミドル管理者からみた本人および部下の職務満足度はどの程度であろうか．これらの実情を知ることにより，我々は日本型経営技術の移転をめぐる諸問題と有効性についてより深く吟味することができる．そこでまず日本型経営技術に対する中国人管理者の評価に関する調査結果をみてみよう．

1) 日本型経営技術の受容度と職務満足度

まず，「中国人管理者の日本型経営技術に対する理解度」をみると表11に示す通り，トップ，ミドルともに少し了解しているという回答が過半数以上を占めているものの充分に了解しているとは言えない状況が観察される．

表11 中国人管理者の日本型経営技術に対する理解度

項目	トップ 回答数(人)	比率	ミドル 回答数(人)	比率
充分に了解する	3	27%	24	45%
少し了解する	7	64%	29	55%
了解しない	1	9%	0	0%
合計	11	100%	53	100%

出所) 植木英雄・曾涌，1997年調査データ．

次に「中国国有企業と日本企業の経営制度の類似性」について日中ミドル管理者の回答をみると，日本人側は29人中24人（83%）が全く違うとみており，中国人側は53人中42人（80%）がある程度似ているとみていることがわかる（表12）．これらの調査結果により中国人管理者からみた日本型経営技術や経営制度の理解度，認識度が必ずしも充分ではないことがわかる．

さて，日本型経営技術のコア要素に関連する事項に関して日中ミドル管理者

表12　中国国有企業と日本企業の経営制度の類似性

項　目	ミドル 日本側 回答数(人)	比率	ミドル 中国側 回答数(人)	比率
非常に似ている	1	3%	7	13%
ある程度似ている	4	14%	42	80%
全く違う	24	83%	4	7%
合計	29	100%	53	100%

出所）植木英雄・曽涌，1997年調査データ．

がどの程度それらを受容しているかを次にみてみよう．表13は，5点評価尺度で日中のミドル管理者が回答した結果である．「日本型経営技術の受容度」を項目別にみると④仕事に対するやる気と⑤会社に対する積極的な忠誠心はともに4点以上と高い評価が見られる．また，②長期雇用の安定性，③職場の人間関係や雰囲気の良さ，⑥良い協力的な労使関係の項目では，日中のミドル管理者ともに3.5点以上の比較的高い評価をしている．これに対して，⑨人的資源の開発・訓練，①昇進制，⑧部門間の曖昧な調整と協力，⑩権限と自主性の程度の満足に関しては，概ね評価は3点前後の「普通」評価に留まっている．

　次に我々は，ミドル管理者の動機づけ要因を5点尺度で調査することにした．まず，表14からミドル管理者本人の動機づけ要因を重要度の高い順にみると，中国人のミドル管理者の場合⑦高い地位で期待された権限委譲，⑥興味深い仕事に対するチャレンジ，⑧新しい技術や技能の習得機会が評価4.2～4.3点と高い．また，④会社への忠誠心，⑤職場の良い人間関係と雰囲気に対しても3.9点と比較的動機づけの高い評価をしている．次に部下に対する動機づけとしては，上述の⑤，⑧および①経済的な誘因に対していずれも4.0～4.1点と高い評価をしている．また，②昇進の可能性，③長期雇用の安定性，上述の⑥，⑦に対しても比較的高く評価していることが観察される．一方，日本人ミドルの動機づけをみると，部下に対する評価は上述の①，②，⑨，⑥，⑧の項目に対して自己評価より高い評価をつけている点が注目される．いずれにしてもこ

表13　日本型経営技術の受容度（中間管理者）

（日本人N＝29，中国人N＝53）

	日本側 J	中国側 C	平均 (J+C)/2	差 J−C
①総じて労働条件に満足していますか．				
・給料	3.6	3.2	3.4	0.4
・昇進	3.1	3.1	3.1	0
・能力活用の機会	3.5	3.4	3.5	0.1
②長期雇用の安定性がありますか．	3.7	3.7	3.7	0
③職場の人間関係や雰囲気が良いですか．	3.6	3.5	3.6	0.1
④仕事に対してやる気がありますか．	4.1	4.2	4.2	−0.1
⑤会社に対して積極的な忠誠心がありますか．	4.1	4.4	4.3	−0.3
⑥良い協力的な労使関係がありますか．	3.5	3.5	3.5	0
⑦チームワーク・コンセプトを強調する組織管理は効率的ですか．	3.1	3.5	3.3	−0.4
⑧部門間の曖昧な調整と協力がありますか．	3.2	3.1	3.2	0.1
⑨人的資源の開発及び訓練が十分に行われていますか．	2.8	3.4	3.1	0.6
⑩権限と自主性の程度に満足していますか．	3.1	3.4	3.3	−0.3
⑪日本型経営の実践は総じて受け入れられていますか．	3.2	3.8	3.5	−0.6

注）評点5：大いにある，4：かなりある，3：普通，2：少しある，1：全くない．
出所）植木英雄・曽涌，1997年調査データ．

こでも日中ミドル管理者の動機づけのミス・マッチが少し見られるものの，部下に対する動機づけとして，給料と昇進に関しては両者ともに高い評価をしており，外資企業との競争状況が窺えるのである．

　なお，日中合弁サンプル企業12社の動機づけや日本型経営技術移転の評価がどの程度中国人にとって有効性があるかをチェックする一つの指標として定着性が挙げられる．聴き取り調査では，中間管理者以上の他社引き抜きによる転出などの例は少なく，従業員の年平均離職率は，3％以内が12社中9社（75％）を占めており，この点では有効性がみられる．

2）長期安定雇用とコミットメントの相関関係

表14　中間管理者の動機づけ要因の重要度

(日本人N＝29，中国人N＝53)

	自己		部下	
	日本人	中国人	日本人	中国人
①経済的な要因	3.0	3.5	4.2	4.0
②昇進の可能性	3.1	3.1	3.9	3.8
③長期雇用の安全性	3.2	3.7	3.3	3.8
④評価の高い会社への積極的な忠誠心	3.3	3.9	3.4	3.6
⑤職場の良い人間関係と雰囲気	3.3	3.9	3.5	4.0
⑥興味深い仕事に対するチャレンジ	3.6	4.2	3.8	3.8
⑦高い地位で期待された権限委譲	3.4	4.3	3.5	3.8
⑧新しい技術や技能の習得機会	3.0	4.2	3.8	4.1
⑨適正な評価と人事考課	3.2	3.3	3.9	3.7

注）評点5：大いにある，4：かなりある，3：普通，2：少しある，1：全くない．
出所）植木英雄・曽涌，1997年調査データ．

　小論で述べた日本型経営技術のコア要素の中でも中核的な要素として我々は長期雇用の安定性に注目し，それと上述の「日本型経営技術の受容度」調査(表13)にみたミドル管理者のコミットメントとの関連性について次の仮説を提示し，検証してみよう．

仮説：長期安定雇用は，日中合弁企業において中間管理者のコミットメント(仕事に対するやる気と会社に対する忠誠心)を高める．

　表13のデータを使い，長期安定雇用とコミットメントの相関係数を計算し，そのデータの大きな差が帰無仮説下で生じる確率（P値）をSASのCORRプロシジャを使って求めた結果が表15である．

　相関係数の評価として次の5段階を設定した．すなわち，相関係数0.7～1.0区間では「強い相関」，0.5～0.7区間では「かなり強い相関」，0.3～0.5区間では「相関がある」，0.2～0.3区間では「弱い相関がある」それ以下は「相関がない」と考える．また，確率（P値）の有意水準は5％とする．

表15 長期雇用の安定性とコミットメントの相関関係

	標本数（人）	相関係数 仕事へのやる気	相関係数 会社への忠誠心
日本人製造管理職	13	0.589	0.672
確率（p値）		0.034	0.012
日本人事務管理職	16	0.159	0.263
確率（p値）		0.556	0.326
日本人製造・事務管理職小計	29	0.346	0.421
確率（p値）		0.066	0.023
中国人製造管理職	24	0.347	0.202
確率（p値）		0.097	0.345
中国人事務管理職	29	0.483	0.103
確率（p値）		0.007	0.589
中国人製造・事務管理職小計	53	0.397	0.128
確率（p値）		0.003	0.357
日本人・中国人製造・事務管理職合計	82	0.382	0.213
確率（p値）		0.000	0.053

注）やる気＝仕事に対するやる気，忠誠心＝会社に対する積極的な忠誠心．
製造管理職＝製造・開発の管理職，事務管理職＝人事・販売・財務などの管理職．
出所）植木英雄・曽涌，1997年調査データ．

表15に示す通り，まず日本人と中国人ミドル管理者合計の相関係数をみると，「長期安定雇用」と「仕事へのやる気」との相関があり，また「会社に対する忠誠心」との間にも弱い相関がある．次に日本人と中国人のミドルを各々製造部門と事務部門に分けてそれぞれの相関関係を吟味してみよう．まず，日本人製造部門管理者の場合「仕事へのやる気」，「会社への忠誠心」のいずれも強い相関関係がみられるが，日本人事務部門管理者の場合はいずれも相関関係がみられない．次に，中国人の製造部門管理者と事務部門管理者は，いずれも「仕事へのやる気」では相関関係がみられる一方で「会社への忠誠心」では相関関係がない．このことから，日系合弁企業では，中国人ミドル管理者の場合，長期安定雇用とコミットメントの効果に関して「仕事のやる気」に対して

関連性が確認されたが,「会社への忠誠心」との関連性は必ずしも確認できないと言えるのである.

5. 結　　　び

小論では,日中合弁電気・電子企業の実地調査データに基づき,日本型経営技術の移転実態を明らかにした.結びとして,主要な問題点と課題をまとめてみよう.

我々の調査対象とした日中合弁電気・電子企業の多くは,年功制,終身(長期)雇用制などの一部の特殊要素[16]やパートナー側の中国国有企業の固定的労務慣行・制度等の要因によって制約された幅広い内部移動制,労使協調制,QC サークルなどでは,日本方式の移転度が未だ低かった.しかし,企業内人材育成や全人格的評価,協議・合意による意思決定,情報共有制,大部屋制・現場尊重主義,組織的経営・管理技法,QC 手法などにおいては,かなり高い移転度が確認できた.これら移転度の高い項目は,いずれも筆者が図１に提示した日本型経営技術のコア要素に関連した一般普遍性の高い諸制度・慣行であると言えよう.これらの要素は,経済改革・開放政策の下で急ピッチの経済発展の道を歩む中国において,近年外資企業とのグローバルな大競争時代に対応せざるを得なくなってきた日中合弁企業の生産性向上の要請とマッチして機能補完的に受容されているのである.

一方,幅広い内部移動制や QC サークルなどの実施率をいかに高めていくかが今後日中合弁企業の多くにとって重要な課題となっている.この問題の本質は,職務範囲の責任と権限の境界線問題と同種であり,日中間の異質な経営組織原理をどのように調整し,ハイブリッド化していくことができるかどうかにかかっているのである.図１に示したように,有機的組織原理のコア要素に対して,機械論的組織原理のコア要素である職務範囲の責任と権限の明確化を併用し,機能させるためには,暗黙知(アナログ情報,ノウハウ)の形式知化(デジタル情報,公式標準マニュアル)を戦略的にハイブリッド化させ,実践してい

くことが肝要である．このような試みは，すでに東芝大連工場でも実践され成果を上げている．要は「個人別管理手法」→「小集団活動」→「全社運動と改善活動」へと段階的に教育訓練を通じて実現していくことが肝要である[17]．

　一般に経営技術の国際移転は，受入国の経済発展段階に応じて次の4段階のプロセスを経てサイクルが完了するものと考察される[18]．

第1段階：国境を越えた産業技術の移転に伴い生産管理および経営管理の技術・ノウハウ等が受入国に導入される段階．

第2段階：導入された生産・経営管理の技術・ノウハウ等が直接的に供与国側の経営管理者や技術者から受入国側の現地管理者や技術者に教育訓練により移植される段階．

第3段階：移植された生産・経営管理の技術・ノウハウ等が受入国側の現地管理者および技術者により組織的に伝播される過程で現地の環境風土に融合するように変換適応され普及する基盤が確立する段階．

第4段階：技術受入国の現地人管理者および技術者により自律創造的に現地のニーズに適合した生産・経営管理技術が新たに応用開発され，さらに新製品の開発・設計技術も独自に展開されるなど自立化する段階．

　中国の場合，第1・第2段階の生産・経営管理の技術・ノウハウ等の多くを概ね修得しており，現在は第3段階の伝播過程への移行期を迎えているとみられる．今後中国が第3段階のプロセスに順調に移行していくためには，中間管理者，技術者，作業監督者の教育訓練を強化する一方で，QCサークルや提案・改善活動を根づかせる努力が不可欠である．そのような地道な人材育成を事業展開の発展に伴ない，長期計画的に行なっていきながら"Know-What?""Know-Why?"を自律的に行なえる知の創造連環型の組織をめざしていくべきであろう．第4段階の実現には，その発展プロセスを抜きにして語れないからである．

　小論では，異文化インターフェイス経営に対する理解・認識の不足が日中管理者双方間の日本型経営技術と経営制度に対する評価や動機づけなどに対するパーセプション（知覚）ギャップを増幅させてきたことをアンケート調査の回

答結果から明らかにした．中国人と日本人は，歴史的に儒教，仏教，漢字文化などの面で共通性を持つ一方で，考え方，性格，人間関係，行動パターンなど多くの面で異質性を合わせ持っている．また，日本人・中国人双方にとって言葉の意味や会話の困難性は，コミュニケーションの制約要因となっている．それゆえ，日中双方文化間の架け橋役となる異文化インターフェイスの担い手を長期的な視点から組織的に育成していくことが必要である．

最後に小論では，日本型経営技術のコア要素のベースとなる長期安定雇用とコミットメントの相関関係を分析した結果，中国人ミドル管理者にとって長期安定雇用と「会社に対する忠誠心」の相関は必ずしも確認できなかったが，「仕事に対するやる気」との相関があることを明らかにできた．中国人ミドル管理者は動機づけとして個人の自己実現を達成するための権限委譲，仕事へのチャレンジ，新技術・技能の習得などに対して自己および対部下ともに高い評点をつけていたことも明らかとなった．

かくして，日中合弁企業では先に述べた暗黙知の形式化への変換による経営組織化と異文化インターフェイスの担い手の育成に加えて，中国人ミドル管理者の仕事に対する動機づけも満たし得る日中ハイブリッド型の人事・労務・組識管理方式を開発していくことが肝要である．

1) 『中国電子報』1997年2月18日号．
2) 本実地調査は，東京経済大学大学院生（当時）曽涌と共同で1997年1月に実施したアンケート，面接調査法による研究調査データに基づいている．
3) 図1は，拙著「メキシコの外資政策と国民性に如何に適応するか」林吉郎編『グローバル企業の海外現地化戦略』PHP研究所，1990年，162頁の図を新たに改訂したものである．
4) 林吉郎『異文化インターフェイス管理』有斐閣，1985年を参照．
5) 市村真一編著『中国から見た日本的経営』東洋経済新報社，1998年12月，12-14頁参照．なお，同教授を中心とした1985年の調査結果は，市村真一編著『アジアに根づく日本的経営』東洋経済新報社，1988年を参照されたい．
6) 林新生「日本的経営と中国企業 －労務管理制度を中心として－」日本組識学会編『組識科学』白桃書房，1991年，Vol. 24, No2, 38-39頁．

7) ミン・チェン著, 長谷川・松本・池田訳『東アジアの経営システム比較』新評社, 1989年, 78-83頁参照. (Min Chen, *Asian Management Systems*, routledge, 1995, pp. 59-63) ミン・チェンは, 中根千枝 (1970年) の日中家族制度比較を引用しながら中国人特有のクアンシとコネのネットワーク構築と面子の相互作用にも論究している.

8) 例えば, 拙著『国際経営移転論』文眞堂, 1982年や拙著「メキシコの外資政策に如何に適応するか」林吉郎編『グローバル企業の現地化戦略』PHP研究所, 1990年を参照されたい.

9) 林新生, 同掲論文, 39頁.

10) 中国経営者調査チーム編, 金森和彦訳「現段階における我が国経営者層の行動特性に関する調査分析」『経営研究』愛知学院大学経営研究所, 1996年8月, 第10巻, 第1号, 51頁.

11) 日中投資促進機構「第3次日系企業アンケート調査集計結果」1995年, および総合研究開発機構「中国に進出した日系企業の労使関係に関する研究」立教大学産業関係研究所, 1997年を参照.

12) 徐向東「中国の日系企業における技術移転と人材育成」『社会学研究科論集』立教大学大学院, 第4号, 1997年, 97頁.

13) 本調査データは, 4段階の尺度で日系企業のトップ経営者に対する筆者の実地調査から得られたものである. 中国を含め7カ国103社の回答結果が得られた. 実地調査年次は, 中国 (1997年), アメリカ・メキシコ・ブラジル (1990-1991年), マレーシア (1988年, 1995年), インドネシア (1987年, 1995年), フィリピン (1986年, 1995年) である.

14) 例えば, 林吉郎教授は, 「組織的に重なり合うグリーンエリア」を図示して, 階層間の水平・垂直的な重層的コミュニケーション・ネットワーク化を提示されている. 林吉郎『異文化インターフェイス経営』日本経済新聞社, 1994年, 60-63頁参照.

15) 中国における言語上と考え方のコミュニケーションギャップに関しては, 次の研究結果でも指摘されている. 岡本康雄編『日系企業 in 東アジア』有斐閣, 1998年, 227頁.

16) 原口俊道「日本的経営の中国日系三資企業への移植」『鹿児島経大論集』第37巻第1号, 1996年. 原口教授は中国日系51社の調査結果から終身雇用制と年功制の移転度が低いことを指摘され, 拙著前掲書のモデルや結論を引用されながら, 筆者と同様の結論を提示されている.

17) 荒川直樹『中国で製造業は復活する 東芝大連社の挑戦』三田出版会, 1998年, 93-98頁参照.

18) 拙著, 前掲書, 1982年, 34頁参照.

第9章　経営戦略と人事管理の海外移転
——日系企業の東アジア進出の事例を中心にして——

要　旨
本論文では日本の多国籍企業の経営戦略について，とくに東アジアに進出している日系企業を中心にし，人事管理の海外移転の側面より分析する．基本的には，かりにある企業の現地人が勤勉で効率よい経営が行われているとしたら，それは現地人を効率良く経営する経営スキルが存在するからという仮説により，その内容を具体的に研究することを目的としている．

1. はじめに

本稿では日本の多国籍企業がこれまで実施してきた国際経営について，特に「ひと」の側面から，日本型経営管理スキルの移転問題の基本的条件について分析する．

経営管理スキルの海外移転仮説：一般に国際経営戦略は経営効率の最大化を図ることを目的とした経営資源[1]を組み合わせる枠組を意味している．

本稿では日系企業の国際経営戦略について，二つの側面より分析する．一つは，人事管理スキルの移転がどのように行われているかというマクロの視点であり，二つは，それに上司と部下関係がどのような影響をあたえているかというミクロの視点である．

本稿の基本的仮説としては，「現地人が勤勉であるか否か」という生態的な問題ではなく，例えば，もし，「ある企業の現地人が勤勉である」としたら，

それはその企業に「現地人を熱心に働かせる経営スキル」が機能しているからであり，決して現地人が生来勤勉である訳ではないという視点である．そして，その経営スキルを分析する．言い換えると，そこでは現地の政治，経済，文化社会，宗教の問題を越えて各国に共通する普遍的な経営スキルについて考察する[2]．

東アジアの国際経営：東アジア市場に対する日本製造業の海外直接投資，すなわち，国際経営は大きく分けて次の二つに分けることができる．一つのタイプは，1950年代から60年代にかけて，台湾，韓国，香港，シンガポールのNIES諸国，さらに，タイ，マレーシアなどのASEANに対する投資．そして，二つ目のタイプには，1970年代以降，特に，80年代後半以降の投資がある．

前者の場合の国際経営では，進出国側の高い関税障壁や外貨政策の関係から，現地資本との合弁の形で行われ，各国の狭い国内市場が対象とされた．例えば，家電では，大量生産を実現できないため，他品種少量生産が中心であった．しかし，中には，国内市場の拡大と共に，輸出ができるような競争力をもつ企業も出現するところまで発展した．後者の場合では，NIES諸国の内，特に，台湾と韓国は，70年代にかけて高度成長をとげ，輸出競争力を備えた産業の工業化に成功した．

このようなNIES・ASEAN諸国の経済規模の拡大が進むなかで，1985年のプラザ合意以降の急激な円高により，日本の多国籍企業の両市場への進出が拡大した．すなわち，両市場の域内市場に対する生産拠点としての役割と日本を含めた先進市場に対する輸出拠点としての意味をもっていた．このことは単に現地市場志向の国際経営から，グローバル市場に対応した多国籍企業としての経営戦略の展開が不可欠であることを意味している．例えば，経営戦略の基本的条件の一つとして，グローバル市場で競争優位を維持発展させるためには，どのような製品を，どこで生産し，どの市場に供給するかという日本企業の多国籍企業化戦略時代の本格的な到来を意味していたのである．

2. グローバル経営戦略と現地化政策

日本の多国籍企業では,前述の通り一つのタイプでは合弁形態が多く,二つのタイプでは,中国を除いて,日本側の全額出資企業が多い.当然のこととして,日本企業の経営の自由度は後者の方が高く,いわゆる,多国籍企業の経営戦略の実施が可能となる.今回調査対象にした東アジアの日系企業53社の経営戦略については,次の三つのタイプに分けられる.タイプ(I)グローバル市場志向戦略,タイプ(II)現地市場プラス海外市場志向戦略,タイプ(III)現地市場志向戦略である.これをまとめたのが次の表1と表2である.

表2で明らかなように,タイプ(I)戦略の生産子会社は,100%所有(14社)と多数所有(7社)である.少数所有はない.タイプ(II)では,100%所有が1社のみで,多数と少数所有が圧倒的に多い.タイプ(III)では,100

表1　日系企業経営戦略
基本戦略の類型　　　　　　　　　　(社)

		生産会社	地域統括会社
I	グローバル市場志向戦略	21	4
II	現場市場プラス海外市場志向戦略	17	0
III	現地市場志向戦略	15	
無回答			1
合計		53	5

出所)岡本康雄編著「日系企業 in 東アジア」有斐閣 1998年　p.16

表2　現地子会社への出資比率
戦略類型と(日本側)生産子会社への出資比率　　　　(社)

		100%所有	多数所有	少数所有	計	平均輸出比率(%)
I	グローバル市場志向戦略	14	7	0	21	95.2
II	現地市場プラス海外市場志向戦略	1	9	7	17	36.5*
III	現地市場志向戦略	0	6	9	15	2.6**

*　無回答1社除いた比率.
**　無回答1社除くが,輸出比率0%の5社含む.
出所)同上書 p.16

％所有は1社もなく,少数と多数所有である.このことは日本からの出資の増大は,その基本戦略として,海外市場志向と密接に結びついていることが考えられる.すなわち,日本の多国籍企業はその基本戦略として,海外子会社を限りなく100％所有に近づけ,グローバル経営展開の自由度を確保しようとしていることを意味している.

このことは表2の輸出比率実績からもわかる.すなわち,タイプ(I)戦略企業では95.2％,タイプ(II)では36.5％,タイプ(III)はわずか2.6％である[3].

このような日本企業のグローバル経営戦略のもとで,人事政策はどのように展開されているのであろうか.特に経営の現地化策が現地の人事管理において,具体的に実現している実態を分析し,そこに存在する問題点について考察を進めることにしたい.

3. 日本企業の人的資源管理の現状

ここでは,日系企業の人的資源管理の問題について,次の三つの視点より分析する.その一つは,日本型経営の導入がどのように行われ,そして定着し,また,変容しているか.二つには,グローバリゼーションのインパクトがどのような影響をあたえているか.三つ目には,経営の現地化という問題について,上司と部下関係はどのように行われているか,という問題意識である.

まず,第1と第2の問題点に対する分析の視点として,年功と業績主義がどのように導入されているかの関係を分析し,次に,人材の登用にあたり,内部昇進か外部採用かの問題と人事評価の問題,そして,第3の問題点については,現地の人材を積極的に開発し,育成していく視点として教育訓練の側面より分析する.

一般に人的資源管理の基本的な問題の一つには,人が「ひと」を評価するとい困難な側面がある.すなわち,そこには,人が「ひと」を評価することの「限界」を内包しているだけに,それは経営の古くて新しい課題として常に新

しい観点からの経営スキルの変革が必要となる．このような日系企業の人的資源管理問題の分析を，日本の本社企業との比較を中心にして進める．まず，現在の日本企業が日本において直面している「ひと」の問題を整理する．

現在の日本企業では，価格破壊に見られるようなグローバル競争に対応したコスト削減の諸政策が進められている．例えば，一部の企業の管理職においては，年俸制等の導入ももはや珍しいことではなく，現在はそれをどのようにして定着させるかの段階に移っている．その狙いの一つには人事評価の段階で，個人別の能力差を明確にする点にある．

このような年俸制に見られるように，年ごとの個人の業績に応じて個別に報酬を決める業績主義の特徴としては，従来から行われてきた長い時間をかけて徐々に格差を付ける年功主義に付帯する「悪平等」の弊害を是正するのがポイントであると言われている．すなわち，従業員の活性化と賃金総額の抑制を同時に達成できる効果を期待できるからである．

このように業績主義は総論としては優れた考え方として映る．しかし，各論として，実際に評価を受ける個人別の段階では解決すべき問題が多く発生する．その一つは，前述の通り，評価の過程で内包している，人が「ひと」を評価することの「限界」が現実問題となるため，その人事評価の公正性と公平性をどのように実現するかという側面が残る．二つには，一般のサラリーマンはプロの野球選手とは基本的に異なり，各自の保持する経営スキルが外的労働市場において客観的評価を受け得るほど確立している人はまだ少数派に属するという点である．

そのような問題について，上司と部下関係の視点からみると，第1に部下の日ごろの努力が人事に反映されるという信頼関係が不可欠となる．すなわち，人事評価の公正性や公平性の問題である．そのためには，第2として，例えば，目標管理方式（年に何回か上司と部下が面接し，納得ずくで目標を決める）を実施し，また，実施期間の途中で，成果をチェックしそれを本人へのフィードバックすることが必要となる．つまり，上司の役割として，部下が実現できる目標（what）を決め，そして，それを実行する方法（how）について趣旨徹底

させることが重要である．

　この人事評価の公平性と公正性の問題には，さらに，二つの問題がある．一つには，全社の経営システムとして，上司の評価を部下に開示する等の情報公開の前提条件が確立される必要があり，二つには，評価内容に疑問を感じる人が，転職できるような外的労働市場が，日本ではまだ十分確立しているとはいえない側面が存在する問題である．このように日本企業の直面している諸問題を前提にして，日本企業の人事制度の現状については，包括的に次のように纏められる．

　日本企業の人事制度の現状：
　(1)ホワイトカラーの現状について：(イ)管理職については，業績を重視しながらも年功を加味している．しかし，しだいに年功要因が弱まり，業績評価比率が増大する方向にある．(ロ)非管理職では，年功要因がかなり残されているが，業積評価の割合が増大する傾向にある．

　(2)ブルーカラーの現状については，年功重視が主流であり，それに業績を加味した評価である．

　このような難しい「ひと」の問題を抱えた日本企業が，現地日系企業においてどのような人的資源管理を行っているかについて，現状を分析しその問題点を明らかにするのがわれわれの目的である．

4．年功主義か業績主義か[4]

　まず，現地日系企業の従業員に対して，人事評価において年功主義と業績主義の割合が，どのように導入されているか見てみよう．インタビュー調査の結果を，ホワイトカラーとブルーカラーに分けて五段階で纏めると，次のような結果になる．

　4－1　ホワイトカラーについて
　　　(5)　年功重視……………………………… 0%
　　＊(4)　どちらかといえば年功重視……………10%

(3)　年功と業績がほぼ同一視されている………17％
　　　(2)　どちらかといえば業績重視………………69％
　　　(1)　業績重視……………………………… 5％
　　　(9)　無回答………………………………… 2％
　4－2　ブルーカラーについて
　　　(5)　年功重視……………………………… 0％
　　＊(4)　どちらかといえば年功重視……………32％
　　　(3)　年功と業績がほぼ同一視されている………39％
　　　(2)　どちらかといえば業績重視………………28％
　　　(1)　業績重視……………………………… 2％
　　　(9)　無回答………………………………… 2％
　　＊日本企業の現状は(4)と同一状況にあるとしている．
(分析結果)
　一般に，ホワイトカラーに対する人事評価については，業績主義が主流であることが容易に推測される．今回の調査結果でも，59社中の41社，すなわち，69％が「どちらかというと業績主義である」という評価を実施している．これは「どちらかといえば年功重視」が10％，「年功と業績がほぼ同一視されている」が17％，計27％であるのと比較すると，2.5倍にも達している．この数字は，業績重視のみの評価がわずか5％，また，年功重視が0％であるのと比較すると，ホワイトカラーの人事評価の一つの特徴として見ることができる．

　これに対して，ブルーカラーでは，「年功と業績の同等評価」が39％と最も多い．また，「どちらかといえば年功を重視している」のが27％で，両者を合計すると過半数の66％にも達する．一方，どちらかといえば業績重視を導入しているのは30％である．また，年功重視の会社は存在しないのに対して，業績重視の会社が2％存在している．
(現地企業へのアンケート調査結果)
　このように日系企業のインタビュー調査結果では，日本と比較して相対的に業績重視の評価をしていることが明らかとなった．これを，現地日系企業に対

するアンケート調査結果と比較してみよう．まず，日系企業の一般従業員の「採用方式」とどのような関係にあるかをみる．そこでは，「多数の応募者の中から多段階（ペーパー・テストや面接など）で注意深く選別して採用する」が56％，「前者ほどでもないが，多数の応募者の中から慎重に選別をしている」が29％で，両者を合わせると85％となる．また，「掲示板を通じた募集や従業員の紹介を中心に採用」はゼロである．そして，「応募者が少ないので，簡単なチェックで採用する」は1社のみである．このように採用時から潜在能力に重点を置き，慎重な選別採用をしている状況がわかる．無回答12％．また，特に一般作業者の採用基準において，最も重要視する項目としては，「本人の職業経験に基づく専門業績」が21％，「本人の潜在能力（柔軟性，適応性など）」が56％である．また，「本人の学歴」に重点をおくのはわずか1社である．無回答17％．

一方，現地人マネジャーの採用基準について，最も重要視する項目としては，「本人の幅広い統率力」が63％で最も多い．次いで，「本人の専門知識・能力」が15％である．また，「本人の学歴」は2社にどどまる．無回答15％．

一般的に，海外企業のホワイトカラーの評価では，業績主義の傾向がみられるため，今回の日系企業でもほとんどが業績主義を採用していることを予測した．しかし，今回の調査結果から見ると，実際に業績主義を実施している日系企業は，わずか5％（前掲ホワイトカラー五段階評価参照）であり，69％はどちらかといえば業績重視の評価であることが分かる．これはブルーカラーでは，32％がどちらかといえば年功重視であるのと対照的で興味深い．

このように日系企業においては，ホワイトカラーの評価では，まだ，業績主義が全面的に実施されてはいない．過半数企業は，年功と業績主義の両方を加味した内容の評価を実施しており，採用の当初から厳しい潜在能力評価を行い選別採用していることが分かる．そして，このように能力のあるホワイトカラーを管理する現地人マネジャーの採用基準については，重要視する能力として，過半数の企業（63％）が，幅広い統率力や専門知識・能力を上げている．このことは，能力のある従業員を管理するためには，優れた管理者が必要であ

ることを意味している．

　一方，採用の際の条件についての現地人マネジャーの判断は，潜在的な能力を92％が認め，次いで職業上のキャリア（77％），学歴（76％）と続いている．また，ブルーカラーの評価では年功を重視している企業が多く，そして，採用時から潜在能力を重視した選別が行われる．しかも，業績主義評価のみではなく，過半数が業績主義に年功を加味している点が注目される．

5．内部昇進制度の導入の割合[5)]

　次に，ホワイトカラーの内部昇進制度の考え方がどれだけ導入されているかをみる．インタビュー調査の結果は次のように整理される．

　　　(5)　内部昇進重視……………………………………… 3％
　＊(4)　どちらかといえば内部昇進重視…………………10％
　　　(3)　内部昇進と外部採用がほぼ同等視されている………44％
　　　(2)　どちらかといえば外部採用重視…………………37％
　　　(1)　外部採用重視……………………………………… 0％
　　　(9)　無回答……………………………………………… 7％

　　＊日本企業の現状は(4)と同等な状況にあるとしている．

　上記から内部昇進の導入されている割合をみると，「内部昇進を評価している」企業が3％で，「どちらかといえば内部昇進」の10％を入れると13％となる．44％は内部昇進と外部採用をほぼ同等視している．これに対して，どちらかといえば外部採用を重視している企業は37％である．この結果から分かるように，現在では約半数の企業が内部昇進を中心にしている．この点は，前項の業績主義評価とも関連する．例えば，前項では業績主義を完全に導入しているのは少数である（ホワイトカラー5％，ブルーカラー2％）．従って，約半数は業績主義を導入しているものの，一部では年功も残しており，業績主義を加味した形で内部昇進を重視していることが分かる．この点について前項と本項とを回答の55社についてクロス分析してみると，次のように現状がより明確に浮か

(年功/業績と内部昇進/外部採用とのクロス分析):　その1

図1　ホワイトカラー

	1	2	3	4	5
年功主義 5					
4			3社(5%)	3社(5%)	
3			8社(15%)		
2		15社(27%)	20社(36%)	2社	1社
業績主義 1		1社	1社		1社

　　　　　　　　外部採用　　　　　　　　　内部昇進

出所）前掲岡本 p.82

　上の図1で明らかのように，ホワイトカラーについては「どちらかといえば業績重視で，内部昇進と外部採用を同等視 (2-3)」を行っている会社が20社 (36%) で最も多く，次いで「どちらかといえば業績重視で，どちらかといえば外部採用重視 (2-2)」が15社 (27%) である．この20社の業種別内訳は，自動車及び自動車関連が5社，電機組立・電子部品・半導体関連12社，化学3社である．一方，15社の業種別内訳は，自動車及び自動車関連が4社，電機・電子6社，化学2社，それにシンガポールの地域本社3社である．

　一方，業績主義で内部昇進 (2-5, 1-5) が韓国と中国に各1社存在し，それに，業績主義でどちらかというと内部昇進 (2-4) が台湾に2社ある．これに対してどちらかといえば年功重視で内部昇進 (4-4) は，韓国に2社と台湾に1社存在する．一般には，韓国では米国型人事政策（業績重視で外部採用重視）が採られているようにも考えられるが，今回の調査ては日本型（年功重視/内部昇進）に近い結果もみられる．この背景にはこれらの企業が韓国との合弁が

多く，現地パートナーがもともと日本型に類似の人事システムを導入しており，日本型の人事政策が受け入れやすかった事実が考えられる．

このようにホワイトカラーでは，中国や韓国の一部に地域特性が見られるものの，東アジア全体としては業種や地域を超えて，(イ)どちらかといえば年功主義で内部昇進の企業も存在するが，それは少数の3社（5%）である．これに対して，業績重視は16社（29%）である．

(年功／業績と内部昇進／外部採用とのクロス分析)：　その2

一方，ブルーカラーについては，ブルーカラー全般としの内部昇進制度の導入状況に関して調査していないので，ここではアンケート調査（「作業長の昇進」）とクロス分析してみる．アンケート調査では，次のように質問している．

問：「貴社における作業長の昇進について，当てはまるものを一つだけ選んで下さい」

a．内部昇進がほとんどで，直属上司による推薦が中心である．筆記試験は形式的な性格が強い． 5点
b．aと基本的には同じだが，筆記試験の結果がかなり実質的な意味を持つ． 4点
c．内部昇進が原則だが，勤続年数や上司の推薦よりも社内資格制度や客観的業績評価等の結果が大きく影響する． 3点
d．内部昇進する者もいるが，作業長を外部からスカウトする場合もある． 2点
e．作業長はほとんど外部から採用する． 1点

このような調査の回答44社の結果と年功業績とをクロスしたのが，図2である．この図で明らかのように年功重視で内部昇進重視の傾向がより明らかとなっている．すなわち，「どちらかといえば年功重視で」「内部昇進と外部採用を同等視（4-3）」が6社（14%），「どちらかといえば年功重視でどちらかといえば内部昇進重視（4-4）」が2社5%，「どちらかといえば年功重視で内部昇進重視（4-5）」が6社（14%）となる．また，「どちらかといえば年功と内部昇進が同等視（4-3）」が6社（14%）となる．さらに，「年功と内部昇進が同等視

(3-3)」が9社（20%），「年功業績同等視で，どちらかといえば内部昇進（3-5)」が3社（6%）である．これらの合計は31社（70%）の過半数に達する．

次の図2で明らかのように，ブルーカラーの要となる作業長についてみると，年功重視で内部昇進重視の傾向がより明らかとなっている．例えば，前述の図1のホワイトカラーと比較すると，ホワイトカラーでは業績重視で外部採用という傾向（2-2）も一部には見られるが，それはブルーカラーでは殆ど見られず，むしろ，年功と内部昇進の企業が8社（29%）もある．ここにホワイトカラーとブルーカラーの人事政策の違いが浮き彫りとなる．

図2　ブルーカラー

年功主義 5					
4		1社	6社(14%)	2社(5%)	6社(4%)
3			9社(20%)	3社(6%)	6社(14%)
2			7社(16%)	1社	3社(7%)
業績主義 1					
	1	2	3	4	5
	外部採用				内部昇進

出所）前掲岡本 p.83

6．人事評価に際し特に配慮している点

これまで分析したような人事政策の基本的な課題の一つに人事評価の問題がある．

人事評価に際し特に配慮している点について調査に結果，33社から回答が得

られ，その特徴について次のように纏められる．

(1) 公平性と公正性．特に，民族間の公平性．グループ査定．
(2) 査定基準を客観化し，日本とは全く異なる項目にしている．
(3) 日本の基準をそのまま入れていたが，現在は変更を考えている．評価基準を明確にしようと努力している．
(4) 査定する側に年に一度教育を実施している．査定結果が正規分布になるように努力している．
(5) 人事考課表作成のために外部コンサルタント会社を利用している．
(6) ホワイトカラーの査定では，できるだけ定量的な評価を行い，目標に応じた成果を強く求める．結果重視．基本的には技術重視．
(7) 査定結果を本人に公開している．社内に残したい人には，思い切って高い点を付けさせている．給与格差を大きくし，インセンティブを高めるようにしている．事業部により評価項目が異なる．
(8) 査定者の個人的な好みが優先される．
(9) 能力，業績，経験年数を総合的に評価．
(10) 能力，意欲，態度によって評価している．
(11) 年功を無視しない．細かい点で微妙な違いがある．
(12) 給与は高め，肩書きは低め．
(13) ジョブホッピングを引き留めるような体系整備が必要．
(14) ブルーカラーには年功がない．
(15) とくになし．

(分析結果)

上記意見を回答した企業は，33社 (67%) である．残りの16社 (33%) は無回答である．この回答の内，(1)から(4)項目までは，査定基準を客観的な評価内容にするよう努力している側面がみられる．特に注目に値するのは，「人事考課の結果を本人に公開している」という企業が，1社しか存在していない．(5)項目以降では，客観的制度を完成するために，外部のコンサルティング会社等を利用している様子がみられる．ブルーカラーには，年功制を導入していない

企業もある．

7．上司と部下関係が経営にあたえる影響

　これまで日系企業の人事政策についてマクロの視点から分析してきた．ここでは，同じ人事について上司と部下関係というミクロの視点から分析する．

　筆者の最近の研究によれば[6]，日本企業のホワイトカラー（n =535）についてアンケート調査を実施し，その統計解析（因子分析）の結果では，上司と部下関係で上司のタイプとして，四つのタイプに分けられる．すなわち，(a)問題解決型タイプ，(b)温情型タイプ，(c)厳格型タイプ，(d)ギャップ型タイプ[7]の上司である．この「四タイプ上司の相違により，組織運営に異なる影響をあたえる」という仮説により，その統計解析（重回帰分析）の結果，本稿に関連する内容は次の通りである．

　(イ)組織との関係をみると，問題解決型，温情型，厳格型という三つの上司タイプのもとでは，組織に対する高いコミットメント（.151* *p<0.05）がもたらされるのに対して，ギャップ型タイプの上司は組織発展の阻害要因（-.087*）となる．

　(ロ)職場の動機付け関係をみると，問題解決型タイプと厳格型タイプの上司の両者は，仲間が協力し合う職場に強い影響力をあたえるのに対して（.272** **p<0.01），反対にギャップ型タイプの上司は阻害要因となる（-.272**）マイナスの効果をあたえる．

　(ハ)職務満足度関係をみると，問題解決型タイプ上司のみがプロとしてのキャリアと給料と地位に満足する方向に，また，厳格型上司タイプのみが休暇と家族に満足する方向に影響をあたえている．また，問題解決型，厳格型タイプが職場の仲間と上司に満足する方向に影響をあたえる．

　(ニ)組織全体との関係をみると，問題解決型，温情型，厳格型タイプの上司が信頼関係のある組織と人事関係に影響をあたえている（.397**）．また，この三つのタイプの上司は情報共有化にも強い影響をあたえている（.193**）．そ

して，問題解決と厳格型タイプの上司が将来に関する会社の明確なビジョンを徹底させるのにプラスの影響をあたえている（.166**）．

このような日本企業の上司と部下関係の研究を踏まえて，今回の研究対象である現地日系企業の調査結果をみてみよう．

1）現地企業へのアンケート調査[8]

まず，現地企業へのアンケート調査結果により，「長期雇用」についてみると，「レイオフは基本的に行わない．会社の都合で解雇した経験はなく，長期勤務を誘導する奨励策もとられている．ただし，規則違反者の解雇は例外である」という回答が，41社中29社で71％である．また，「長期勤続を誘導するための何らかの処置がとられている」が15％であり，両者を合計すると86％と過半数を占める．一方，「レイ・オフは可能な限り避けたいが，やむを得ず実施した経験がある．長期勤続を誘導するための施策は明確ではない」と「レイ・オフを行った経験がかなりある．しかし，できれば避けたいと考えている．長期勤続を誘導するための施策はない」が各1社ずつあるが前2者と比較しても極めて少数である．無回答10％．

一方，現地企業に対するアンケート調査結果で，人材育成と関連した賃金体系については，「人（ひと）対応型の賃金システム：年功をベースとした賃金水準に人事考課を反映させて決定する．ただし，効果内容は非公開を原則とする」が35％．「前者と大体同じだが，効果内容を本人に知らせている」が10％．「穏やかな職務区分に対応した賃金水準を基礎にして，人事考課も若干反映させている」が18％．「前者と大体同じだが，人事考課は反映しない」が10％．無回答27％となっている．

2）現地人マネジャーへのアンケート調査

一方，このような人事問題について，現地人マネジャーへに対してアンケート調査をした結果をみてみよう．まず，現地人マネジャー273人に対して，質問A「あなたの企業では，給与水準や昇進を決めるにあたってどのような条件

が重要視されていると思いますか」と彼らの判断について直接質問した．一方，現地の従業員の希望について，質問B「給与や昇進を決めるにあたり，現地の従業員は次の条件をどの程度重視してほしいと思っているのでしょうか．ご自身の観察の範囲内でお答え下さい」と現地人マネジャーがどのように判断しているかについて質問した．

彼らが判断する条件は質問A／B共に，業績重視，経験，人格，人間関係，勤続年数，学歴の6項目である．その結果は次の通りである（表3，数値は回答の平均値）．

表3　給与と昇給に関する見解の違い

	管理者の現状判断(a)	一般従業員の希望(b)	差(a−b)
人間関係	3.73	3.81	−.08
勤続年数	3.51	3.61	−.10
人　格	3.73	4.05	−.32
業　績	4.18	4.67	−.49
経　験	3.72	4.17	−.45
学　歴	3.44	3.67	−.23

この結果で明らかなように，人間関係，勤続年数の2項目では，質問A／Bの間にあまり差は見られず，人格，業績，経験，学歴の順で4項目に於いて，会社が現在実施していると判断される内容と，従業員が希望していると判断される内容との間に差が存在することが判明した．すなわち，勤続年数（差.10）と人間関係（差.08）の2項目では差は小さい．しかし，人格（差.32），業績（差.49），経験（差.45），学歴（差.27）の4項目では，.20以上の差が見られる（これら4項目の間には，.01水準程度の優位性が認められた）．

ここで明らかになった経営問題は，東アジア地域の市場拡大の波の中で，各社の業績が順調に推移しているため人事予算も確保できているという幸運な要因を背景にして，現在では潜在化している．しかし，将来今後右上がりの市場拡大が困難となり，人事予算も限度枠が設けられる状況下においては，それが顕在化する可能性が予測される．

また，このことは，次の人事評価の項目で特に配慮している点と関連して考えると興味深い．すなわち，外部採用を重視する場合，客観的な人事考課制度を確立することが必要となり，それが十分完成された企業はまだ少ないことから見ても，内部昇進により長期的に能力を評価しようとしている考え方がみられる点である．

3）離職対策と現地人マネジャーの評価

　離職対策について現地企業に対するアンケート調査結果では，離職対策として特別な政策を採っているかという質問に対する回答としては，「将来の可能性を示すなど将来のビジョンを与える」が34％で最も多い．次いで「給与面で配慮を行う」が27％．「できるだけ多くの人に技術指導を行い転職者がでても困らないようにしている」が8％．「コンピューター化や機械化などを通じてマニュアル化を進展する」が5％，「その他」2％．無回答22％．
(現地人マネジャーへのアンケート調査結果)

　このような企業の人事政策に対して，現地人マネジャーは次のように評価している．すなわち，人事政策全体について見ると，上記結果で明らかなように，雇用の安定について80％が満足していることは注目に値する．昇進の可能性では54％という半数以上が，給与の額では37％，また，給与の上がり方では36％と3割以上が満足している．しかし，不満足の人も，昇進の可能性では15％，給与の額では21％，給与の上がり方では28％と3割近い人達が不満足である．一方，与えられている権限では46％と満足している人が半数を割っている．そして，22％が不満足である．また，日本人上司からの信頼では，59％と過半数の人が満足している．また，14％が不満足である．

　一般論としてみれば，このような人事を中心にした日系企業の経営政策は現地の上司と部下関係にプラスの影響をあたえていることが，一つの仮説としてあげることができる．その結果として，半数以上の現地人が満足している事実にあらわれていることが考えられる．しかし，また，一方では3割近い人が不満足である項目もあり，ここに日系企業がこれからの人事政策を発展させる一

つの問題点もみられる．

8．日系企業の経営管理スキル移転問題の今後の課題

　今回分析した東アジアの日系企業の人事政策の全般的状況を基礎にして，日系企業の人事政策の将来課題をまとめてみたい．

　日本型経営の側面について：第１に日本型経営の導入については，今回の調査では，日系企業の現地経営は，業種や地域を越えて一つの傾向が見られる．すなわち，ホワイトカラーでは，約30％の企業が業績主義で外部採用を重視している．その他の58％の企業では，年功と業績，そして，内部採用と外部採用を併用している傾向がみられる．しかし，一部地域（例：韓国）では年功主義で内部採用を重視している企業も５％あることも今回の調査で明らかにされて点である．これに対して，ブルーカラーでは，業績主義で外部採用を重視の企業はゼロであり，むしろ，年功と内部昇進の企業が約３割にも達している．そして，内部昇進でそれに年功を加味している企業が過半数である．

　このように日系企業においては，年功と内部昇進という日本型経営の一つの側面が，ホワイトカラーとブルーカラーの双方，とくに，ブルーカラーにおいて色濃くみられる．すなわち，日系企業では，採用時から潜在能力のある人材を採用し，それを長期的に育成するという視点から，ホワイトカラーとブルーカラーでは別々の人的資源管理策を有していることが理解される．例えば，今回の調査対象となった日系企業が，自動車や家電といったどちらかといえば加工組立系企業などが多いため，高品質の製品生産を維持発展させるためには，技術を含めた経営スキルの移転を長期的な視点から実施した方が有効であるこという考え方が背後にあることを示している．しかし，一方では半導体のように厳しいグローバルな競争に直面している事業では，優れたホワイトカラーは外部採用により当面の人材活用策を行っている場合も存在する．

　このように日系企業の長期的雇用を重視するという視点が人事政策に色濃く反映されており，しかも，その政策が現地従業員により高い評価を得ている．

例えば，現地管理者の満足度調査の中で，「雇用の安定」が80％という最も高い満足度となって現れている事実からも推察できる．

グローバリゼーションの側面：第2に，グローバリゼーションのインパクトについては，日系企業では，長期的な人的資源管理策をグローバル経営の一つの視点としているところに特徴がみられる．

このような基本的人的資源管理策のもとにおいて，日系企業の経営内容に関する現地人マネジャーの判断と部下の希望に関する判断の間には，人格，業績，経験等を人事考課に反映する度合いについて乖離が見られることも事実である．すなわち，現地人マネジャーの職務満足度から見ると，雇用安定や日本人上司の信頼を得て過半数が満足し，また，昇進の可能性についても半数が日本人上司に満足している．しかし，給与，昇給率，権限移譲については相対的に不満足な面も見られる．このような給与や昇給率を含む雇用条件についての不満等については，日系企業の国際比較研究調査でも分析されている（佐久間1991，1993，1994，丹野1994）．

上司と部下関係の側面：第3に，このような乖離が生じる背景の一つとして，上司と部下関係というミクロ視点からの判断も重要となる．すなわち，上司のタイプの違いが現地人部下に異なる影響を与える側面である．その点は現在まだ研究の半ばであり，仮説を十分検証できる段階にない．しかし，これまでのデータ解析によれば，問題解決型，温情型，厳格型タイプ上司は組織運営にプラスの影響をあたえるのに対して，部下との間にギャップが存在するギャップ型タイプの上司は組織の阻害要因となる点を指摘することができる[9]．例えば，現地の日本人管理者と現地人管理者との間のコミュニケーション・ギャップ，すなわち，「言葉上のギャップ」や「考え方の上でのギャップ」が存在する事実である．

当然のことながら，このような現地経営におけるコミュニケーションの問題は，グローバル経営を発展させる基礎的条件の一つである．従って，現地に派遣される日本人幹部には，派遣前教育において言葉の教育と共に現地人との意志疎通を潤滑に行うためのコミュニケーション・スキルや，また，現地で発生

するコンフリクト（対立関係）を円滑処理するためのコンフリクト・マネジメントについて，十分に教育を実施することが必要であり，この点がこれからのグローバリゼーションの一つの問題点として改善が必要とされている側面である．

経営の現地化の側面：第4に，経営の現地化の視点からみても，上述の点は，「ひと」の現地化の一環としても重要となる．例えば，前述の半導体企業のように，今後ますます欧米企業との競争が激化する業種もある状況下においては，欧米企業との競争に打ち勝つために，「ひと」の現地化策の一環として，業績主義で外部採用といった欧米型の人事政策をも積極的に取り入れた新しいグローバル型の人事システムが必要とされる．

現実的に見ると，現状でも日本企業の人事政策の変革を促す要因が拡大する傾向がみられる．例えば，半導体関係のある企業では，すでに「査定結果を本人に公開している．社内に残したい人には，思い切って高い点を付けさせている．給与格差を大きくし，インセンテイブを高めるようにしている．事業部により評価項目が異なる」というように，この企業の日本本社より，はるかに欧米型寄りの評価制度を導入している子会社もでてきている．

今後の問題として全般的に言えることは，業種や地域を超えて日系企業は，とくにホワイトカラーを中心とした優秀な人材を惹きつけるための新しい人事政策，すなわち，本人の組織への貢献度に応じてポストや報酬などが決められ，それにより職務達成への意欲が発揮されるような機能と，さらに人材開発という二つの基本的な機能を統合した人事政策を開発し，それをどのように展開するかが，これからの現地化政策の一つの重要な課題である．

日本の多国籍企業の経営スキル移転については，今後の課題のとして，進出国の政治，経済，社会・文化や宗教との接点の問題があり，それについて二つの側面が考えられる．その一つはマクロからの視点であり，それは今回の調査対象の東アジア諸国，ASEAN，中南米，中国，インドなどのエマージング・マーケット（新興市場）に潜在するリスクである．すなわち，それらの市場では政治システムが経済や社会の急激な変化に対応できない場合が生じるため，

例えば，現在のインドネシア事例が示すように，政治体制の混乱が経済の発展の阻害要因となる場合である．したがって，日本の多国籍企業は新興市場の混乱を事前に予測し，それに対応できる能力を備えることが必要となる点である．

　一方，ミクロからの側面として，リスクへの対応策があり，具体的には現地人マネジャーの活用，とくに，彼らを中心にした現地における情報収集能力の向上である．現地人マネジャーを効率的に活用する問題は，言い換えれば本稿のテーマである経営スキルの移転問題と密接に関連する．すなわち，日系企業の国際経営の基本的条件の一つとして，現地における人事管理の優劣が現地人の活用問題を左右し，結果として日本の多国籍経営の成果を決定づける点が重要である．

　これまでの分析で明らかなように，人事管理の海外移転の問題は，日本の多国籍企業が国内及び海外の市場環境の変化に対応したグローバル経営を発展させる際の経営戦略の基本的課題として，絶えず経営スキルを変革させていくことが必要であることを示している．

1) 経営資源については，拙著『現地経営の変革』日本経済新聞，1996年，を参照．
2) この点については拙著『国際経営と日本型労使関係』有斐閣，1987年，を参照．
3) 岡本康雄編著『日系企業 in 東アジア』（有斐閣，1998年）の第1章を参考にしている．
4) 本項は前掲岡本康雄編著の第3章を参考にしている．
5) 本項は前掲岡本康雄編著の第3章を参考にしている．
6) 1999年中央大学総合政策文化研究所「多国籍企業の経営戦略研究プロジェクト」の一つ「上司と部下関係の国際比較研究」．
7) 「ギャップ型タイプ」はコミュニケーションが下手なために，部下から「上司との間には埋めがたいギャップがある」と判断されている上司である．
8) 本項は前掲岡本康雄編著の第3章を参考にしている．
9) 「上司と部下関係の国際比較」グローバル経営スキル研究の理論的枠組みについて，2000年1月26日国際ビジネス研究学会関東部会において発表している．

参考文献

岡本康雄編著『日系企業 in 東アジア』有斐閣，1998年．

佐久間賢「グローバル経営の基礎的条件：日仏家電エレクトロニックスメーカーの職務満足度国際比較」『組織科学』Vol.25，No.2，1991年．

佐久間賢「ホワイトカラーのモチベーション」，『組織科学』Vol.27，No.3，1994年．

佐久間賢『現地経営の変革』日本経済新聞社，1993年．

丹野勲『国際比較経営論』同文舘，1994年．

第10章 東アジア日系企業における管理技術移転と受容
——中国中小日系企業の従業員教育と労働者意識——

要　旨

　経済のグローバル化に対応する我が国の製造業は，プラザ合意後急速に生産拠点を海外に展開した．特に，1990年代前半期，アジア地域を中心に工場進出を果たした日系企業は，中小規模部品メーカーが中核を占め，やがて国内の取引関係を脱してアジア域内での分業体制を創り上げるにいたっている．

　これら中小規模日系企業において，生産技術とともにその管理技術がいかなる移転のレベルにあるのか，また，移転の可能性と現地従業員の受容の関係はいかなるものなのかを，現地日系企業におけるヒアリング及びアンケート調査を通して分析したものである．

　調査対象となった企業においては，生産技術移転についてはおおむね順調に経緯している．特に，1990年代後半において見られるハイテク関連技術の移転は，その企業進出の基盤となっている．一方，管理技術においては多くの企業において，「日本的経営」の全面的展開の困難性を自覚しており，部分的展開に止まっている．というよりも，現地に対応する管理活動を模索している，といったほうが実態を表現しているであろう．

　今後ますますグローバル化する企業展開において，その経営管理活動は地域文化との接点を求めて，よりリージョナルなものになることが求められている．

1．日系企業のグローバル化と現地法人の現状

　製造業をはじめとするわが国企業の海外展開は，プラザ合意以降の急激な円高の進行を背景に大幅に増加し，バブル崩壊後の景気停滞等により一時減少に転じたものの近年再び増加傾向にある．とはいえ，わが国経済は長期間低迷を

続ける厳しい経営環境のもとにあり，日米・日欧間の経済摩擦，アジアNIEsの追い上げに対応する経営戦略として，多くの企業でリストラクチャリングと海外展開が指向されてきた．

特に，国際経済の厳しい環境下で，各企業は旧来の事業内容の見直しと新分野への開拓を進めると共に，海外への事業展開を図るための対外直接投資を続けている．生産企業の海外展開は大規模セットメーカーだけではなく，初期においてはセットメーカーの要請を受ける形であった中小規模部品メーカーも，今日においてはより積極的市場戦略のもとに海外展開を目指すようになってきた．その中で，特にアジア向け投資が拡大し，日本企業の生産拠点がアジアへ大きくシフトした[1]．アジアNIEsから始まった生産工場の海外進出も，ASEANからその周辺国へと展開をみせ，今や東アジアは域内分業構造を形成するところまで一体化を深めてきた．日本とアジアNIEsが牽引し，ASEANとその周辺諸国が域内分業生産圏を構成する構造は，アジア経済危機の中にあっても変質はしていない．自動車や家電セットメーカーの世界戦略に対応する形で進出した中小部品メーカーの積極的海外展開や，進出先企業への出資比率の拡大等提携関係の強化の動きは，日系企業の経営の国際化がほぼ定着したことを示し，現地関連会社，ローカル企業をも巻き込んだ国際分業体制がアジア地域に構築されつつあるという指摘は[2]，後に見るケース・スタディとともに注目されるところである．

ところで，中国は1978年の「改革・開放」政策への転換以降，概ね高い経済成長を達成してきた．直接投資についてだけ見ても，「改革・開放」を受けた1979年合弁企業法が制定され海外企業の受入れが始まると，1980年代低迷していた受入れ額も1991年に世界的な対中国投資ブームが始まり，1992年には契約ベースで前年比385％増と急拡大し，1993年には契約ベースで約1,114億USドルと過去最高の受入れ額を記録した．しかし，その後輸出にかかる増値税還付率を従来の14％から9％に引き下げたり，輸入設備にかかる免税優遇措置の撤廃等外資関連政策の変更等が影響し，契約ベースでは1996年以降減少し1997年には対前年比約30％減と大きく減少した．また，最近のアジアにおける通貨危

機の影響で，韓国，ASEAN 諸国，香港からの投資が今後鈍化する懸念がある．「改革・開放」路線により直接投資を受入れ輸出を拡大するなど，経済システムの世界経済化が急激に進んだ中国経済であるが，こんにちのアジア経済危機の中でいくつかの問題が顕在化し，今後の大きな課題となっている．このことについて「通商白書」[3]は，大きく①地域間格差問題，②国有企業問題の二つを指摘している．これらの問題を放置すれば，中国の今後の成長を妨げる要因となり，中国国内に社会不安と混乱が生じる可能性もある．

　これらの問題は決して中国だけの国内問題ではない．すでに中国とわが国とは経済においても深く関わっている．「改革・開放」の1978年から1997年までの19年間のわが国の対中国直接投資をみると，契約ベースで約27万件，実行ベースで1,770億 US ドルに上る投資総額となっている．投資分野は製造業50%，ホテル・不動産業30%，エネルギー産業10%，交通産業1.8%，農業1.5%である．製造業においては当初労働集約型中小企業が主力であったが，その後奨励産業である基盤産業，高度加工業，ハイテク及び関連産業へとシフトしてきている．1995年産業政策に添った新たな外資導入のガイドラインとして，「外商投資方向指導暫定規定」及び「外商投資産業指導目録」が交付され，業種選別的外資政策に対応する経営政策が求められるようになった．結果，中西部地区への傾斜，高新技術産業開発区における三資企業の増加，ハイテク産業への日系企業の参入期待が強まったが，1998年に入り，中国のデフレ傾向の強まりとともに日系企業にも影響が深刻となりつつある．

　欧米の大型投資を主力とする集中的企業進出と異なり，わが国のそれは中小規模投資・地域分散型企業進出であった[4]．そのため，地域全体が経済成長を遂げている場合は，相乗効果を生み出し有利に機能していくが，現下のアジア経済危機のもとでは非常に苦しい企業運営を余儀なくされている．中国に進出している日系企業においても，アジアに展開する社内グループ間の企業間価格競争に巻き込まれ，収益性を落としている．マレーシアのリンギットが切り下げられたことにより，価格競争力を増したマレーシア工場の生産量が増やされ，そのあおりで生産量を減らされた中国工場は，結局製品価格を切り下げざ

るを得なかった．このようなケースは，東南アジア諸国に展開する日系企業と中国の日系企業との間で，ますます激しさを増してきている．

このような企業環境のもとで，海外進出先から撤退する企業も増えている．通産省の調査[5]によると，1993年度に撤退した現地法人は237社，1994年度233社，1995年度106社であった．その内の中小企業に関して，「海外拠点から撤退した理由」についての調査[6]によると，海外進出先からの撤退経験を持つ企業は16％，現在撤退を検討している企業が3％であった．海外拠点からの撤退理由としては「人件費上昇による採算悪化」と「進出先での需要不足」が最も多く共に23％，「国際戦略上必要なくなった」18％，「現地パートナーとの対立」17％，「進出国の制度等の変化」12％，「現地パートナーが自立可能となった」10％，「当初の経営目標を達成」9％，「第三国系企業との競争激化」8％，「原材料費上昇による採算悪化」7％，「現地企業との競争激化」7％，「日系企業との競争激化」3％，「その他」16％となっている．

現地法人の収益は製造業全体で見ると1991年以降増加が続いており，1994年度には売上高経常利益率で2.9％と国内の2.4％を初めて上回るまでに上昇してきているが，中小製造業においても1995年度に3.64％と国内を0.5％上回る結果となった．しかしながら，海外拠点の売上高経常利益率で0％未満の比率と10％以上の比率が国内拠点よりも大きくなっていること，費用項目においても，人件費の優位性がうかがわれるが，一般管理販売費が国内に比べ小さいということを考慮したとしても，売上高原材料費比率と売上高減価償却比率については，国内拠点より高くなっていること等，海外拠点における事業活動には高いリスクが伴うことがうかがえる．このことは，海外事業活動の評価において，「うまくいっていない」，「失敗した」とする回答が2割存在し，その理由として，「事前調査・準備が不十分」とするものが最大の26％を占めていることからもうかがわれる[7]．

先に見たように，日系企業の国際分業体制，とりわけ中小部品製造メーカーのそれは，必ずしも企業系列内ネットワークが十全に機能しているとはいい難い．後に見るように，今日のアジア経済危機の中で企業グループ内市場競争が

激しくなり，本社統制・調整を潜り抜けた取引が経営戦略を混乱させている．完成品セットメーカーに比して部品製造メーカーの方が，迂回取引の複雑さのゆえに価格維持政策の困難性を背負っているといえる．

東アジア日系企業，とりわけ部品製造メーカーにおける経営管理技術の現地化の努力の一方で，セールス・エンジニアリングの困難性を抱えている現状を，以下の事例の中から見ることにする．

2．上海市における日系電子部品メーカーの経営管理技術移転の現状——上海Ｋ電子元件公司のケース

1997年8月と1998年12月の2回にわたり延12日間，復旦大学日本研究所のスタッフの協力を得，上海市の日系企業6社についてヒアリング調査を実施した．以下は，その内の1社（上海Ｋ電子元件公司）についての経営管理を含めた技術移転の実態である．

上海Ｋ社は長野県伊那市に本社工場を持ち，海外工場4，海外販売会社4を有するＫ社グループの中国上海市における2工場の一つである．Ｋ社は1940年設立，資本金59.6億円，従業員291名，グループ売上高500億円の金属皮膜をベースとした高精度，高信頼度抵抗器，面実装コイルその他を製造する電気機械メーカーである．その経営管理は，「必要なもの」を「必要な時」に「必要なだけ」顧客に提供することを目標にした，ＫＰＳを中核としたワークショップ体制で高く評価されている．

上海Ｋ社は，資本金・投資総額1,050万US$，登録資本600万US$，出資比率日本側2社55％，15％の70％，中国側2社22.5％，7.5％の30％，合弁期限20年，董事長・中国側，副董事長日本側，総経理日本側，副総経理中国側，売上高12,502万元（1997年度）の抵抗器生産工場である．企業設立1992年，操業1993年開始の老企業であり，この認定のため2000年末まで増値税（いわゆる輸出税）が免除されている．

合弁のメリットは，文化の違う中国で情報を早くキャッチできることにあり，中国側の情報は，独資よりも合弁の方がはるかに入りやすい．

従業員構成は日本人3名・中国人629名（内男子140名，女子490名），その内訳は技術職20名，総務50名，営業35名，製造525名である．賃金は日給・月給制を取っており，基本給＋出来高＋多能工手当が支給総額となる．上海の労働人口は7～800万であるが，この内の10～12％が失業といわれている．国営企業は内省人を中心に雇用しているが，外資系企業は外省人を多く雇用しており，その数は100万人といわれている．このような労働市場環境のなかで，上海K社ではオペレーターで月平均1,400元の賃金を保障しているが，外省人では700～800元であり現在約170名の外省人従業員を雇用している．正社員には上海市の規定で住宅積立，養老積立等の法定積立等の企業負担分があり，会社が支出する総負担額は手取り賃金の1.68倍，2,300～400元となりかなりの高労務費である．少しでも労務費を抑えるため170名の労務工（臨時工）を雇用しているが，これは先にあげた外省人従業員が該当する．人材派遣会社を通して雇用しているが，その出身地は江蘇省，安徽省と上海周辺の内陸部出身者である．仕事ぶりは正社員にひけを取らず，かえって労務工の方がよくやると会社側は評価している．労務工の平均年齢は20歳未満であり，長い者でも3年ほどで郷里に帰っていく者が多い．正社員の多くは上海K社設立時に，合弁相手の国営企業から引き受けた従業員であり，平均年齢も30代後半と比較的高い．従業員の再契約は中国人の人事課主任に任せており，現在正社員の76名が再契約対象者である．経営サイドからは再雇用の見直しを要請しているが，人間関係もありなかなか難しいようである．労務工は月5～7名の移動があるが，一方正社員の定着率は高く，操業以来5年間で5名が退職したのみである．その内の3名は定年で，1人は自己退職，1人は解職であった．

　工場のある上海市漕河径新興技術開発区は，約200社のソフト開発企業が集積しているがいずれも小規模企業であり，その内の30社が日系企業である．この工業団地は，上海で2番目に開発されたハイテク工業団地であり，インフラは整っているが労務費は割高で，上海での生産活動はコスト面からみて限界に来ている．このため上海K社では，より内陸部の無錫市の宜興に合弁の郷鎮企業を2年前から稼動させ，この工場の拡充を準備している．その場合，現工場

の本社機能は維持する予定であり，特に営業能力を高めるために1998年現地新規大卒者を6名採用した．これは在中国欧米企業に対応する，英語能力も視野に入れた人事政策である．

生産品及び生産能力は，セメント封入型固定抵抗器600万個／月，炭素皮膜固定抵抗器1.7億個／月，半固定型可変抵抗器1,000万個／月（外注），金属皮膜固定抵抗器1,000万個／月，酸化金属皮膜固定抵抗器600万個／月，角型チップ固定抵抗器1.8億個／月（世界で最多使用製品であり，前工程は長野県の駒ケ根工場で行い，最終工程のテーピングのみを行っている），MELF型金属皮膜固定抵抗器500万個／月（ヨーロッパ企業で主に使用されている）である．

出荷先は，輸出が75％（日本，香港，アメリカ，シンガポール），中国内が25％（上海地域，華北地域，華南地域）である．1998年度の生産額は2割減を見込んでいるが，これはアジアの経済危機の影響が大きく，生産量では増加しているが売上高では減少している．コスト削減の圧力は深刻であり，特に日本国内向けのものに大きく影響を受けている．

中国内取引先は日系企業が圧倒的であり，日系セットメーカーのほとんどと取引関係をもっている．欧米系企業とは携帯電話を中心に，最近外資系セットメーカーと取引関係を拡大している．ローカル企業とは資金回収の困難性のため，市場の大きさを理解しながらも，また，価格的にも対応が取れることも分かっていながら，参入できない悩みのなかにある．K社の戦略としては，日本国内の顧客関係のなかでの要望と，中国政府の要請による外資系企業の国内部品調達率の達成のための外資系セットメーカーからの受注に答えることが，当面の市場戦略となっている．

上海K社は販社としてK貿易公司を傘下にもっているが，K社全体の顧客調整は本社海外営業部が行っている．とはいえ，上海以南の中国市場において，香港，台湾のK社グループと競合関係にあり，この3社の見積もりのなかからユーザーに判断してもらうことを原則に，他2社からの見返り提供による調整を行っている．ただ，欧米系企業がマレーシア，シンガポールから中国へ工場移転を始めており，アメリカ企業の中国進出と相まって，グループ内でのそれ

までの納入工場にコミッションを支払うといった支援が行われている．

　市場調整ではグループ内バッティングがまったくなく，本社海外営業部のコントロールがゆきとどいているかといえば，必ずしもそうとはいえない状況にある．市場の変化，流動が激しい状況においては，海外営業部の情報管理からもれてくるケースが増えつつある．特にある国の企業が購入して他の国の工場に回すようなケースにおいては，なかなか情報がキャッチできない状況がある．

　今回のアジア通貨危機に際して日系企業グループ内で，マレーシア工場の価格競争力のアップに押されて，マレーシア工場での増産と中国工場の生産縮小の政策が取られたケースが多発した．このため，中国工場の価格競争力を維持するための部品調達価格の切り下げ圧力が高まり，炭素皮膜固定抵抗器は半額まで納入コストを下げさせられたケースも生じた．現在上海K社の価格帯設定は，中国における日系企業との競争ではなく，マレーシアがコンペティターとなった．売上2割減のなかで利益はほとんど出ない状況であり，今年の経営目標をシェアを減らさないというところに置かざるを得なかった．このような激しい変動は，中国市場を対象に大型投資を展開する欧米企業に対して，輸出を目的に中国進出をしている日系企業により圧力がかかる結果を生み出しているといえるだろう．

　上海K社もこのコスト圧力を乗り切るため，外注を1997年から開始した．1社は個人経営の企業で，従業員4～50名のすべてが労務工であり，製品はすべて上海K社に納入している．もう1社は学校のなかで行われている生産活動であり，生産量は少ない．

　上海K社の生産管理は，K社の生産管理を一つのケース，「お手本」としてはいるが，現地に合った管理を模索している．K社が展開しているKPS改善活動は，導入する考えもなく，また，全く出来ていない．「ここなりのやり方」を求めるのは，日本人と中国人の考え方の違いを理解することの必要性からであり，「K社におけるトップ・ダウン的やり方には必ず反抗が生じる．中国人のプライドの高さ，自分のペースを大事にする国民性を尊重しながら，トッ

プ・ダウンで引っ張るのではなく，従業員の考えを尊重し活かすことが大切になる．」との総経理（日本人）の信念が堅持されている．

改善活動は工程分析，作業研究による改善活動ではなく，「従業員自らが考えつく改善活動」に的が絞られており，アドバイスを通してのトップのリーダーシップが図られている．現場での改善活動のテーマ設定と改善の糸口を示し，従業員自らが現場で具体的に取り組める工夫を引き出す．そのためには，総経理自らが現場を理解していなければならない．総経理がQC担当者と直接現場で改善に取り組む時間を，各工程週1日3時間取っており，指示ではなく「気づかせる現場改善」がテーマである．中国人従業員は，具体的に指導できる人に対しては，学ぼうとする姿勢を見せてくれるようだ．また，「改善」への取組のインセンティブは，総経理の自腹を切る報奨金である．職場での改善取り組みが，職場の雰囲気を積極的なものに変えてきている．1997年から「質量方針　一个一个産品由我保証」の標語のもとに，一人一人が品質管理に取り組む姿勢が定着し始めている．

品質管理に関してはXバーは上がってきているが，バラツキが大きくロット検査はできない状態であり，箱単位検査を行っている．1人当たりの生産性はK社の1／5，同一機械にすれば1／2程度であり，一般ワーカーの力の差はさほどではないが，管理者の全体的管理の能力差が大きい．ISO9002を1997年10月認証取得したが，設備管理は修理屋さん的レベルから抜け切っていない．そういう意味からもK社とは違うシステムが必要であり，ワークショップ制の導入にはまだまだ間がある．現場改善が少し進んできたとはいえ，従業員の資質は国営の性格からやっと抜けたかなという段階である．

人事管理に関してはK社のシステムに近い方法が取られており，査定は1998年1月賞与から実施されており，改善活動，能力，積極性など6項目について，職能別に19ランク5段階評価（Cベース），労務工はABC評価を直属上司，管理者の2段階で決定する．課長以上は，総経理が決済する．また，これには少し問題もありそうだが，製造課長が決定する製造4職場に割り当てられる月ボーナスがある．生産量目標，多能工をはたした従業員に5元から35元ま

での手当として支給される．評価結果は公表されない，不満についてはK社と同じく部下に説明することを指示してあるが実際にはなされていない．結果として，不満は通訳を介して直接総経理に行くことになる．3，4件あった直訴に対しては，担当課長に質した上今まで決定を覆したことはないとのことだが，説明の必要性を理解させる管理者教育が今後の大きな課題であろう．

1998年10月に組織改革を行い，製造と営業の価値創造部門（ライン）と支援部門（スタッフ）の2部門に組織整理し，中国国営企業にありがちな管理部門の優位性を是正し，支援部門のあるべき位置を理解させる教育に取り組んでいる．また，勤続年数ではなく，能力に応じた人事管理を断行し，仕事のできる従業員集団になることを目指してシステム改革に取り組んでいる．

3．乳山市における日系輸送用機器メーカーの経営管理技術移転の現状――山東N工業有限公司のケース

日系ブレーキメーカー（山東N工業有限公司）の中国現地工場で，1997年12月に現地ヒアリング調査，1998年9月にアンケート調査を実施した．

山東N工業有限公司は，長野県上田市を拠点とするN工業㈱の中国現地合弁企業である．N工業㈱は1953年設立，資本金16.0135億円，従業員1,680名，売上高606億円の四輪車及び二輪車用ブレーキシステムの総合メーカーである．独自に開発した小型ABS（Anti-lock Brake System）は世界市場で高く評価され，レース仕様車にも採用されるなどその技術は国際的に評価が確定している．会社設立当初から研究開発部門を本社機能の中枢に据え，開発中心の企業づくりを目指してきた．現在所有する特許数は910件，発明表彰等16件の開発実績を残している．長野県企業としては非常に早く，1979年タイに二輪用ブレーキAssy生産工場を現地資本との合弁で建ち上げたのを皮切りに，以後インドネシア，アメリカ，フィリピン，中国の5か国に合わせて9か所の生産工場を海外展開し，韓国，台湾，マレーシア，インドネシア，インド，パキスタン，イギリス，コロンビア，ブラジル，南アフリカの12社と技術提携を行っている．

山東Ｎ工業有限公司は山東省乳山市に立地し，1995年設立，操業1996年，資本金1,500万元，出資比率Ｎ社70％香港企業20％乳山市10％，30年の借地権設定，生産額2,000万元（1997年度），従業員29名（男子24名，女子５名）の二輪用ブレーキシステムAssyを中軸とした生産工場である．生産額の５％が日本・Ｎ社向けであり，その他は中国国内日系企業向けである．

　乳山市には160社ほどの外資系企業が進出してきているが，金嶺経済開発区には山東Ｎ社１社だけが操業している．乳山市は青島市から車で３時間，威海から１時間50分，烟台から１時間30分の距離にあって，黄海に面した漁港を有する人口約11万の果樹を中心とした農業と漁業を主要産業とする小都市である．工業の近代化は進んでいるとはいえ，地元国営企業の多くは，自宅待機の従業員を２〜３割抱えている．このため，雇用確保のためにも，外資系企業による地域開発に期待を寄せている．最近，威海，烟台とともに韓国に近いこともあって，韓国企業の進出が多く見られるようになってきている．

　中国における二輪市場は，1997年末で400万台の在庫を抱えるところまで来ており，中国内100社の序列の年毎の変動も激しい．その中で中堅10位〜20位クラスの伸びが目覚ましく，良いデザインの車を市場に出した企業は，前年度の２倍近い売上を実現している．顧客の好みにうまくマッチした企業は，予想以上の成績を出している．反対に，造る側がいくら良いと思っても顧客に受け入れられなければ，宝の持ちぐされになって在庫を抱えることになる．ここへ来ての円安と市場競争のため，毎年少なく見ても20〜30％のコストダウンが求められている．購買層の買い控えと購買能力，イミテーションとの競争に打ち勝つためには，どのようにしてもコストダウンは実現しなければならない環境にある．特に，中国市場では，中国企業においてもまた，イミテーションがライバルになる市場の状況がある．顧客にとっては商品の選択肢が増え，自己の購買能力にあった価格の製品を手に入れることができる．しかし，このことは製造企業にとっては，当初の生産計画を狂わすことになり，その分在庫が増加する結果となっている．

　二輪におけるイミテーションは，日本からの補修部品とアフター・パーツの

活用によって造り出されている場合が多い．最近ではイミテーションを造る作業者集団の技術がかなり上がってきており，各メーカーとも脅威を感じ始めている．中国人がモーターバイクに求める要素は，メッキ技術と安全性と品質である．この部分について，日本からの部品を使用しているイミテーションの方がかえっていい，と考えている顧客層が2～3割いると考えられている．この2～3割という数字は，メーカーにとっては非常に大きな数字であり，今までのように構えているのではなく，積極的に市場に入っていく姿勢が重要になってきている．

農村部においても貯蓄が3,000～5,000元になってきており，貯蓄で二輪車が購入できる環境になってきた．現在，日系企業の二輪車は，15,000～20,000元はしており，これだけの貯蓄をするとなると結婚年齢を超えてしまい，日系二輪車購入の方に向かわないというのが実情である．

従業員構成は日本人2名・中国人27名，日本人以外の管理職は班長3名，技術職は2名である．賃金は最低450元／月，最高700元／月，平均は550～600元の間であり，これは青島市の700元／月をかなり下回っている．この雇用条件が，工業都市青島を避け，乳山を選択した最大の理由である．

1998年度には生産額を5,000万元に増やす計画であり，現在の中国人従業員27名は，将来の山東N社のリーダーとして位置づけている．技術職2名は，N工業本社において6か月の研修を終えている．日本研修から帰ってきた従業員の最大の変化は，就業時間が終わってもすぐに仕事をやめない，自分が取り掛かった仕事に関しては完結してから帰るようになったことであり，スキルがどうかということより，仕事の進め方が身についたのではないかと会社側は評価している．

学歴は中学卒が3名，高校卒が19名，専門学校卒が3名と比較的揃っている．青島では高学歴者を採用することがかなり難しくなってきており，能力の高い従業員を確保したいというのも，乳山を選択した理由の1つである．乳山の進学率は，中国全体の中でも高い方であり，教育終了後は6割以上が地元に帰ってくる土地柄でもある．

従業員が日系企業を選ぶ理由は，賃金支給額の格差はそれほど大きくはないので，専ら支払い保証の高さにあるようである．郷鎮企業，市営企業では２〜３か月遅れるのは当たり前になっており，半額支給のところさえあり，毎月の生活に与える影響は相当大きいといえる．ボーナスも含めて安定したところ，というのが正直なところであろう．

　技術修得には，大変なところがあるようだ．ただし，中国の若い人達は飲み込みが非常に早い．早いけれども，教える側がきっちり教えないとやらない，という特性がある．念を押しても伝える必要があり，手を抜くわけには行かない．傾向としてはアメリカと似ており，自分の仕事はきっちり行うが，周りのこと，自分以外のことには積極的な行動は示さない．縦割り社会の強いところなので，日本のように何か１つの事例があると水平展開するということが簡単に行かない状況がある．

　今後の経営目標は，設備稼働率をいかに高めるかである．そのためには２直→３直→日曜出勤にもっていかなければならないが，そこに行くには今のワーカーたちがリーダーに育ってくる必要がある．まずは50人規模に，早くもちあげたい意向である．建屋や設備がうまく稼動するには，汎用性のある設備にして生産性を上げる必要がある．専用設備は中国の市場から言って，非常に危険性が高い．変化する要素が大きく振れる市場では，リスクを分散するためにも汎用設備にすることが大切である．規模の拡大でなく，効率を高めていくことの方が有効であろう．

　管理活動で難しいのは，管理の意味を理解させることである．第１に，生産計画の数量の受け止め方をしっかり教えておく必要がある．例えば，ライン能力よりマイナスの受注が来ている時は，就業時間終了前に作業が終わっていなければならないことの意味をしっかりと理解させることである．第２は，品質基準に関して，自分の造っている物が良品であり次工程に渡しても問題がないということを，今取り組んでいる作業の中で教え込むことである．このことが出来ないと，後工程でトラブルを発生させてしまう．山東Ｎ社ではこのような製造品質だけではなく，3,000kmの陸送（税関手続きの敏速さのため，近隣の港

ではなく遠く香港を荷揚げ港としているため)に耐える輸送品質が求められる．第3は，技術修得をすることによって，個人個人がレベルアップするんだという意識を，いかに教育し将来に結びつけていくか，将来の人材育成が求められる．これらについては，「日本人，中国人の違いはなくあるのは教え方の善し悪しだけである．違いは生活習慣だけであり，生活の違いから来るものを知ってどのような説明をするか，その説明を十分にすれば双方は理解でき問題なく進められる」との認識であった．

4．日系企業従業員の日本的経営の受容の現状

山東N社の企業経営の現状はこれまで見てきたとおりであるが，これら経営サイドの努力を中国人従業員はどのように受け止めているのであろうか．日系企業が経営・生産管理を通して施行する「日本的経営」が現地文化とどのようにぶつかるのか，その結果として，日系企業の受容がどのような状態にあるのか，管理の形態によって受容に違いが生じるのか，従業員のアンケート調査から「日本的経営」の受容の状況を見ることにする．また，1996年8月に実施したインドネシア・ジャカルタの日系企業での調査と合わせて比較分析する．

アンケート対象：日本人スタッフ2名を除く全従業員25名
回　　収　　率：100%

アジアの人びとが「日本」をどのように捉え，評価しているか，特に，アジアにおける日系企業で働く人びとが日系企業の管理スタッフである日本人をどう評価しているかについての調査は，今田高俊氏等によって1991年から92年にかけてタイ，マレーシア，インドネシア，中国，台湾の5か国1万人強の日系企業従業員を対象に実施され，1995年『アジアからの視線』として出版された．調査時期は，まさに中小企業をも巻き込んだ経営のグローバル化が本格化した時であり，それを反映して全体としては日本人に厳しい姿勢が見て取れる．また，1995年には上海の復旦大学日本研究センターが，中国沿海部や東北部等で日本人と接触した経験のある中国人2,000人を対象にアンケート調査を

実施し，1996年『現代中国人の日本観』として発表している．報告によると，中国人を対象とした日本人観調査としては初めて，日本人のイメージは「仕事熱心」，「礼儀正しい」が共に70％台でトップとなり，日本に対する印象も「良い」，「とても良い」が計約40％に対して，「良くない」が10％と日本に肯定的な回答がなされたことが報告されている．本格化した日本企業の中国展開が，中国社会に少しずつ足場を築きつつある例として注目される．今回の調査においては，今田グループの中国における1991年・92年調査結果と比較が可能なように，報告されている調査項目を援用して調査票を作成した．この間の時間的経過の中で，中国における日系企業の量的拡大が社会的受容に寄与しているのか，経営の現地化のあり様を探ることと合わせてみていきたい．

1）日本人へのイメージ

図1の実線は，16項目を用いて尋ねた日本人イメージの単純集計の比較である．全体として，日本人に対して良いイメージを持っているが，この傾向は，1991年調査[8]と比較しても，良いイメージが数段アップしている．特にその中で，「よく働く」「きちょうめん」の評価が20ポイント以上アップしているのは興味深い．

点線は1997年8月，インドネシア・ジャカルタの日系企業で行った，同一内容の調査[9]のものである．

インドネシアと比較した場合，山東N社の日本人スタッフに対して，「かしこい」，「器用だ」，「ずるい」，「がめつい」，「怒りっぽい」，「現地のやり方を尊重する」，「現地の人間を差別しない」の項目でインドネシアを下回っている．逆に，上回ったのは「よく働く」，「お金持ちだ」，「いばらない」，「細かいことにうるさい」，「自分をはっきり表現する」の各項目であった．全体として共通した傾向が見られるが，「かしこい」，「器用だ」でインドネシアを下回っているのは，中国人のプライドの高さを推察させる．また，「ずるい」，「がめつい」，「怒りっぽい」のマイナスイメージに関しては，今田レポートとほとんど変化なく[10]，この数年間の時間によっても今田グループが分析した中国人の日

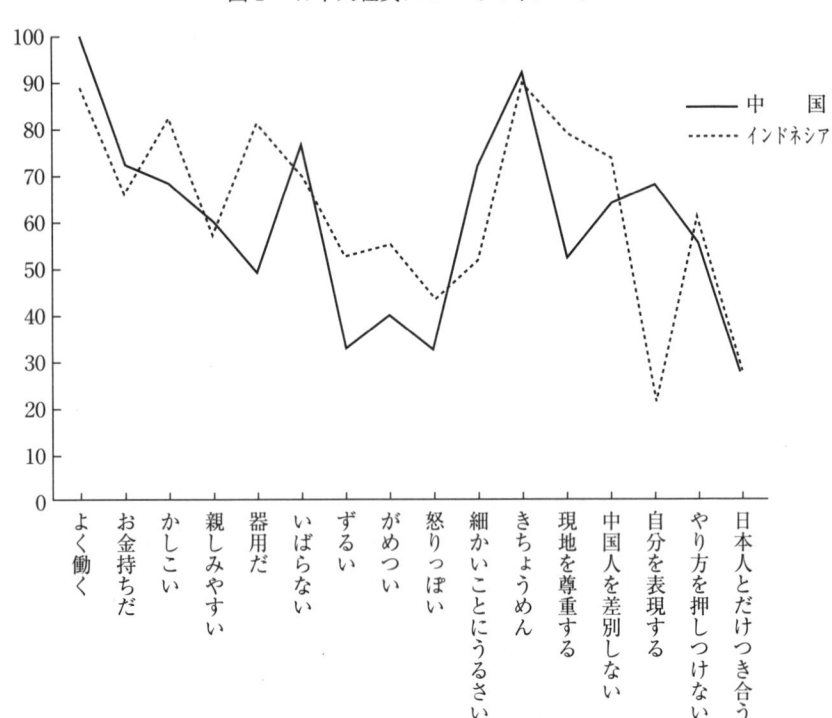

図1　日本人社員についてのイメージ

（縦軸：0～100、凡例：中国（実線）、インドネシア（点線））

横軸項目：よく働く／お金持ちだ／かしこい／親しみやすい／器用だ／いばらない／ずるい／がめつい／怒りっぽい／細かいことにうるさい／きちょうめん／現地を尊重する／中国人を差別しない／自分を表現する／やり方を押しつけない／日本人とだけつき合う

本人イメージ,「仕事に関して勤勉できちょうめんな日本人には感服するが,ずるくがめついその処世態度には品位の欠落を感じる」[11]を払拭し得ないでいるということがいえるだろう.

2）待遇に対する満足・不満

図2は待遇に対する満足度,図3は不満度を示したものである.「雇用が保証されていて解雇の不安がない」,「昇進の可能性がある」,「直属上司の態度がいい」,「労働時間」の各項目について,前掲調査[12]と比較して著しく支持され,それぞれ10数ポイントから60ポイントも満足度が上昇している.しかし,依然として「現在の給料の額」,「給料の上がり方」,「福利厚生」に対する不満は変わっていない.図に見るごとく,インドネシアと同一傾向を示していると

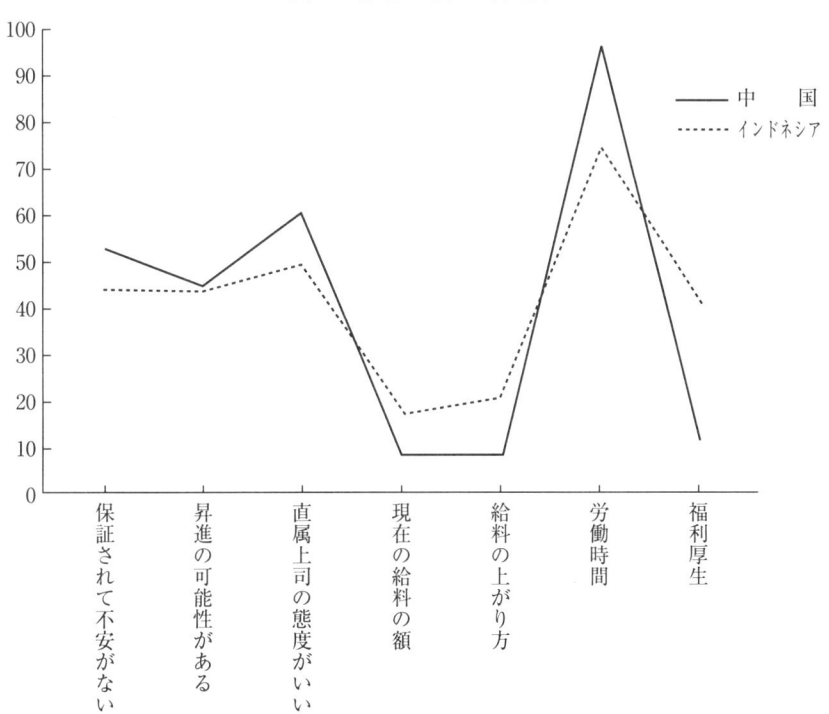

図2　待遇に対する満足度

横軸項目：保証されて不安がない／昇進の可能性がある／直属上司の態度がいい／現在の給料の額／給料の上がり方／労働時間／福利厚生

凡例：中　国／インドネシア

すれば，日系企業の経営のあり方について，人間関係以外に，待遇面で評価，支持されるような努力がより一層求められているといえるだろう．

近年顕著となってきた韓国系企業の悪評（低賃金，韓国人管理者の暴力等）の蔭に隠れて，日系企業の相対的評価アップにあぐらをかいているわけには行かないだろう．

不満足のトップは，給料に対するものである．給与水準の低い地域を選ぼうとする日系企業と，外資系企業での高賃金を期待する中国人従業員の間に，大きなギャップが生じないだけの労務政策が望まれる．もう一方の不満は，福利厚生に関するものである．これに関してはアンケートでフリーアンサーを求めているので，その要約を提示しておく．（要望に関しては，一部給料に関するものも含まれている．）

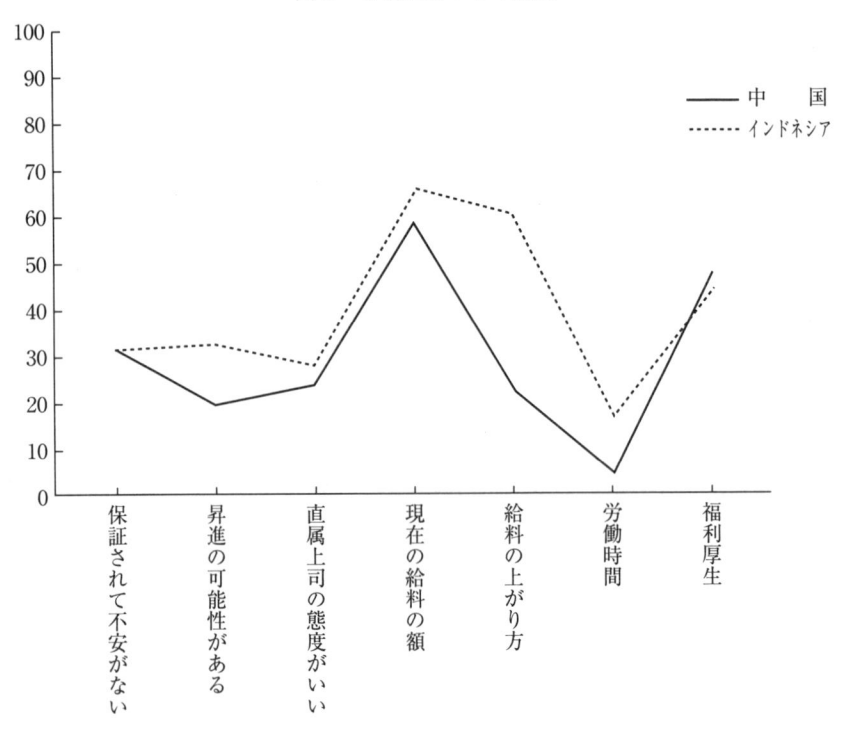

図3　待遇に対する不満度

――― 中　国
‥‥‥ インドネシア

横軸項目：保証されて不安がない／昇進の可能性がある／直属上司の態度がいい／現在の給料の額／給料の上がり方／労働時間／福利厚生

男子従業員

・家賃手当，一人っ子手当を支給してほしい．
・雇用保険，医療保険，年金を支給してほしい．
・保育料の補助を支給してほしい．
・有給休暇，医療休暇がほしい．
・作業服など，作業に関する用品を支給してほしい．
・祭日には，中国の伝統に従ったプレゼントがほしい．
・清潔な社員食堂を設けてほしい．
・知識を高めるために，図書館を造ってほしい．
・勤務年数に応じた昇給をしてほしい．
・規定通りの運営をしてほしい．

女子従業員
・食堂と寮を建設してほしい．
・定期的に作業服等を支給してほしい．
・洗濯用品を支給してほしい．
・保健室，授乳室，保育室などを設置してほしい．
・通勤手当を支給してほしい．
・中国の制度に定められている福利厚生を行ってほしい．
・賞与制度が不十分である．

　待遇に対する満足・不満の交錯する中で，転職意識についても「賃金が少し上がっても転職しない」高残留志向と，「賃金が少し上がれば転職する」他の転職志向が共に50％前後と拮抗している．ジョブ・ホッピングの社会にあっ

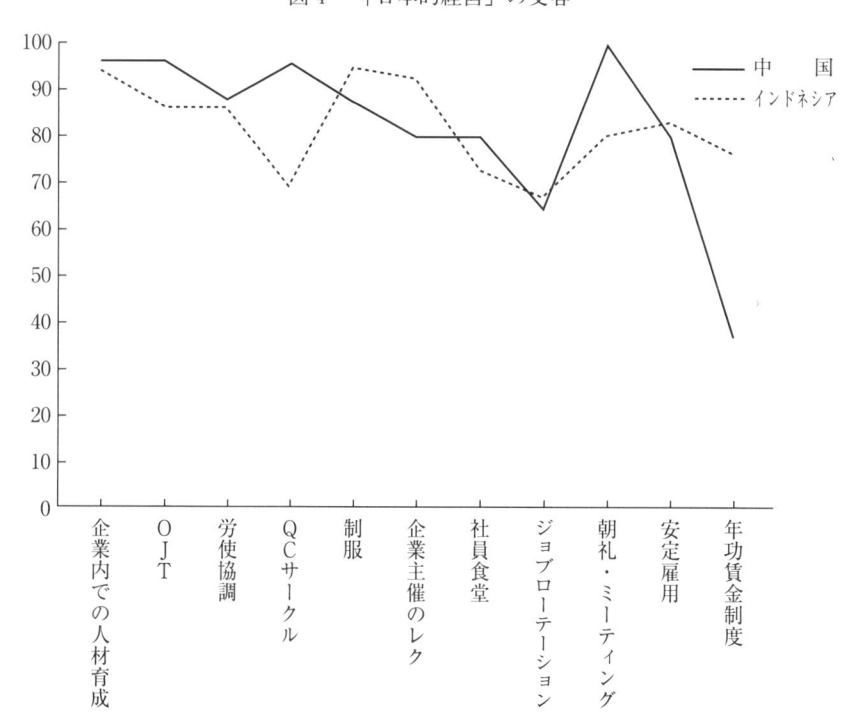

図4　「日本的経営」の受容

て，高転職志向が前掲調査時[13]よりも10数ポイント低下していることを評価すべきであろう．

3)「日本的経営」の受け止め方

「日本的経営」がどのように受け止められるかは，その国で働く労働者が，長い歴史の中で造られてきた労働文化の中で，どのような労働観を造り上げてきたのかと深く関わるものだろう．いうまでもなく，労働は労働を取り巻く環境に大いに影響を受ける．ここでは労働者の文化的背景まで分析対象とすることは出来ないが，「日本的経営」の特徴といわれる11個の代表的項目について従業員にとって有効で受け入れられるものかどうかをたずねた（図4）．

まず全体としては，非常に高い比率で「役に立つ」と回答しているが，前掲調査[14]との比較では，(1)企業内での人材育成，(2)オン・ザ・ジョブ・トレーニング，(3)労使協調，(4)QCサークル，(5)制服，(10)安定雇用，(11)年功賃金制度がほぼ同率を示した．大きく下回ったのは，(6)企業主催のレク，(7)社員食堂，(8)ジョブ・ローテーションであり，大きく上回ったのは(9)朝礼・ミーティングであった．先に見た山東N社の従業員の福利厚生要求が(6)，(7)に集中した所以であろう．

中国に進出した日系企業は，中国的企業経営＝国営企業における，これまでの経営の中で身につけた労働者観を持つ従業員と，対峙しなければならない．多くの日系企業では，現地従業員の声に耳を傾ける現場管理に，多くのエネルギーを費やしている．その努力は，概ね報いられているかのように見える．しかし，今回の調査で見るかぎり，その外側，外資系企業には義務づけられていない部分，国営企業にはあって外資系企業にはない部分に，労働者の不満が集中していることに注目すべきである．

与えられていた生活環境が不十分になることは，それ以外の条件，賃金レベル，雇用の安定性等が高くても，当面の満足にしかならない．そのことが欧米系企業と比較して，賃金水準の劣る日系企業の評価の低さと結びついていると考えるべきであろう．日系企業は現場に密着した部門の管理は，非常に良い状

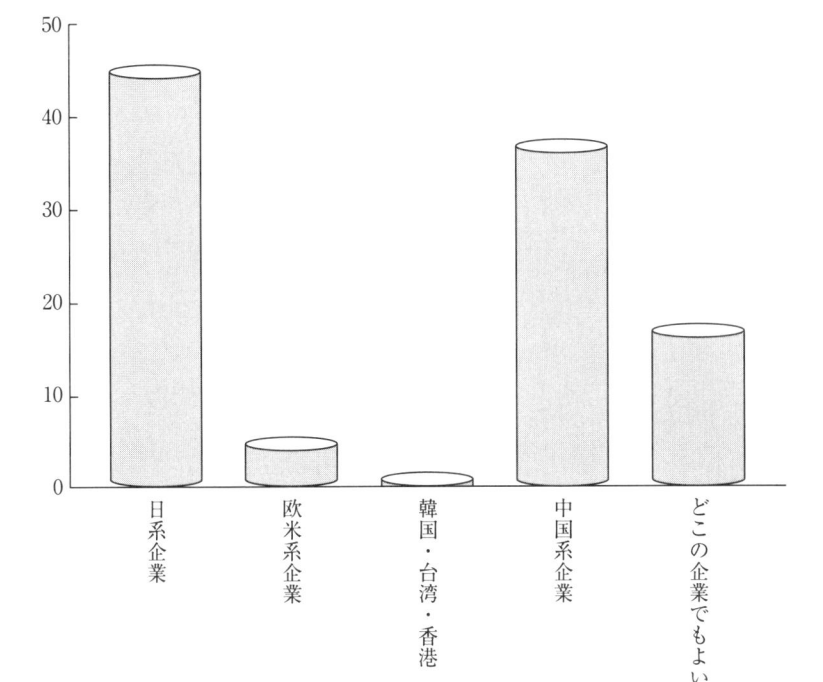

図5　就業希望企業

企業	値
日系企業	45
欧米系企業	4
韓国・台湾・香港	1
中国系企業	37
どこの企業でもよい	17

態を保っている企業が多い．その限りにおいては，「日本的経営」の受容が進んでいると評価できる．しかし一方，待遇を含むトップ管理においては，「日本的経営」の現地化は進んでいないといわなければならない．

　山東N社も，このことから免れてはいないようだ．先に見たように，高残留指向と転職志向が均衡しているのと同じように，日系企業就業希望（事実としての山東N社支持）に中国企業就業希望が迫っていることに，十分な配慮をしていく必要があろう（図5）．

　「日本的経営」の受容が低いのは，「ジョブ・ローテーション」と「年功賃金制度」の2つである．自己のスキルを武器にポジションを獲得して行く社会では，年功システムは評価されない．評価されないというよりも，同一年齢，同一学歴ならば，昇進も，賃金も同じというシステムは，かえって不平等，差別

としか映らない．むしろ，36％の支持があることに注目すべきだろうし，このことを国営企業の残滓と見るべきなのかもしれない．

問題は，「ジョブ・ローテーション」である．今や，生産ラインにおける多能工を核とする生産管理は，「日本的経営」の生産システムの核心となっている．日系企業が海外展開する場合，何をおいても実現したい管理システムである．アジア地域への工場進出に際して，多くの企業は減価償却済かそれに準じた設備を，現物投資として移転している．生産技術，設備機械が何世代か旧式であったとしても，もはや人海戦術で利益を上げ得る時代はすでに遠のいている．経済のグローバル化は，海外の企業をもスリム化する段階に入った．まさに「ジョブ・ローテーション」が，「日本的経営」の代名詞として，多能工化が，労働の人間化のスローガンを引っ提げて展開されているのである．

山東N社における「ジョブ・ローテーション」の支持率は，「年功賃金制度」を除く他の項目の高支持率の中で64％と最低である．勤続年数1.5年のところで階層化してみると，1.5年以下で70％，1.5年以上で60％と，支持率が明らかに低下している．スキルが高まるに従って職能に拘泥する傾向が強まるとしたら，「日本的経営」の生産現場での導入は困難になろう．

労働者教育を通して受容の環境を整えていくのか，あるいは中国人労働者のスキルを活かし，インセンティブを重視した「中国的経営」を日系企業が自ら構築するのか，中国への日系企業の本格的進出から10年，その岐路にさしかかってきているというべきであろう．

5．東アジアにおける管理技術移転の課題

以上見てきたように1990年代後半，東アジアにおける日系企業の現地受容は，問題を含みながらもかなり進んできているかのように見える．海外企業における技術移転は，谷川宗隆氏の指摘[15]によれば，①技術移転そのものとしての海外工場の試製・実験工場化，②各市場に適合した製品政策の展開，③拠点市場におけるセールス・エンジニアリングが前提となる．

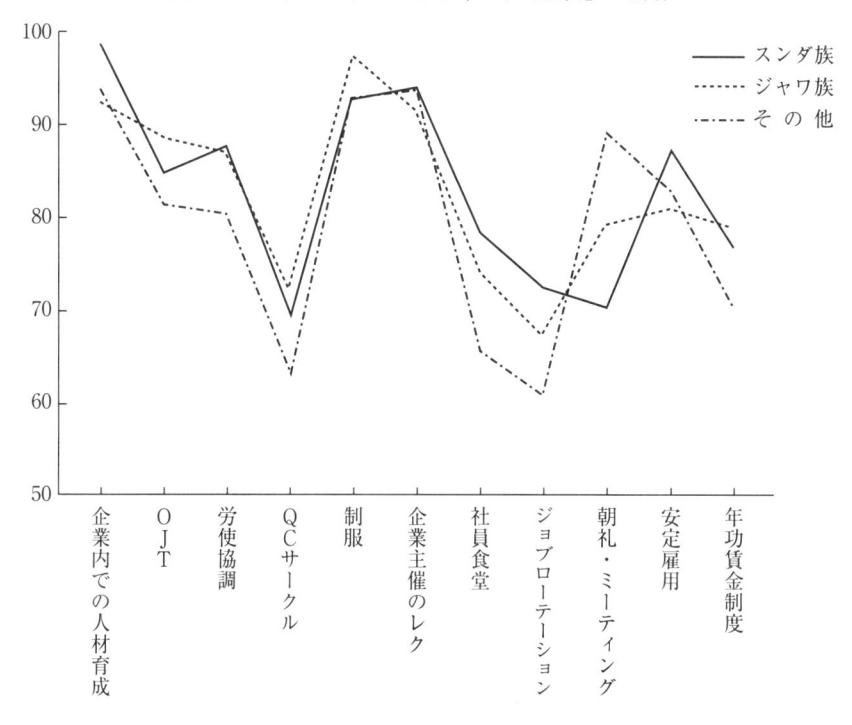

図6 インドネシアにおける「日本的経営」の受容

（グラフ：横軸項目：企業内での人材育成, OJT, 労使協調, QCサークル, 制服, 企業主催のレク, 社員食堂, ジョブローテーション, 朝礼・ミーティング, 安定雇用, 年功賃金制度。凡例：スンダ族、ジャワ族、その他）

しかし，おおかたの日系企業現地スタッフが工程管理に関しては現地技術者陣の力量に胸を張る一方，製品開発技術は日本国内企業の国際競争力を確保する必要から簡単には移転しない政策が取られている．また，市場政策においても先に見たように，部品製造メーカーにおいては統一性を維持することが難しい環境にある．

また技術移転としての「日本的経営」の受容に関しては，受け止める側の「文化」と深く関わるものであり，東アジアは一国といえどもそれぞれ多様な社会を形成している．図6は，インドネシア・ジャカルタの日系企業における，「日本的経営」の受容に関するアンケート結果であり，インドネシア首都圏の主要民族であるスンダ族，ジャワ族，そして地方出身民族をその他として階層化したものである．図からはスンダ族，ジャワ族とその他の民族がいくつ

かの項目で乖離していることが読み取れる．

　もとより，その乖離性は民族的特性から来るものなのか，中央と地方の経済的，教育的，文化的，社会的差異によってもたらされたものなのか，慎重に分析しなければならないが，すくなくとも受容の程度において違いのあることは認めなければならないであろう．これらの差異が企業管理にどのような影響を及ぼしていくのかは今後の研究に待たねばならないが，少なくとも多様な労働者に対応する企業管理が求められることだけは指摘しておきたい．

　また，中国のように広大な国土と多くの民族を要する国においては，中国企業として一括りにすることは危険である．企業形態による経済性格差だけでなく，地域経済格差の大きい現状においては，現地日系企業の対応は多様なものとならざるを得ない．復旦大学日本研究所所長陳建安教授の，「中国東北地方の企業は上海等沿海部の企業とは違い，労働集約的で且つ生産性の高い企業経営を模索する必要がある」という指摘は示唆に富むものである．

　経営の現地化，技術移転はその形態的進行度合いからだけではなく，何が内発的発展の要素たり得るかの探究が肝要である．アジア地域の移転技術の受容と内生化についての検証は，須永氏によって高い教育水準を有する労働者の存在が大きく寄与している[16]ことが指摘されているが，移転技術の内生化がいかにして内発的発展に向かうかの道筋を明示する必要があろう．

1) 通商産業省編『平成八年版　通商白書』，大蔵省印刷局，1996年，142頁．
2) 須永徳武「アジア経済圏内の技術移転」，丸山惠一他編著『アジア経済圏と国際分業の進展』，ミネルヴァ書房，1999年，67頁．
3) 通商産業省編『平成十年版　通商白書』，大蔵省印刷局，1998年，74-78頁．
4) 平松茂実「アジア進出企業の国際比較と日本企業進出の将来展望」，鈴木幸毅編集代表『日本企業のアジア進出』，税務経理協会，1998年，43頁．
5) 通商産業省『我が国企業の海外事業活動』，1995年．
6) 中小企業庁『中小企業国際化実態調査』，1997年．
7) 中小企業庁『平成九年版　中小企業白書』，大蔵印刷局，1997年，207-213頁．
8) 今田高俊　園田茂人編『アジアからの視線』，東京大学出版会，1995年，22，25，34頁．

9) 拙著「地域中小企業の海外政策とアジア」,鈴木幸毅編集代表『日本企業のアジア進出』,税務経理協会,1998年.
10) 今田,前掲書,37頁.
11) 今田,前掲書,38頁.
12) 今田,前掲書,168頁.
13) 今田,前掲書,176頁.
14) 今田,前掲書,184頁.
15) 谷川宗隆「市場経済と技術的進歩」,鈴木幸毅編集代表『日本企業のアジア進出』,税務経理協会,1998年,193頁.
16) 須永,前掲書,77-78頁.

第11章　台湾日系企業の経営システムと課題

要　旨

　日本企業の台湾進出は1952年からはじまり，三つの段階にわけることができる．第1回の最盛期では60年代から70年代の前半にかけて安価な労働力を生かし輸出が志向された．第2回の最盛期は80年代で支配的な技術を利用して台湾の市場をターゲットに展開された．90年代以降台湾日系企業は第3回の最盛期に来ており，台湾でのハイテクを中心とする産業発展に同調している．本章は筆者のこれまで蓄積した18社の事例を利用して，台湾日系企業の発展プロセス，事業変革と最近の動向を整理する．また，その経営システムを生産現場レベルと経営管理レベルに分けて分析し，日本的経営の生産現場での適用と経営管理における適応を指摘する．台湾日系企業の今後の存立には，台湾の競争優位を見据えた「脱加工区」への意識変革，現地との対等な立場でのパートナーの追求，現地の人材を生かしてグローバルに事業を推進すること，現地の役員や協力業者と起業家を柔軟に適応してゆくことなどが必要である．この研究から理論的だけではなく実践的にも多くのインプリケーションが得られる．

1．はじめに

　情報技術や物流システムの発達にともなって，「多国籍企業」という名から「グローバル企業」という表現への移行に表されるように，企業の競争もまさにボーダレス・ワールドの時代となっている．欧米企業の積極的な姿勢とは対照的に，日本企業は国際化について慎重な姿勢を取っている．しかし，東アジアを中心とすれば，日本企業は豊富な投資経験をもっており，欧米企業よりも著しいインパクトを与えている．最近は，国際化とともに日本的企業システム

や日本型生産システムの海外移転や活用も注目を集めている（劉仁傑，1996b）．

　台湾の経済発展を振り返ってみると，1960，70年代には安価でかつ勤勉な労働者が高く評価され，外国企業の積極的な投資によって世界における重要な加工基地にまで発展し，著しい成長を遂げていた．しかし，80年代以後，台湾の経済環境は激しく変化してきている．台湾経済の構造的変化にともない，外資系企業における産業構造も変化しつつある．その間一貫して，日系企業は台湾の経済発展に重要な位置を占めており，外資系企業のトップの座を今日まで維持している（劉，1996c）．

　台湾の外資系企業の投資動向を見ると，トップクラスの実績を誇る工場が多いこと（板垣，1997），相対的にみると日系企業は環境変化を理由に簡単には撤退しないという現象が指摘されている（劉，1996a，c）．また，台湾の比較優位性をうまく生かし進出してきた日本企業は，台湾の業界にも学界にも定評がある．90年代以後のハイテク企業の台湾進出はそのしるしであると見られる．

　本稿では，台湾日系企業の経営システムを分析しその課題を探り展望するのが目的である．本稿はまず筆者のこれまで蓄積した代表的な事例を利用して，台湾日系企業の発展プロセスと動向を整理する．次に異なるレベルにおいて，移転の内容とスタイルを考えた分析の枠組を利用して，その経営システムを分析する．さらに，その分析ともかかわり，台湾の競争優位から日系企業の位置と課題を究明し，その革新的な動向を把握する．最後に本稿で明らかにしたことをまとめて21世紀の展望を加える．

2．台湾日系企業の発展プロセスと動向

　日本企業の台湾進出は1952年からはじまり，60年代から70年代前半にかけて第1回の最盛期となった．その後，80年代には自動車や自動車部品業者の進出による2回目のブームがあり，90年代には半導体産業の進出による3回目のブームを経験した．これらを通して，日本の経営システムは台湾企業に大きなイ

ンパクトを与えてきた．

 1）早期に進出した企業とその事業変革

 第1回の最盛期は，相対的に人件費が高くなったという日本国内の産業環境の条件に応じて，日本企業は海外で生産拠点を求め始めたことを契機としている．70年代までに進出した企業では，台湾の安価な労働力を利用し輸出を志向した家電産業と電機産業が中心となった．その多くは高雄，楠梓と台中の三つの輸出加工区にあり，輸出を指向している台湾経済の発展に大いに貢献してきた．台湾日立テレビ，高雄マブチモーター，台湾キャノン，台湾ユニデン，台湾村田，台湾滝沢と台中三洋電子などが単独出資で設立され，工作機械メーカー台湾滝沢を除いてすべてアメリカ輸出向けの組立拠点として位置づけられた．他方，台湾松下電器，台湾三洋電機，中国菱電（三菱電機），台湾ヤマハ，台湾パイオニアなどは合弁で設立され，安価な労働力を利用するほか，台湾国内市場を同時に狙っていた．

 1980年代以後，1960－70年代に進出した企業は台湾産業社会の構造的変化にともない，それまでに見たこともない大きな変革期に直面した．多くの日系企業は技術のレベルアップや事業の変革を余儀なくされた．劉（1996 c）は，8社のケース・スタディを利用して，本社から技術移転の程度及び現地の競争優位に関連した新事業を取入れる程度という二つの次元によって，台湾日系企業の事業戦略を類型化した．すなわち，(1)台湾産業環境の変化にともなって，製品の中国拠点へシフトするとともに，積極的に本社から技術を導入し，より付加価値の高い製品を造っている「事業高度化型企業」．台湾キャノン，高雄マブチモーター，台湾ヤマハや台湾パイオニアはこの類型に属する．(2)製品の成熟や本社の戦略的位置づけから，台湾日立テレビと中国菱電のように現地の競争優位を取り入れようとする「事業多角化型企業」．(3)台湾松下電機と台湾三洋電機のような本社の支持と現地のメリットを基盤とした「事業総合化型企業」．(4)日本本社が，国際分業やグループの全体利益の観点からこれ以上技術移転をする必要がないと判断し，現地子会社が独自で現地の産業環境の競争優

位を確立利用することもできず，人件費の高騰などの環境変化にともなって相対的に利益率が低下した場合に行きつく「事業撤退型企業」．すでに撤退した台湾ユニデンはこの類型に属している．

2) 事業戦略のダイナミックスと中国投資

もちろん，生き残りのための事業戦略は動態的であり，環境変化に応じて一層に強化することもあるし，ある類型から他の類型へ移すこともありうる．たとえば，台湾日立テレビは設立当初テレビの製造・輸出拠点であるが，80年代後半，モニターへ多角化し，最近になってテレビを完全に生産停止し，DVDの開発・量産に力を入れて，多角化を飛躍に行なっている．これに対して，台湾滝沢と台中三洋電子は，本社の支持を得て90年の前半までに，工作機械のNC化やSi（電晶体）からCIへ製品のレベルアップを行なっており事業高度化の戦略をとってきた．最近，台湾滝沢はさらにPCB穴加工機を開発し量産している．「日本本社は優良拠点として台湾拠点を位置づけているのみならず，台湾拠点は電子装置への多角化を大いに寄与している」とただ一人の駐在員でもある日本人社長の言である．他方，台中三洋電子も，そのまま行くとフィリッピンや中国など海外拠点に取って代わられるおそれがあると考え，これまでの蓄積を生かして半導体装置への進出に力を入れ始めている．また，偶然とは言えないかもしれないが，台湾滝沢と台湾日立テレビはそれぞれ現地資本を吸収し，単独出資から合弁へ変身している．そして，2社の社長も極めて異例なことにすでに5年以上台湾で勤務し，日本本社から権限委譲を受けて多角化の策定・実行を行なっていることで注目されている．

他方，経済が80年代の後半から著しく躍進してきた中国が，世界の新しい生産基地となりつつある．台湾から中国へ生産シフトを行なっていた企業には，台湾日立テレビ，高雄マブチモーター，台湾キャノン，台湾ユニデン，台湾村田，台湾三洋電機，台湾松下電器と台湾パイオニアが見られる．そこで，注目すべき点が三つある．(1)台湾ユニデンが90年代前半中国とフィリッピンへのシフトにともなって撤廃されたことについて，「異例」とされながらも，グルー

プとしてかなり良い業績を維持出来ているため,「戦略的撤退」と評価されている (劉, 1996ａ). (2)関連する日本企業の多くは, 60－70年代に台湾拠点を設立され, 80年代後半から90年代の前半にかけて中国拠点を設けた. 分業の仕方も最初の垂直分業から, 日本, 台湾と中国における異なるレベルの製品製造という水平分業, 製品の開発・設計 (製品技術), 金型・要素部品の提供 (製造技術) と組み立て作業 (生産管理技術) として3地域を位置する技術分業へ発展しており, 国際分業の新しいパラダイムを形成している (劉, 1998). (3)台湾パイオニアはグループにおけるスピーカーの設計開発・運営センターとして本社から位置づけされ, 95年以後マレーシア, インドネシアと中国にそれぞれ拠点を設立し, 3拠点の社長を含めて10名以上の経営幹部を派遣した. 台湾拠点を十分に生かしているという点で台湾日系企業の中で際立つ存在である.

3) 第2回と第3回の最盛期

日本企業の台湾進出における第2回の最盛期は1980年代中頃であり, 精密機械産業や自動車産業を中心としていた. 台湾ファナック, 台湾エプソン, 新傑 (ソニー), 国瑞自動車 (トヨタ自動車), 大億 (小糸製作所) と新三興 (アラコ) などが相継いで設立された. とくに, 自動車産業や自動車部品産業において, 日系企業は支配的な存在であり, 台湾企業の生産方式の変革や生産性向上に大きな影響を与えている. この期間中, 台湾に進出した企業の狙いは第1回の最盛期のそれと大きく異なる. 一言でいうと, 支配的技術を生かして台湾の国内市場を狙ったことが大きい. とくに, 80年代後半の数十社の自動車企業と自動車部品企業の進出ブームは全くその通りであった.

また, 90年に入り, 中国の著しい経済発展にともなって, 上海フォルクスワーゲンと天津汽車が外国資本や技術をうまく利用して飛躍的発展を見せたため, トヨタ自動車やGMをはじめとして, 世界の大手自動車企業は相継いで中国事業本部を設け, 中国自動車産業に対する投資に積極的に取り組みはじめた. こうした国際的な流れと一致して, 台湾の自動車産業や自動車部品産業, 及びそれを支える工作機械産業の中国投資も盛んになり, これと関連しなが

ら，台湾ファナックと大億も中国進出を行なった．

　94年以降，半導体産業を中心とするハイテク産業への進出は日本企業の台湾進出の第3回の最盛期になっている．力晶半導体（三菱電機），台湾信越，台湾鍋林などが相継いで設立された．実は，1990年代前半，台湾情報機器産業と半導体産業の著しい発展が世界的に注目されていたにもかかわらず，台湾における日本企業の当時の進出は，こうした産業の勢いには完全に乗れなかった．また，比較的早期に進出した日系電子メーカーも半導体産業へ変革しているようだ．台中三洋電子，台湾日立テレビや台湾エプソンがその例である．特に，台湾日立テレビと台湾エプソンは，「新製品を開発するため，普段より日本人駐在員を増えている」とその背景を説明してくれた．

　他方，97年以降，前に述べた台湾滝沢や台中三洋電子も電子加工装置や半導体製造装置へ多角化すると見られるように，半導体製造装置産業が台湾の新しい産業として期待されつつある．1998年現在，工作機械企業のうち，半導体製造装置へ進出しているものと進出しようとしているものを含めると十社以上と見られ，そのうち8割がパートナーが日本企業であると指摘されている（工業技術研究院機械工業研究所，1998）．こうした日系企業の動向は注目に値する．

　4）発展プロセスから見た動向と特徴

　以上，これまで筆者自身が調査してきた代表的な18社を中心として，今日まで台湾における日系企業設立の3回のブームを振り返ってみた．次節からの分析はこの18社のケース・スタディを念頭に置きながら行なう．その構成は，1960－70年代には11社，80年代には6社，90年代には1社となる．最近進出している日系企業はハイテク産業に属しているものが多いが，まだ定着しているとは言えない．事業の変革や多角化を行なう企業を含むと，対象となった18社は代表的だと言えるだろう．その基本的なデータは表1の通りである．

　本節で明らかにした台湾日系企業の発展のプロセスからすれば，少なくとも次の五つの特徴があげられる．

　まず第1に，3回の最盛期にはそれぞれ労働集約型組立産業，技術集約型産

第11章　台湾日系企業の経営システムと課題　239

表1　対象企業の概要と動向

企業名	設立	出資	従業員数	主な製品	最近の動向
台湾松下電器	1962	56%	4,843(47)	家電製品、情報機器	ミニ松下として現地と密着した企業へ
台湾三洋電機	1963	48%	1,816(4)	家電製品	株上場、現地と密着した企業へ
中国菱電	1968	40%	1,310(4)	エレベータ	台湾市場へ専念、ビル関連製品へ多角化
台湾日立テレビ	1969	90%	577(11)	モーター、DVD	現地資本吸収、台湾情報産業を生かして多角化へ
台湾ヤマハ楽器	1969	60%	177(4)	ピアノ、エレクトーン	製品のレベルアップへ努めていく
台湾キャノン	1970	100%	2,180(17)	一眼レフ型カメラ	設計開発や金型製造センターへ
台湾パイオニア	1970	50%	445(6)	スピーカー	設計開発・運営（海外3拠点を統括）センター
台湾滝沢	1971	52%	165(1)	工作機械、電子機械	現地資本吸収、電子装置へ多角化
台中三洋電子	1976	100%	780(5)	Si、IC	SiからICへ、半導体装置へも進出
台湾村田	1978	100%	203(3)	電子部品	高級品の製造拠点として位置
高雄マブチモーター	1979	100%	910(5)	小型モーター、部品	製品のレベルアップや全型製造へ努力
国瑞（トヨタ）	1984	49%	2,250(25)	商用車、乗用車	観音工場を新設、本社の中国投資や生産方式へ努力
新傑（ソニー）	1984	100%	510(5)	VTR、DVD	現地と密着した製品と生産方式へ努力
台湾エプソン	1985	100%	955(12)	LCD	半導体開発設計センターを設立
台湾ファナック	1986	100%	70(7)	NC制御器	台湾工作機械産業とともに成長
新三興（アラコ）	1987	53%	420(6)	自動車内装部品	国瑞の専属工場（9割）から脱協力へ
大億（小糸）	1988	32.5%	632(2)	車ランプ	脱協力を徹底に、中国で拠点を新設
力晶（三菱電機）	1994	26%	1,520(5)	DRAM	経営管理は台湾型へ、日本人は技術に

*　カッコは常駐の日本人数、出資は日本側による出資比率。
出所）1994年以来各社を1回以上訪問したが、データは1999年4月現在電話で確認し修正したものである。

業，IC類ハイテク産業に焦点をあてて区別することができる．3回目の進出ブームではやや出遅れたが，全般的に言えば台湾日系企業は台湾の産業構造の変革にうまく適応してきたと言えるだろう．

　第2に，第1回最盛期での安価な労働力を求めて輸出するための拠点，および第2回最盛期での支配的技術を生かして台湾の市場を狙う拠点，どちらにおいても日本企業が支配的位置に立っていた．第3回最盛期の現在にはその状況は違っているように見られる．支配的ではなく，対等のパートナーを求めて21世紀の発展や競争力の維持をかけて進出した企業が多いようである．

　第3に，比較的早期に台湾に設立した日系企業は，台湾内外の産業環境の激しい変化にともなって，生き残りのための事業変革を余儀なくされている．その変革には台湾の競争優位の変化が反映していると考えられる．台湾の産業環境の変化に積極的に取り組んでいる日系企業は多くはないが，現われ始めている．

　第4に，中国へ生産シフトを行なった，あるいは行なっている日系企業は少なくなく，国際化や国際分業の視点から台湾日系企業の課題を把握しなければならない．日本，台湾と中国の3地域それぞれの競争優位を徹底的に生かす技術分業を実施し，海外の複数の拠点を設立し運営している台湾日系企業などが出現している．

　第5に，90年までに設立された17社のうち，主体的な企業活動を展開している台湾パイオニア，台湾滝沢，台湾日立テレビと大億が大いに注目を値する．しかし，全般的に言えば，それは異例であり，急速に台湾日系企業に広がるとは考えられないだろう．拠点責任者がほとんど本社の部次長クラスに留まり，現地への権限委譲が十分にされず，現地人社長の登用があまり見られないことから考えれば，本社中心的志向や日本人中心的志向が依然として強いように見られる．

3．台湾日系企業の経営システム

1）分析のための枠組と結果

　海外に進出した日本企業がいかに日本的経営を行い，現地の企業といかに競争しているかという問題は，伝統的に研究されてきている．年功序列，終身雇用と企業別組合，いわゆる「三種の神器」を基礎的本質とする日本的経営には，その普遍性があるかどうかと問われる際，筆者自身が過去8年間にわたる台湾，中国，タイ，フィリピン，マレーシア，ベトナムの日系企業約80拠点の見学の経験によれば，異なるレベルで全く異なる結論が出ているようであり，生産現場レベルと経営管理レベルという二つのレベルを分けて，調査を行なう必要があると考える．

　まず，生産現場レベルはトヨタ生産方式として特徴づけられることが多い．作業明細書は生産標準として定められてはいるが，生産ラインの作業員ごとに，それにしたがって固定的に作業させるものではない．それをより柔軟に効率に行なうため，多能工として作業員を育成し，チーム作業方式を採用することが一般的である．また，現場の無駄を無くすため，5Sに日常的に取り組んでおり，従業員の現場の智恵や創造力を取り入れるため，小集団活動を継続に行なっている．流れ作業と一個流しを中心とするU型工場レイアウト，後工程から情報を前工程まで伝える，いわゆる「順序引き方式」を用いる生産コントロール手法が日本型生産システムで一般に見られる．したがって，生産現場レベルにおいて，本稿は作業明細書，多能工，チーム作業方式，5S，小集団活動，U型レイアウトとコントロール手法を考察項目とした．

　他方，経営管理レベルでは，情報の共有，賃金体系，および従業員の募集・訓練と昇進に日本的経営の特徴が見られる．情報の共有は日本的経営の特質の一つであり，管理者に個室を持たせない大部屋主義，職務記述書によって職務を遂行するものではないという考え方が一般に見られる．また，賃金体系では，勤続年数によって積み重ねるという年功賃金，年にボーナスを2回与える

ことがあげられる．そして，募集・訓練・昇進については，新卒のみを採用し，幹部を内部昇進で選び，OJTなどの教育訓練を定期的に行なうことが日本の基本的な人的資源管理として特徴づけられる．したがって，経営管理レベルにおいて，本稿は大部屋主義，職務記述書，年功賃金，ボーナス，新卒採用，内部昇進と教育訓練体系を考察項目とした．

本研究では，異なる社会要因があるため，日本的経営がそのまま台湾に移転されるとは思わないこと，そして，経営管理レベルと生産現場レベルとでは異なる移転の内容とスタイルがあること，さらに，進出の時間が異なるため，経営移転の形態も異なることを仮説として設定する．

こうした移転の内容とスタイルを究明するため，本研究ではAbo (1994) によって開発された日系企業の分析モデル[1]に準拠して分析の枠組を作る．日本的システムが移転される場合，そのスタイル，そのシステムをそのまま修正せずに導入するという「適用型」と現地文化や環境に応じてある程度改変し導入するという「適応型」に区分することができる．また，移転の内容について，日本で発展してきた結果のみを現地に移転するか，あるいは制度や発展の方法なども現地に移転するかによって，それを「結果」と「方式」に区分することができる．こうした移転のスタイルと内容という2つの次元によって，日本的経営の海外移転を図1で示されるような四類型の分析的枠組にまとめられる．これに移転されていない，あるいは現在行なっているものと日本的経営との関係が乏しいなどの「無関係型」を含めると，全部で五つの類型がある．

筆者は以前にこの分析の枠組を利用して，台湾・中国における11企業23拠点を分析した（劉, 1996）．それによれば，(1)生産現場レベルでは小集団活動をやや例外として，方式適用型移転に属するものが圧倒的に多い．(2)経営管理レベルでは内部昇進が方式適用型に属する以外，結果適応型か無関係型に関するものが多いようで，方式適用型移転に属する拠点はあまりない．(3)その中身をより深く究明すると，設立の経過年月や市場からの要求などで台湾と中国における日系企業の若干の相違が現われている．

今回の対象企業18社は，台湾の拠点を撤退したユニデンを除いて前回の10企

業をすべて含んだものである．基本的には前記の台湾日系企業の調査結果を支持しているが，最近進出した企業や事業変革を行なっている企業では異なる行動も見られている．研究の時点と目的が違うため，劉（1996b）と同様に各項目の計量累積を行なうことはしない．以下，前回の研究結果に加えて，他の8社の事例も加え，生産現場，経営管理，および発展のプロセスとの関連という順で各考察項目ごとにその具体像を描く．

図1　日本的経営海外移転の分析的枠組

移転の内容

	方式	結果	
適用型	①方式適用型	②結果適用型	
適応型	③方式適応型	④結果適応型	⑤無関係型

移転のスタイル

出所）Abo（1994）にもとづいて筆者作成．

2）生産現場レベル

日系企業の工場に入ると，多くの壁にスローガンが掲げられて，レイアウトや物流がきちんと設定されていることが印象的である．また，トヨタ生産方式やそれに類似した考え方を実践しているケースも多い．ここで，本研究で設定した項目にしたがって，台湾日系企業の生産現場をまとめよう．

①日本企業では，作業明細書は生産標準として定めてはいるが，生産ラインの作業員ごとに，それをしたがって作業するものではないことが一般的である．しかし，それを海外に移転する場合，細かく各作業員の作業分担で規定することが一部の生産ラインでは見られる．一つはカメラ，小型モーターなど労働集約型組立ラインである．これらは大量生産であるため分けやすいうえに，作業員の品質と効率に関する学習にメリットがあることも指摘される．もう一つは新しく作られたばかりの拠点であり，実際の作業標準として使われている．発展のプロセスからすれば，作業員の熟練にしたがって，作業明細書の意味も日本に接近しつつある．すなわち，投資の時間の経過に沿って方式適応型移転から方式適用型移転に移行する傾向が見られる．

②現場の生産活動をより柔軟に効率に行なうため，多能工として作業員を育成し，チーム作業方式を採用することが日本企業では一般的である．多能工という思想が，欧米系企業や地元企業よりは柔軟に受け入れられていることが台湾日系企業で確かである．生産現場に限ってみれば，方式適用として台湾の多能工に関する移転の特徴を説明することができるかもしれない．

③多能工の適用程度とも関連するが，チーム作業方式も台湾日系企業では方式の適用を徹底している．その背景について，ある工場長は「移動率が低いため，チーム作業方式が維持されやすい」と説明してくれた．台湾では従業員の移動率が高いと言われるが，日系企業の場合をみると，欧米系企業や地元企業に比べて遥かに低い（劉仁傑，1995a）．また，多能工とチーム作業方式を指標として，70年代と90年代に進出した半導体2社を比べると，実行の程度と効果の差が少なくない．これについて70年代に設立された企業の現地工場長に聞くと，「うちの作業員はほとんど十数年以上の勤続年数を持っているため，相対的には給料も安くないですよ」という返答であった．

④5Sを日常的に重視することが日本企業の特徴であるが，それは，台湾日系企業の特徴でもある．程度の違いがあるとしても，方法を理解した上で推進されており，すべて方式適用型移転に属するといえる．

⑤小集団活動によって従業員の現場の智恵や創造力を取り入れることも日本の製造現場の大きな特徴である．調査した台湾日系企業18社のうち，2社は行なっていない．その原因を聞くと，「効果が出ていないため，止めた」と「当社では最初からやっていない」とそれぞれ説明してくれた．その他は程度の差があるものの，活発に行なっており，方式適用型移転に属するといえる．特にそのうちの数社はTPMやTQMの代表企業として知られており，台湾で現場管理の模範企業として位置づけされている．

⑥流れ作業と一個流しを中心とするU型レイアウトも，台湾日系企業の生産現場で採用されている．この場合も方法を既に習得し調整能力を持っているという方式適用型移転に属しているといえる．

⑦「順序引き方式」という生産コントロール手法でも，U型工場レイアウト

と同じく，方式適用型移転がなされているといえる．ある現地の副社長は「当初日本人技術者言われるままに行なったが，現在われわれもJITの信仰者」と振り返った．その発展のプロセスを辿ると，関連技術の習得程度が，導入当初の結果適用型から方式適用型へ移行する規定要因であるといえるだろう．

全般的に言えば，台湾日系企業の生産現場では，僅かの大量生産の組立ラインにおける作業明細書に関する有り方，および2社の小集団活動の欠如を除いて，日本的なものが多く見られる．また，多能工，チーム作業方式，U型レイアウトや生産コントロール手法などの質の側面を考察すると，比較的早期に設立した拠点と最近設立した拠点との差が明確である．全般的に言えば台湾日系企業の生産現場では方式適用型移転に属する傾向がきわめて強い．

事例はまだ少ないが，半導体を中心とした新しく進出した日系企業はこれまでの日系企業とは異なっているように見える．最近国際競争力を持っている台湾半導体企業の多くは生産方式に力を入れているとは思えない．また，台湾半導体企業の多くは社内外の各機能を横断するチームが強く，生産現場にはチームの意識が逆に薄い．小集団活動の推進が見られず，現場における多能工やチーム作業方式も必要最小限に留まっている．最近増えつつある日系半導体企業は，ほとんど新竹のハイテクパークにあり，そこで現在成功している地元半導体企業の影響も強く受けているようだ．今後の変化は注目に値する．

3）経営管理レベル

上海にある日系企業の調査を行なった際，日系のガールデンホテルに泊り，綾部利三郎総経理から日系ホテルと欧米系ホテルの違いをチップというシステムで説明してもらったことがある（劉・封，1996）．日系ホテルにはチップがないが，従業員は部門を問わず安定している賃金を受けるため，チップと違う形でインセンティブを受けているという．これと同じような経営管理上の特質は製造業にも当てはまる．日系企業では情報の共有，賃金体系，および従業員の募集，訓練と昇進なども日本企業から強く影響される．ここで，本研究で設定した項目にしたがって，台湾日系企業の経営管理の特徴をまとめる．

①情報の共有は日本的経営の特質の一つであり，管理者に個室を持たせない大部屋主義がその代表である．台湾日系企業は2社の例外を除いてほとんどその特質をもっている．その意味を現地幹部に聞くと，「日本人総経理からの要求」と「コミュニケーションしやすいから」というように分かれ，結果適用型移転や方式適用型移転の場合があるようだ．

②情報の共有のもう一つの現れとして，職務記述書の柔軟な利用が挙げられる．職務記述書が職務を遂行するための厳密な基準ではないという考え方は台湾日系企業にも一般に見られる．大部屋主義と同じく結果適用型移転という傾向が強い．しかし，最近はISO9000という国際規格の認証を取得するため，職務を遂行するための基準としての職務記述書を作った企業が出始めている．結果適用型から結果適応型へ変化することもありうる．輸出拠点の必要に応じて，日本企業の海外拠点が本社よりISO9000の認証を多くの場合早く取得することが前回の調査で明らかになった（劉仁傑，1996b）．これをすでに逆移転して日本本社に貢献したと話した海外拠点の責任者もいた．

③日本型賃金体系は台湾日系企業に一般に移転されているとは言えない．日本大企業からの進出や比較的早期に進出した企業は日本型賃金体系を採っていると強調した企業が4社ある．一般の作業員の賃金は勤続年数によって積み重ねられる部分もあるが，インフレを反映する部分が大きく，年齢給の比率や異なる年齢層の差が日本企業と相当異なる[2]．職種からみれば管理職は比較的に年功制に近い．日本型賃金体系を採っている企業は本社の経営理念に沿って現地社員と日本人社員とは一致すると強調した．設立当初は日本からの影響が強かったが，現在は日本からの影響が薄くなって来ているという企業もある．しかし，現地企業や欧米系企業に比べると，年功賃金の傾向は顕著である．

④賃金の一部とさえいわれるボーナスについては，台湾日系企業のほとんどが日本企業と同じく年に2回与えている．それはもともと台湾でも似た慣習があるためで，方式が基本的に同じで，与える時期と計算の仕方のみ現地の慣習に合うように調整したため，方式適応型移転と言える．92年以後，台湾では株での利益配分がボーナスとして半導体企業で広がっている．そのため，技術系

か事務系かに係わらず，人材が地元半導体企業へ向かうという現象が顕著である（劉，1999）．最近進出した日系半導体企業も同様のシステムを採っている．

⑤新卒のみを採用することも台湾日系企業ではほとんど見られない．日本企業で見られる終身雇用や年功制，またそれにともなう安定雇用がない限り，新卒のみの採用はまずありえないだろう．しかし，半数以上の日系企業が新卒や同業種の経験のない応募者を希望し優先している．かれらの経験によれば，「固定した考え方のない人は育成しやすい」，「同業種の経験者は再び他社へ移動しやすい」という．最近進出した半導体企業やこれまでと違う分野へ多角化している企業は，逆に経験者に絞って採用することもある．

⑥台湾日系企業は基本的に内部昇進を採用している．ただしごく一部ではあるが，急速な発展に対応するため，経験者の採用を併用している日系企業も出始めている．限られた事例ではあるが，経験者を採用した企業には，2種類があると見られる．一つは日本本社があまり大きくなくて，海外生産が成功し急成長を果たした企業である．もう一つは最近進出した半導体企業であり，競争が激しくて経験者を生かして対応したほうがいいとされる場合である．

⑦OJTなどの教育訓練を定期的に行なうことが日本の基本的な人的資源管理として特徴づけられる．台湾日系企業では，人を育成することを非常に重要なことと強調していても，日本本社と同じく体系的な教育訓練システムを持っている日系企業はまだ多くないようである．多くは，未経験者を中心として採用し，新入社員の基本教育（1日から数日）をしてから仕事に必要な程度でOJTとして訓練する．管理職や技術者の場合には，技術の学習や新製品の導入などを目的として，日本本社まで研修に派遣されることも多い．したがって，方式適応型移転と言えるだろう．

全般的に言えば，経営管理レベルは生産現場レベルに比べて日本的指向が比較的に薄い．特に年功賃金を採っていない，新卒採用もしていない企業が少なくない．また，内部昇進が方式適用型移転に属する以外，その他のものは方式適応型や結果適応型移転を指向する傾向が高いように見える．つまり，生産現

場レベルは適用型に指向しているのに対して，経営管理レベルは適応型移転に指向している．

　90年代以後，情報機器産業と半導体産業における台湾の競争力は日系企業の経営管理に微妙に影響を与えている[3]．日系半導体企業の日本人次長は「駐在員の所得は同じクラスの現地社員のそれに達していない．駐在員には株での利益配分はないからである」という[4]．半導体企業の新しい動向から見れば，日本人派遣者はますます技術的側面の助言をするのみになり，質の高い従業員の中途採用や柔軟性に溢れる外注業者の活用などをはじめとして，経営管理レベルで現地に柔軟に適応していくことが台湾日系企業にとっては極めて大事になっているように見える．

　4）発展のプロセスと経営システム
　2．でまとめた台湾における日本企業の進出と発展のプロセスと，3．で見てきた日本的経営の移転形態の分析の他に，少なくとも次の三つのインサイトが見られる．

　①60－70年代に台湾に進出した企業はすでに変革期に来ているが，その生き残りのための事業戦略は高度化，多角化と総合化というふうに類型化することができる．これらの事業戦略の採用は，日本本社との関係に微妙な影響を与えており，経営システムも変化しつつあるように見える．日系企業の多くは日本本社から注文を受けてきたため，環境や市場の変化に感覚に鈍くなる傾向がある．そのため，日本人駐在員や日系企業で育った現地人経営幹部には，旺盛な企業家精神を必要とする多角化戦略を策定し実行することは難しいようである．事例がいまだ少ないが，こうした困難を乗り越えるため，現地への権限委譲，有能な現地社員の活用や経験者の中途採用が必要であろう．

　②生産現場レベルは日本的であり，方式適用型移転に属する傾向が強いが，経営管理レベルは日本的志向が薄いことがこの研究で明らかになった．さらに協力体系を見ると，日本的志向がさらに薄いかもしれない．小糸系の大億はトヨタ系の国瑞自動車以外，他の7社の自動車メーカーにも部品を提供してお

り,「脱協力戦略」を一貫している．また，89年に上海小糸がすでに設立されたにもかかわらず，大億は96年に中国進出を断行し，福州市に生産拠点を設立した．中国自動車市場の急速拡大に対応するには，もう一つの拠点が必要だという大億の判断については日本本社の了解を得たに違いないが，環境変化に柔軟に対応してゆく，こうした台湾日系企業の態度は大いに注目される．

③92年以後，日本企業が長期にわたり不振に陥っている．これに対して台湾では情報機器産業や半導体産業が急成長することによって，企業進出や企業変革が盛んであり，人材の集めやビジネスチャンスのキャッチなどあらゆる側面において，日系企業の台湾における支配的位置はすでに終ったといえる．したがって，こうした市場や分業のメリットをうまく利用するためには，これまでの台湾日系企業における行動様式は変革されなければならないだろう．要するに，本社中心的発想や日本人中心的発想から台湾拠点をコントロールすることはもはや時代遅れであり，利益を失うことにつながる．

4．台湾日系企業の当面の課題

2．では台湾日系企業の過去40年間にわたる発展プロセスについて，筆者による18社を対象とした調査研究にもとづいて考察がなされた．また，3．では日本的経営の海外移転という視点から，生産現場レベルと経営管理レベルに分けて，その具体像を把握し，台湾日系企業の発展プロセスから見た含意を探った．要約すると，次のことが言えるであろう．(1)日系企業の台湾進出は相対的に円滑になされており，日本的経営システムも相対的にうまく適用あるいは適応されている．(2)最近進出している業種から見ても既に進出した企業の変革から見ても，台湾日系企業は変革期を迎えている．(3)台湾産業の構造変化，国際的地位の変化を考慮に入れると，過去の日系企業強さは今後の成功を保証するものではない．

日系企業の事業変革にも示されるように，企業の業績は，各企業の個別的な努力と台湾産業環境の新しい競争優位とが結び付いた結果だといえる．1980年

代以降，台湾における競争優位が60-70年代のそれとは著しく異なってきている．競争優位の変化と行方は今後の台湾の産業競争力を支えるものでもあるし，台湾日系企業の課題を把握する際に見過ごすことのできないものである．

1）台湾における競争優位

筆者自身はこの5年間国家科学研究費や政府の委託研究を受けフィールド調査を中心として台湾企業を研究してきた．これまで日系企業の40社を含めて約130社を見学した．また，中国や東南アジアへ十数回訪問し，海外の拠点から台湾産業を見ることができた．これに基づいて，台湾の競争優位には現場の製造技術，ハイテク技術，産業のネットワークと国際的分業という四つの要素があり，それぞれ物造りの基礎，産業発展の鍵，産業発展の社会的要因，及び国際化による優位として現われてきていると指摘してきた（劉，1997b）．

この四つの要素に関して日系企業の研究から得られた知見も少なくない．またそれは日系企業の今後の課題として考慮すべきものでもある．すなわち，台湾日系企業の行方を把握する際，まず現在ならびに今後の台湾の競争優位が何かを考えるべきであろう．ここで，筆者のこれまでの研究を要約して，台湾の競争優位の鍵となる四つの要素をまとめる．

ⅰ）**現場の製造技術**

日本や中国に対して，台湾の製造現場の相対的な優位は作業者人件費の安さではなく，製品の開発技術でもない．金型，要素部品の加工や高級品の組立などが精度よく造られることである．それは長い歳月をかけて蓄積したものであり，当面中国ではまだできず，日本ではコストが高すぎるものである．日系企業の製造現場と同じく，台湾の優良企業の多くも製造の合理化に力を入れている（劉，1997a）．それらの事例から分かるように，台湾の製造技術は日本型生産方式と併せて，市場の変化に柔軟に対応することができ，競争優位の一つの基礎である．

ⅱ）**ハイテクの活用**

ハイテクの発展と応用は競争優位を支える鍵であり，とくにハイテク産業と

言われる情報機器産業や半導体産業は，台湾の全産業に占める売上高シェアを伸ばし続けている．ハイテクは製品だけでなく，製造と生産管理などの側面にも応用できる．台湾でも技術管理の重要性が認識されつつある[5]．また台湾のハイテク産業は，日本で見られる一社で自己完結の垂直的統合ではなく，一つのプロセスを複数の企業が分割している．日本の研究開発力や規模の経済に対して，台湾のハイテク産業はスピードによる柔軟性と一定の範囲でのネットワークによって支えられている．筆者の調査によれば，このようなメリットを求めて，台湾に進出した日系半導体企業や半導体装置企業が多く見られる．

iii) 産業のネットワーク

産業のネットワークは現地の社会的コンテクストの反映であり，競争優位の社会的要因でもある．起業家精神[6]や人的なつながり[7]によって形成されてきた台湾産業のネットワークは機械産業や半導体産業の発展に大いに寄与してきたと言える（劉，1997b）．目下経済発展にともなって，産業のネットワークも少しずつ変化しているように見える．台湾企業と同じく，産業のネットワークを活用し融合することによって発展していくことが台湾日系企業の生き残りのための一つの鍵であろう．

iv) 国際化や国際分業

市場の拡大のみならず，各地域の比較優位を活用することが国際化の大きな意味である．とくに，各拠点の位置づけと競争優位を国際的視野から見つめ直してグループにおける拠点間の分業を狙っていくことは，国際的競争力を維持し向上するために，欠くことのできないものである．日本企業の日本，台湾と中国における分業戦略（劉，1996a），台湾企業の中国進出戦略（劉，封，1996；劉，1998）はこれを支持している．

2) 台湾日系企業の課題

1990年代以降，台湾や東南アジアにおける日系企業の地位とは対照的に，欧米日系企業の現地における影響力が80年代設立当時の期待に比べて著しく低下している．現地に対する理解の欠如，パートナーとして技術と利益をシェアし

ないことなどが原因と指摘されている (Unkovic, 1995). 日本企業の海外進出の失敗は, これまで成功を収めた台湾日系企業にとっては, 参考になることも多いだろう.

台湾日系企業の発展プロセスと経営システムを念頭に置きながら, 台湾の競争優位の四つの次元から把握すれば, 台湾日系企業の課題は, 次の4点にまとめることができるかもしれない.

①「脱加工区」へ意識変革をすること. 最近進出した半導体企業を除いて, 多くの台湾日系企業は2種類に大別される. 一つは, 60-70年代に安価な労働力を求めて拠点を設立したものであり, もう一つは80年代に支配的技術力をもって台湾市場も狙った企業である. 前者は家電, 電機や電子メーカーを中心としており, 後者は自動車と自動車部品メーカーを中心としている. どちらの場合も本社中心的発想から海外拠点をコントロールしようとしていた点が大きな特徴である (劉, 1996b；Jarillo & Martinez, 1990). 安価な労働力から質の高い人材へ変化していくように, 台湾の競争優位が大きく変化している. 生産基地として台湾を位置することはもはや時代遅れである. 台湾の競争優位を活用して, 技術のレベルアップ, 事業の変革や国際化を着実にするべきであり, 脱加工区への意識変革はとくに不可欠であると考える. 具体的な有り方について, 本格的に戦略的決定が行なわれるように本社取締役を拠点社長として派遣すること, 研究開発を含めたイノベーション・センターとして台湾拠点を位置づけること (吉原, 1998), 現地人社長を登用することなどがあげられる.

②脱加工区への意識変革とも関連するが, 現地で対等のパートナーを求めることである. 台湾は情報機器産業における世界最大の生産基地になっているが, 日本勢は完全に乗り遅れている. その反省は日系企業のなかにも広がっているようである. 最近の日本の半導体産業や半導体装置産業の台湾進出には真のパートナーを求める姿勢が見えはじめている. 現地社員や利害関係者の投資を受け単独出資から合弁になったり株上場を努めたりして現地に根付いた企業になりつつあること, 自動車や自動車部品の分野で見られる日台連合での中国への進出, パイオニア台湾拠点による海外3拠点への投資や運営などの最近の

動向は，この傾向を支持している．真のパートナーとして日本企業と台湾企業との戦略的提携や合弁はますます増えるであろう．

③グローバルに事業を行うこと．中国と日本のメリットを踏まえて，それぞれ生産拠点を設け，企業内分業の競争優位を模索しようとする台湾企業も見られ始めている（劉，1997ｃ）．とくに現地の人材を含む資源をグローバルに活用することは大事であり，欧米企業や台湾企業と比較して日本企業はかなり遅れていることが一般に指摘されている[8]．日本企業の台湾進出が他の外資系企業に比べて比較的長期的視点を採ることは大きな特徴である（劉，1996ａ，ｂ）．これをさらに長期的視点を採り，国際スタッフを代表とするグローバルな資源の活用が今後の重要な課題であろう．

④日本的経営を現地に適応させることである．台湾日系企業では日本型生産方式の徹底的移転，従業員の定着率が比較的に高いこと，協力工場へ指導することなどは大きな特徴であると指摘されている（劉，1995，96ｂ）．しかし，台湾では日本と異なる社会システムによる産業のネットワークが存在するため，その社会的特質や産業のネットワークを活用することがますます重要になるであろう．つまり，日本的経営を現地に適応させてゆくことが活気の溢れる企業への鍵である．企業生産現場レベルに国際競争力のある日本方式を生かしながら，経営管理レベルや協力体系の側面では現地の溢れる企業家精神や創造的発想が発揮されるように努めるべきである．

5．21世紀を迎えて

これまでの議論にもとづいて，台湾日系企業を次の三つの側面において特徴づけることができる．つまり，(1)発展のプロセスにおいては，台湾産業構造の変革に適応してきた３回の最盛期があることとそれらの成立条件が異なっていること．特に現在第1回と第2回の最盛期に進出した企業にとっての変革期が到来していること．(2)経営システムにおいては，日本的経営の生産現場における適用と経営管理における適応を見られること．(3)台湾日系企業の今後の存立の

ためには，台湾の競争優位を見据えた「脱加工区」への意識変革，現地との対等な立場でのパートナーの追求，グローバルに事業を推進すること，現地に一層適応していくことなどが必要とされること．

これらの特徴はまず，生産現場レベルではうまく機能して高いパフォーマンスを挙げていること，日本本社から技術を移転し続けていることが台湾日系企業の強さとなっていることを意味している．しかし，それだけでは台湾日系企業の明るい将来や生き残りのための事業変革の成功がすでに保証できないことも意味している．さらに，こうした強さを引続き生かすためには，台湾日系企業は日本本社依存から脱皮して，自ら市場を深く見つめて台湾の競争優位をグローバルに活用し適応していくべきだ，ということも意味しているのではないだろうか．

しかし，この考え方を実行することはきわめて難しい．現地への権限委譲やグローバル志向は日本本社のグループにおける地位の相対的低下をもたらすかもしれないからである．こうした一見して性格の違う二つの要望が一つの企業のなかで同時に実施することは，台湾日系企業の21世紀を迎えるのに避けられない課題であり積極的に挑戦すべき課題でもある．これは，台湾日系企業が地元企業や欧米系企業に勝つための唯一の選択であるかもしれない．同時に日本本社や日本産業社会の一層の発展にフィードバックし貢献するためのもっとも有効な方法であるかもしれない．

1) Abo (1994) はアメリカの日系自動車組立，自動車部品，家電と半導体などの四産業を対象として，3年間にわたる研究を行なった．アメリカ日系企業の代表的な研究として知られている．氏は6類23項目の指標を使って，アンケートと一日見学を併用して，「適用」と「適応」，および「方式／結果」と「人／物」という二つの次元によって，日系メーカーを分析した．本稿は日系企業の経営システムを日本的経営の移転から分析するため，適用／適応および方式／結果を分析の次元として分析的枠組を試みに作った．
2) Koike (1994) によれば，日本企業では年齢給は基本給の25%を占め，平均の年齢給はピークの51才と初任給はそれぞれ75,150円と43,150円となる．台湾日系企業では年齢給の差だけではさほど相違がないと言われている．

3) 昇進，昇給と福利厚生などを含む台湾人事労務管理の実態について，劉（1999）を参照されたい．
4) この日系半導体企業の事例は決して特殊ではない．こうした株での利益分配について，台湾のコンピュータ・ボードの最大手である華碩電脳（エイサスッテク）の事例を紹介する．華碩電脳は89年に設立し，この4年間平均売上成長率100%，利益率20%を超えている優良企業として知られている．96年に売上100億台湾ドル（1台湾ドル=4円）を超えており，97年の株主総会で事実上3，3台湾ドル，株式によって従業員1人当り100万台湾ドルのボーナスを渡した（『経済日報』台北，1997年4月11日）．
5) 1988年と94年において，台湾の重点校といえる交通大学と政治大学はそれぞれ大学院科学技術管理研究科を新設し，ハイテク産業の研究開発，技術の製品，製造と経営全般における応用などの研究や教育に力を入れ始めている．
6) 台湾では，熟練労働者が雇用労働者に満足できず，独立して会社を創るのは一般的である．謝国雄氏は「ボス　アイランド」として台湾産業社会の特徴を指摘している（謝，1992）．
7) 台湾では，血縁による関係を重視する以外，義理の兄弟，兵役の同期生や同窓会などの横のつながりが活発化しており，産業のネットワークの形成に寄与している．それによる信頼関係が深いため，取引のコストがかなり低下している（劉，1996a）．
8) たとえば，中国現地では良く知られているアメリカ系の天津モトローラは，半導体，チップ，携帯電話，BP機，携帯電話用電池とセラミックフィルターなどの六つの工場を有し，49名の国際スタッフを含めて5,300名の従業員を持っている．国際スタッフのうち，台湾モトローラからの出向者が13名あり，最も多い．また，四つの事業部の責任者は台湾人出向者であり，台湾からきた国際スタッフの活用が強く示されている（劉，1996b）．これに対して，設立当初や新製品の導入などに応じて一時の派遣があるが，中国拠点における台湾日系企業の出向者は意外に少なく，10社に2社程度であると見られる．

参 考 文 献

Abegglen, J.C., *Sea Change : Pacific Asia as the New World Industrial Center*, The Free Press, 1994.

Abo, T. (ed.), *Hybrid Factory : The Japanese Production System in the United States*, Oxford University Press, 1994.

板垣博「ハイブリッド工場の評価と展望」板垣博編著『日本的経営・生産システムと東アジア』，ミネルヴァ書房，1997年．

池内守厚「アジア・ローカライゼーションと新たなるパートナー台湾」『経済系』

第185集，pp.20-42，1995年．

Jarillo, C., and J. Martinez, "Different Roles for Subsidiaries," *Strategic Management Journal*, vol. 11, 1990, pp. 501-512.

Koike, K., "Learning and Incentive Systems in Japanese Industry," Aoki, M. and R., Dore, *The Japanese Firm*, Oxford University Press, 1994.

工業技術研究院機械工業研究所『半導体廠周辺設備』台北，1998年7月．

劉仁傑『台湾日系企業的人力資源管理』台北，国家科学委員会研究報告書，1995a．

劉仁傑「日本式生産導入過程『典範変革』問題之探討──日本ASICS，台湾SONY，天津YAMAHA的個案研究」台北『管理科学学報』第12巻第2期，pp.231-246，1995b．

劉仁傑『日本企業的両岸投資策略』台北，聯経，1996a．

劉仁傑「台湾・中国における日系企業の日本的経営」『国民経済雑誌』第174巻第1号，pp.37-52，1996b．

劉仁傑「台湾日系企業における生き残りのための事業変革について」『工業経営研究』第10巻，pp.54-57，1996c．

劉仁傑『企業改造：製程合理化程序与台中精機実例』台北，中衛発展中心，1997a．

劉仁傑『重建台湾産業競争力』台北，遠流，1997b．

劉仁傑「日本，台湾と中国におけるグローバル型企業の国際分業について」日本経営学会編『環境変化と企業経営（経営学論集第68集）』，千倉書房，pp.53-62，1998年．

劉仁傑「台湾の人事労務管理」奥林康司・今井斉・風間信隆編著『現代労務管理の国際比較』ミネルヴァ書房，1999年．

劉仁傑・封小雲『亜洲巨龍：台，日，港投資大陸風雲録』台北，遠流，1996年．

日本経営学会編『世界の中の日本企業』千倉書房，1994年．

奥林康司「在ドイツ・在イギリス日系企業の日本型経営」『神戸大学Working Paper』9518F，1995年．

謝国雄「立業基及其活化：台湾小企業創業及立業過程の研究」『企業組織，社会関係与文化慣行：華人社会的比較研究研討会論文集』台北，中央研究院民族学研究所，1992年．

通商産業省産業政策局国際企業課『我が国企業の海外事業活動』（第25回），大蔵省印刷局，1998年．

Unkovic, D., *Beyond the Japanese Style of Management*, Tokyo : Diamond, Inc., 1995.

吉原英樹編著『日本企業の国際経営』同文舘，1992年．

吉原英樹「日本企業のアジア経営の成果と課題」『BUSINESS INSIGHT』Spring, pp.20-31, 1998年．

第12章　検証：日本的経営システムの国際移転
―― 理論と実態 ――

要　旨

　日本的経営システムの国際移転に関しては二つの相対立する主張が存在する．第1の主張は，日本的経営システムが生まれた日本の伝統的な文化や社会システムを強調する．第2の主張は，自動車産業，電機・電子産業・工作機械産業などの製造業の国際競争力に注目する．第1の主張によれば，日本的経営システムの国際移転は文化や社会システムが異なるがゆえに不可能である．しかし，日本的経営システムが諸外国に普及していることは，事実であり，誰も否定できない．他方，第2の主張は，日本的経営システムがもっている「経済的合理性」以外の特性が何であるかを説明しようとしない．本章は，日本的経営システムが文化や社会システムの異なる諸外国へ移転し利用される理由，すなわち，経済的合理性と文化的・社会的特性の組み合わせの論理を事実に照らして解明する．

1．課題の設定

　「経営管理システムの国際移転」という本書の課題に対して，本章は「日本的経営システムの国際移転の論理」というテーマでアプローチしてみたい．その理由は，経営システムの国際移転の問題を次のような問題であると認識しているからである．なお，「日本的経営システム」の概念は，日本にのみ特有なシステムとか人事・労務慣行における「三種の神器」に限定しないで，日本企業に広く普及している経営システム（企業の経営理念・経営目標・経営戦略と財務・購買・研究開発・生産・人事・マーケティング・情報システムなどの管理方式）

の全体を意味するものとする．

　企業の海外進出などのグローバル化が進展して，メガ・コンペティションといわれる状況の中で国際競争力の規定要因として経営システムが注目されている．また，1970～80年代に繊維・鉄鋼・家電・自動車・半導体・精密機械の各産業において日本とアメリカの国際競争力が逆転するという事態が生じたが，1990年代になるとコンピュータのネットワーク利用に基づく経営革新（リエンジニアリング）とインターネットを利用するネットワーク事業の産業化において，日米の国際競争力が再逆転したという認識が背後にある．

　さらに，かかる研究が注目される直接的な理由としては，次のような全く相異なる主張が存在することを指摘しておきたい．

　第1の主張は，かかる経済摩擦の背後には，日本市場の閉鎖性や日本企業の競争ルールの異質性があり，修正するべきは日本市場の閉鎖性と不公正な競争ルールおよび日本的経営システムである．要するに，日本のような特定の伝統的文化のもとで生成・発展した経営システムは欧米先進国などのグローバル市場においては非効率的であり，通用しない．日本企業が1990年代の長期不況から脱出するためには，各種の政府規制の「緩和」と市場のグローバル化，情報ネットワーク化など，この面で最先端にあるアメリカン・システムをモデルに転換する必要がある．しかし，日本的経営は日本の伝統的文化や社会システムと一体不可分であるから，文化や社会システムを含む構造的転換が必要である．また，自助努力だけでは構造的転換は時間がかかるだけではなく，不十分であり，日本の経済的低迷は当分続く．

　第2の主張は，これとは逆に，70～80年代の日米間の経済摩擦は日米の製造業の競争力が逆転したから生じたのであり，いかなる経営システムを採用するかによって企業の競争力が変化すると考える．この考え方によると，80年代は日本の製造業の競争力がアメリカのそれを追い越したが，90年代にはアメリカ企業が日本企業の経営システムを研究して利用したことによりアメリカの製造業がその競争力を復活したのであり，アメリカ的経営＝グローバル・スタンダードという時代は終わった．日本企業は現在苦境に立たされているが，諸外国

の優れたシステムを日本流に修正して利用する特技は21世紀の情報社会においてもその強さを発揮する．したがって，日本で生まれた経営システム・管理方式がメガ・コンペティションの中で洗練され，グローバル・スタンダードの一角を占めることも不可能ではないし，すでに，いくつかの個別管理方式においてはその兆候が見られる．

　二つの主張は全く対立するのであるが，問題は，どちらかの考え方が正しくて，他方が間違っているというほど簡単なものではない．いずれの考え方においても，一つ一つの事実認識は複雑な全体像の一側面をとらえているという意味ではそれ自体としては必ずしも間違ってはいないからである．

　かかる相反する主張の基礎には，経営システム，とりわけ日本的経営システム全体や個別の管理方式に対する認識の違いが存在する．すなわち，(1)経営システムの特性は市場や社会の特性によって直接的に規定されると考え，経営システムと市場・文化・社会システムの特性とを事実上同一視する認識と，(2)経営システムは市場・文化・社会システムと密接な相互関係にあると同時に，それらとは相対的に独自な経営システムに「固有」の特性をもつとする認識とがある．本章は，上記の相対立する二つの主張のギャップをいささかなりとも埋めることを目的とするものである．

2．日本的経営システムの特性

　日本的経営システムを，ここでは，「終身雇用」制度や年功序列の人事・賃金制度，生産の「平準化」を前提にするJIT生産方式と「ニンベンのある自働化」とからなる生産管理方式，および高い外注比率とその効率的な管理のための「階層的下請け管理構造」などからなる日本的経営管理方式に限定して考察することにする．このような意味での日本的経営管理方式は，先駆的には1960年代に形成され，70年代の後半に日本の製造業に普及した．それが日本国内で「特殊的」に，また「歴史的」に形成されたものであるという意味では，「特殊」であり，「歴史性」をまぬがれない．だが，このシステムは国内外の市

場拡大という条件を前提にしてではあるが，企業の私的営利性追求の機能を有する管理方式として，まず，日本の製造業（その後は，流通や物流の各分野）に普及し，やがて欧米の先進工業国の製造業に，形を変えてではあるが，徐々に，また広く普及していった．

このような「日本的経営システム」の歴史を見るならば，経営システムは，個別企業において現実に存在するもの（＝「個別性」）であると同時に，ある地域や国においてのみ存在する特徴（＝「特殊性」）と，資本主義諸国に広く一般的にみられる共通性（＝一般性）とを持っており，しかも，それらが決して固定的なものではなく，歴史的に生成・発展・衰退していくものであるという特徴（＝歴史性）を持つものであることが理解できる．個別的な経営システムが資本主義的「一般性」を獲得し，特殊・歴史的なものが一般的なものに発展するのである．それは，テイラー・システムやフォード・システムの歴史と同様である．

日本企業の経営制度やその運営はしばしば単純な営利原則では説明が付かないで，日本人の心情や文化・社会の特性によって説明が付くことがある．そこからともすれば，日本的経営の特徴は，日本的経営システムのうち，日本社会の論理を反映する「社会＝組織の論理」（＝文化論）によって説明され，納得させられてしまう傾向がある．

たとえば，日本的経営は，経済的機能だけでなく社会的・政治的・文化的欲求が全て充足される「生活共同体」である[1]とか，日本的経営は集団主義に基づく「経営家族主義」である[2]というのはその代表的な見解である．日本人の心理特性およびその背後にある社会関係が「日本的経営の編成原理の基盤」をなしている[3]との主張においても，「基盤」という用語が「主体的条件」の意味に使用されていることに注意する必要がある．

日本的経営が企業の経営である以上，集団主義の論理やタテ社会の論理が企業の営利原則や経済的合理性と整合性をもつかどうかは決定的に重要である．日本的経営が企業の経営であるかぎり，その指導原理としても経営の評価尺度としても営利原則すなわち利潤の追求は無視も軽視もできないからである．し

かし，上記の文化論や社会学・心理学の見解では，日本的経営の基盤としての集団主義など日本社会の「組織の論理」は明解ではあっても，資本主義的経済＝営利原則との関係については必ずしも明確ではない．たとえば，「年功序列」や「終身雇用」が成立する文化的な背景は説明されるが，それらが経済＝企業の営利原則に整合するのか矛盾するのかとか，また整合するにしても矛盾するにしても企業内の「組織の論理」と「営利原則」はいかなる関係にあるのか，どちらかが優先するのかしないのか，などについては明確ではない．

このように，従来の日本的経営の研究は，主として，「日本的経営の背景ないし基盤」の特性分析にとどまっていたと言えよう．それゆえに，日本企業の経営特性は，企業内の「経営固有の原理」（＝営利原則）よりも文化的特性や社会構造など企業外の原理で説明される傾向が強かったのであり，企業の営利原則よりも社会レベルの「組織の論理」ないし文化の企業内への影響を中心に理解されることになったのである．

しかし，日本的経営の特徴は，その背景やその基盤（的条件）の特質から説明されれば十分というわけではなく，経営に固有な特性によって説明されなければならない[4]．すなわち，日本的経営の特徴は，ただ単にその背景やその基盤（的条件）の特性のみで説明できるというものではなく，日本的経営を構成する経営システムに固有の特性を解明し，両者の特性の相互関係で理解するべきであるということになる．

（これではまだ抽象的なので，以下において，QCサークル，JIT（ジャスト・イン・タイム）システム，シングル段取り替え，デザイン・インなどの個々の管理方式が，欧米諸国に限らず海外で，どのように導入され，どのように評価されているのかに関する調査を紹介しながら，日本的経営システムの国際移転の論理，すなわち，経済的合理性と文化的・社会的特性の組み合わせの論理を検証する．）

3. 日本的経営システムの国際移転

日本的経営システムのうち,その一部(生産・人事管理方式など)を海外で利用(=移転)する試みは相当進展している.いくつかの調査がそれを裏付けているが,ここでは,イギリス製造業のうちの非日系(=欧米資本)企業がいわゆる日本的管理方式をどれぐらい採用し,どのように評価しているのかという調査[5]を見ることにする(表1).

表1 イギリス企業による日本的生産管理方式の利用(1991年)

(%)

	利用せず	利用中	計画中
作業者の品質管理責任	5	77	18
継続的なカイゼン活動	8	72	20
JIT 生産	18	68	14
QC サークル	18	68	14
段取り替え時間の短縮	24	65	11
統計的生産管理技法	15	59	26
全社的品質管理 (TQC)	8	56	36
チーム作業	43	50	7
作業しやすい設計	39	51	10
かんばんによる資材在庫管理	48	42	10

(回答数:66社)

資料) Nick Oliver & Barry Wilkinson, *The Japanization of British Industry*; New Developments in the 1990s, Blackwell Publishers (Oxford), 1992, p. 138.

日本的管理方式を導入しているのは,日系企業ではなく,欧米系資本企業(イギリス資本企業48%,アメリカ資本企業38%)であることに特別に注目する必要がある.イギリスに活動拠点を持つ欧米系資本企業の場合,経営の基盤的条件(市場・文化・社会システム)はイギリス的なそれであって,日本的な基盤的

条件を欠いている．その限りにおいては，経営者の「一般的なものの考え方」も，欧米系資本企業の場合には，日系企業の日本人経営者の「一般的なものの考え方」とは異なるものと考えられる．

　経営の基盤的条件（市場・文化・社会システム）においても経営者の「一般的なものの考え方」においても日本的条件を欠いている欧米系資本企業において，日本的管理方式が導入されること自体がきわめて重要な意味をもっている．しかも，この調査は，日本的管理方式がいつ頃から導入されるようになったか，また，導入した結果は成功であったか失敗であったかということも調査しているので，日本的経営システムの国際性をその利用効果の面から検証することができる．さらに，欧米系資本企業の場合には，日系企業による日本的経営管理方式の海外での実践とは違って，日本人経営者や日本人社員の「一般的なものの考え方」によるバイアスがないので，日本的管理方式それ自体の特性が純粋に検証できるのである．

　最初の表は，イギリス企業が日本的経営システム（特に，生産管理方式）を利用しているのかいないのか，また，利用しているとすればいかなる管理方式を利用しているのか，さらに利用している企業はどれぐらいあるのかを調査したものである．調査は，自動車，電子，金属加工，化学，食品，プラスティック・ゴム，織物，諸工業，その他の製造業など，460社に対して郵送で行われ，66社から回答を得ている．

　この調査によると，もっとも多くの企業が利用しているのは「作業者の品質管理責任」(77%)で，第2位が「継続的な改善活動」(72%)であり，「JIT生産」(68%)，「QCサークル」(68%)，「段取り替え時間の短縮」(65%)と続く．「JIT生産」の利用が多い割には「かんばんによる資材在庫管理」(42%)の利用割合が低いのは，基本的にはイギリスの産業構造を反映していると同時に，日本的管理方式導入の初期的段階にあったという1990年代の初頭の時代的背景がある．「JIT生産」といえども，生産の平準化の初期段階（中ロット生産）であるために，「かんばん方式」で資材・部品の所要量を厳密に調達するという段階ではないからであると推測する．つまり，この数字は固定的なものではな

く，今後変化するものと理解される．

従来は，市場・文化・社会システムなど基盤的条件の違いを考慮して，日本的管理方式はイギリス企業で利用されることはないと考えられていた．日本的管理方式は日本の文化と密接に結合しているので，日本人にしか利用できないという考え方もその一つである．しかし，オリバー＝ウィルキンスンの調査によれば，日本的管理方式は，日系企業だけではなく，少なくとも50社以上の欧米系イギリス企業においても実際に利用されているのである．

オリバー＝ウィルキンスンのよれば，これらの欧米系企業が日本的管理方式を導入した時期は，ほとんどが1980年代以降であり，特に，1988年以降に導入した企業が最も多い．したがって，イギリス企業による日本的管理方式の利用（＝国際移転）は，まだ初期段階にあるのであり，日本でもその普及に20年かかっていることを考慮し，歴史的に考察する必要があることを指摘しておきたい．また，歴史的考察にとって重要なのは，日本的経営システム・管理方式を利用する目的＝動機である．その動機については，競争上の圧力（25％），コスト削減（17％），利益率の改善（15％），重大な損害（8％），品質改善（8％）などとなっている[6]．

1）生産管理方式の移転

つぎに，日本的生産管理方式を利用した結果はどのように評価されているかをみたのが次の表である．この表によると，「ほぼ成功」ないし「大成功」の合計が90％を越えるものがほとんどであり，唯一90％を切る「かんばんによる在庫管理」もその合計は89％という高い評価を得ているのである（表2）．「ほぼ成功」ないし「大成功」の合計が100％というのが「チーム作業」と「継続的なカイゼン活動」である．同じく97％というのが「作業しやすい設計」と「段取り時間の短縮」であり，95％というのが「品質の作業者責任」である．

この比率の高さに驚いてばかりはいられない．回答企業数が66社であり，限られた企業の評価にすぎないのではあるが，日本とイギリスという「市場・文化・社会システム」の違う国でこれだけの評価を得ているということが重要な

表2　イギリス企業による日本的生産管理方式の利用と評価

(%)

	不成功	ほぼ成功	大成功	平均点
チーム作業	—	66	34	2.97
作業者の品質管理責任	5	77	18	2.72
作業しやすい設計	3	88	9	2.56
継続的なカイゼン活動	—	92	8	2.55
段取り替え時間の短縮	3	89	8	2.53
かんばんによる在庫管理	11	68	21	2.54
全社的品質管理	9	78	13	2.48
JIT生産	5	79	16	2.44
統計的生産管理	7	85	9	2.40
QCサークル	8	82	10	2.37

注）　平均点は，「不成功」(Not successful) を1点，「ほぼ成功」を2〜3点，「大成功」(Highly successful) を4点とする4段階評価で計算されている．
資料）　表1に同じ．p. 143.

のである．この調査は，日本的経営の国際移転可能性に関する認識とそれに基づく冒頭の相対立する主張を吟味するための貴重な資料である．

　この表によれば，一般に「日本的生産管理方式」と言われているQCサークル，JIT生産方式，「かんばん」方式，段取り替え時間の短縮技法，カイゼン活動，作業者の品質管理責任などが，導入の初期の段階にもかかわらず，ほぼ受け入れられている．少なくとも，ここに挙げられている10の管理方式が「不成功」と答えた企業はそれぞれ10%未満である．日本国内の日本企業に限定しても「不成功」の比率はもっと高いかもしれない．

2）人事管理方式の移転

　日本的人事管理技法についても，それほど多くはないが，イギリス企業によって導入・利用されている．アンケートに回答した66社の内半数以上の会社が「導入」ないし「導入を計画」と答えた技法は，「チームの打ち合わせ」(95

表3 イギリス企業による日本的人事・労使慣行実施の評価

	不成功	ほぼ成功	大成功	平均点
チームごとの打ち合わせ	−	80	20	2.80
施設利用の身分差別廃止	9	68	23	2.74
期間限定雇用	9	74	17	2.60
利益分配制度	18	64	18	2.44
人事考課	12	74	15	2.35
経営協議会	9	88	3	2.34
業績給	17	74	9	2.33

資料) 表1に同じ. p. 184.

%),「期間限定雇用」(62%),「施設利用の身分差別廃止」(64%),「業績給」(72%),「経営協議会」(59%),「利益分配制度」(61%),「人事考課」(75%) となっている[7]. これまでの日本における研究では,「人事考課」は日本企業に固有の管理方式であるとされてきたが, この調査では75%のイギリス企業で採用されている.

イギリス企業が日本的人事管理技法を導入した結果に対する評価は次の通りである (表3).

イギリス企業における「人事考課」方式の採用については, われわれも1994年と95年に現地でヒヤリング調査を行い, オリバー＝ウィルキンソンの調査を裏付けるような結果を得ている. ただし, イギリスでは, 日本と違って,「人事考課」の内容が本人に対して面接で開示され, なぜそのような評価になるのかが説明され, 本人の意見陳述の機会がもたれた後に最終評価が決められるという. この点は, 日本企業の従来のやり方 (=制度の運用の仕方) と異なる点であり, 注意する必要がある. つまり, 管理方式としては同じ「人事考課」の方式であるが, その運用の仕方は日本企業とイギリス企業とでは異なっているという場合には,「人事考課」方式そのものとその運用の仕方とを区別しなければ, その導入＝利用に成功するにしても失敗するにしても, その原因はそもそも管理方式それ自体に問題があるのか, 運用の仕方にあるのかを判断するこ

とができない．

　同様なことが，QCサークルについてもいえる．QCサークルが成功するかしないかは，QCサークルの方式それ事態にあるのではなく，また，その国の市場・文化・社会システムなどの基盤的条件そのものにあるのでもない．それは，むしろQCサークルという管理方式の運用の仕方にある．「運用の仕方」について，もう少し厳密に言えば，QCサークルなどの管理方式について，トップ・マネジメントから末端の作業者までが「管理方式の内容と導入の目的を理解し，正しく運用しているかどうか」ということである．

　今後，わが国でも，人事考課については本人に対する評価の開示と意見陳述の機会を保障するとか，QCサークルについても時間外でのミーティングには残業手当を支払うという企業が増えていくならば，日本的管理方式が海外で利用されることによって，次第に洗練されていくという管理方式の移転の論理に関する仮説が検証できると考える．

　3）購買方式の移転

　JIT生産方式を実施するためには資材供給業者や部品メーカーの協力が必要不可欠であり，日本では親企業とした請け企業との「系列」関係がそれを可能にしてきた．「系列」関係が存在しないイギリスでは，「JIT納入」や「デザイン・イン」などはイギリスでは不可能と思われがちである．その点がどうなっているのかを見たのが，次の表4である．ほぼ6～7割の企業が「実施中」と答えている．

　これらの方式がイギリス企業の間に導入された時期は，約7割が1983年以降である．また，これらの方式がうまくいっているかどうかの調査では，ほぼ8割強の企業が"Quite-very successful"（「ほぼ成功」）と答えている[8]．

　4）ジャパナイゼーションか？

　1980年代の欧米の先進工業諸国で，日本の製造業に普及している購買・開発・製造・労務・納入など経営管理の方式（デザイン・イン，かんばん方式，

表4 イギリス企業の購買方式

(%)

	導入せず	実施中	実施を計画
JIT納入	28	59	13
品質保証納入	5	83	12
1社発注	27	65	8
サプライヤーが開発	25	68	7
デザイン・イン	33	63	4

資料) 表1に同じ. p. 193.

QCサークル, JIT, など) が企業の競争力強化＝経営合理化の手段として注目され, 欧米流に修正されつつ利用され始めた. また, 1990年代になるとアメリカ製造業が国際競争力を回復したが, その原因について,「自動車, 半導体では, 米国勢は日本流の生産技術, 品質管理を積極的に取り入れた. その結果が生産性向上, コストダウンにつながり, 強い価格競争力を身につけた. 製品の信頼性, 品質も大幅に向上した」と言われている[9]. JIT生産, チーム作業編成, 改善活動,「部品メーカーとの共同開発」＝「デザイン・イン」など, 日本企業の生産システムの重要な諸要素が, 欧米企業製品の品質・コスト・納期のような企業の国際競争力を高めるのに有効な管理制度・技法として, 多少の修正を伴いつつも外国企業によって利用されている.

ところが, これらの生産管理と人事管理の技法は相互に関連しているだけではなく, 日本の独自な労使関係や産業構造および集団主義的な文化とも密接に関連する一つのシステムであるから, 日本的経営管理方式の導入は個別の方式にとどまることなく, やがて企業内労働組合を重要視する労使関係や系列支配など経済・産業構造全般におよぶという考え方から, 日本方式の導入は, 特にイギリスでジャパナイゼーション (Japanization) と言われ, 日本でも大きな関心が寄せられた.

オリバー＝ウィルキンスンによれば, 当初は,「日本的生産方式は労働者に対して単なる順応ではなく, 積極的な協力を要求する」, したがって,「企業が

生産方式をその特徴ごと導入しようとすれば，人事管理方式や労使関係との適切な組み合わせが必要である」[10]という単純な主張であったという．しかし，彼らは，1987年と1991年の2度の調査によって，「生産方式と雇用慣行とは，必ずしも企業戦略全体のパッケージの1部分ではない」ことを発見し，「最も驚いたことは，日本的生産方式の利用と日本的人事管理・労使関係方式の利用との間に必然的な関係が存在しないということである」として，「JITの利用と全社的品質管理やQCサークルおよびグループ・テクノロジーないしチーム作業との間にはきわめて密接な相互関係が存在する．しかし，JITを最も強力に利用している企業が日本的な人事管理方式を利用していない」という調査結果を発表したのである[11]．

「ジャパナイゼーション」の考え方は，日本的経営システムは独自な労使関係や産業構造および集団主義的な文化の下でのみ機能できる特殊なシステムであり，日本的経営管理方式の導入は個別の方式にとどまることなく，やがて企業内労働組合を重要視する労使関係や系列支配など経済・産業構造全般におよぶというものである．ところが，「日本的生産方式の利用と日本的人事管理・労使関係方式の利用との間に必然的な関係が存在しない」というオリバー＝ウィルキンスンたちの調査結果は，「ジャパナイゼーション」の考え方に修正を迫るものであると考える．在英欧米資本企業の場合，その経営基盤的条件（経済的・社会的・文化的構造）としては日本的な構造を欠いているのであるが，そのような企業が日本的管理方式を導入し利用しているからである．そういう意味で，きわめて重要な意味を含んでいる．

では，「ジャパナイゼーション」の考え方をどのように修正するべきなのであろうか．事実を尊重し，事実に基づいて理論化するという立場からすれば，イギリス企業によって導入された日本の管理制度（例，チーム作業編成，品質の作業者責任，JITやQCサークル）は，イギリスの経営者によって日本の「文化的特質」や労使関係からは一度分離され，あらためてイギリスの文化や労使関係に合うように若干修正されて，導入されると考えるのである．

4. むすび

「日本的経営システム」は，日本企業に広く普及している経営システム（企業の経営理念・経営目標・経営戦略と財務・購買・研究開発・生産・人事・マーケティング・情報などの管理方式）の全体を意味するものであり，個々の管理方式は，企業の経営理念や経営目標および経営戦略によって直接的に規定されているだけではなく，市場的・文化的・社会的要素によって規定されている．すなわち，経営システム（①企業の経営理念・経営目標・経営戦略と②個々の管理方式）は③市場・文化・社会システムと密接に結び付き一体化している．現実に機能しているシステムの実体は三位一体である．

「日本的経営」論においては，これまで，これら三つの要素は，一体不可分のものとされてきた．確かに，日本の市場・文化・社会の中で，日本人の経営者が経営理念・目標・戦略や各種の管理方式を作り経営を行うのだから，三つの要素は一体不可分のように思われる．

しかし，日本企業の海外進出と国際市場における企業間競争が一般化するにともなって，日本的経営システムの国際性が問われ，場合によっては修正が必要にるようになってきた．また，日本的経営システムのなかには，外国の企業によって利用されるものも見られるようになっている．日本的経営システムや個々の管理方式が，オリバー＝ウィルキンソンの調査によって外国で利用（＝国際移転）されていることが明らかにされている．こうした事態は先のいわば不可分理論の考え方では説明できない．このような時代には，各国の経営システムはその出自の構造的特質にこだわることなく，経営目的の達成にとって有効なものは利用される．その場合には，経営システム（企業の経営理念・経営目標・経営戦略と個々の管理方式）は，それが誕生した国の市場・文化・社会システムによる規定性から一度開放＝分離され，利用する側の国の市場・文化・社会システムとあらためて密接に結び付き，一体化される．いったん分離されたうえで，再度結合されるのである．その場合，経営システムの特質の一部が

修正される[12]．

　しばしば，そのまま利用する場合は「適用」，修正して利用する場合は「適応」と区別されるが，経営システムが海外で利用される場合には，基本的には，利用する側の条件によって修正される．また，修正されているから，「移転」とは言えないという議論があるが，経営システムの「国際移転」の基本は「修正して利用」である．「適用」と「適応」はこの「修正」の程度の違いにすぎない．

　むしろ，経営システム全体も，またその各要素システムも「国際移転」によって修正され，変化することに注目するべきである．本文で述べたように，今後，わが国でも，人事考課については本人に対する評価の開示と意見陳述の機会を保障するとか，QCサークルについても時間外でのミーティングには残業手当を支払うという企業が増えていくならば，日本的管理方式は海外で利用されることによって修正され，次第に洗練されていくという仮説が検証できると考える．その修正・洗練のされ方に一定の法則性があるのではないか．つまり，経営システムを規定している特性（営利性と社会性）がどのように修正されて行くのか，その法則性を発見していくのが経営学の，そして社会科学の課題である．

1) 津田眞澄『日本的経営の擁護』東洋経済新報社，1976年．
2) 間　宏『日本的経営の系譜』文眞堂，1989年．
3) 岩田龍子『日本的経営の編成原理』文眞堂，1977年．
4) 林正樹『日本的経営の進化』税務経理協会，1998年，第1章参照．
5) Nick Oliver & Barry Wilkinson, *The Japanization of British Industry*; *New Developments in the 1990s*, Blacwell Publishers (Oxford), 1992.
6) Nick Oliver & Barry Wilkinson, *op. cit.*, p. 141.
7) Nick Oliver & Barry Wilkinson, *op. cit.*, p. 181.
8) Nick Oliver & Barry Wilkinson, *op. cit.*, p. 195.
9) 『週間ダイヤモンド』1993年2月6日号．
10) Nick Oliver & Barry Wilkinson, *op. cit.*, p. 175.
11) Nick Oliver & Barry Wilkinson, *op. cit.*, pp. 184-5.

12) 青木圭介によれば，ドーア (R. Dore) も「日本的」生産システムはそれを育んできた日本社会の伝統，文化，民主主義，価値意識から切り離して，外国に移転させることができると考えている．青木圭介「ポスト・フォーディズム論と日本的経営－生産技術と労働過程を中心に－」，『広島女子大学文学部紀要』第26号，1991年．「ドーア教授と語る」・「世界の中で見た日本の企業と社会」，同・「日本的企業システムの研究について」，『経済評論』1990年5月号．

第13章　標準化概念と経営管理方式の海外移転
―― 移転論の一般化に向けての覚書 ――

要　旨

　ある国の生産技術，生産システムないし経営管理システム，経営管理様式が外国に立地する企業に移転可能かどうかについては，種々の要因に依存している．本稿は，経営学における標準化の概念と，経営管理様式の決定要因（「文化構造」，「経済過程」および「企業内外の組織」）について検討し，さらに経営管理システムないし管理様式の移転の外国企業の労働者と管理者への影響について，労働者からの機械への熟練の移転（作業の機械化），労働者からの管理者への熟練の移転（作業の管理化）と比較し説明している．労働者から機械ないし管理者への熟練の移転は，その労働者に地位や職位の等級の格下げをもたらしたように，経営管理システムないし管理様式の外国企業からの導入は，国内の従来の経営システムないし管理様式を旧式のものとし，導入した国の労働者や管理者に地位と職位の等級格下げをもたらすのである．それゆえ，国内の企業にとっては，外国から管理システムないし管理様式を直接に移転することは困難なのである．最後に，経営管理システムないし管理様式の国際移転に関する一般理論がどこまで進展したかについて，これまでの安保哲夫グループと岡本康雄グループの研究成果の内容を紹介しながら検討している．

1. はじめに

　経済・経営のグローバル化の進展にともない，「グローバル・スタンダード」という言葉が頻繁に使用されるようになっている．各国の会計原則を世界的視点から調和的なものに改善しようとか，会計原則を国際的な視点から統一化しようとする考え方も，グローバル・スタンダードの方向であろうが，その統一

化をどこの国の会計原則を基準ないし標準にして検討するかとなると，即座に回答はでてこない．

また，最近の日本企業の不祥事の発生に直面し，企業経営の行動原理のグローバル・スタンダードは，「株主利益の最大化」でなければならないと主張されるようになっているが，他方で，企業運営原則は，株主だけでなく，従業員や利害関係者（ステークホルダー）のためでなければならないという主張も依然として強い．リストラの波がこれほど強くなっていても，横川電機社が，すさまじい原価低減の努力をしながらも，終身雇用を死守するというのも，この例の典型といえよう．

日本の貿易収支が恒常的に増大し，貿易摩擦の解決策の一つとして促進された企業活動の国際化（直接投資の増大）にともない，日本的経営管理方式の移転・移植の議論が展開されてきた．日本的経営・生産システムが特殊であるなら移転は難しいであろうし，普遍的であるなら容易ということになる．経営管理方式の標準化ないし経営管理方式のグローバル・スタンダード化は可能なのであろうか．本稿は，日本的経営管理方式ないし日本的経営・生産システムの移転論についての一般化が可能かどうかについての覚書である．

第1節では，経営学の分野で論議されている「標準化」の概念について検討し，これまで経営管理方式の標準化について論議されてきたかどうかについてみている．第2節では，経営管理方式の決定要因として，「文化構造」，「経済過程」，「企業内外の組織」をあげてそれぞれの内容について検討している．第3節では，経営管理方式の海外移転の現地労働者や管理者への影響を，藻利重隆の「熟練の移転」理論での「作業の管理化」（現場作業者のもっていた管理労働の熟練の管理者への移転）の視点から論じている．第4節では，経営管理方式の移転論の一般化をめざして，安保哲夫グループの研究成果と岡本康雄グループの研究成果を手がかりにして，その論点を覚書風にまとめている．その意味で，本稿は将来本格的に展開されるべき経営管理方式移転論をめぐる諸論点のためのノートともいうべきものであることを，最初にお断りしておきたい．

2．経営学における標準化の概念

1）標準化の定義

経営学の分野では，テイラーの科学的管理法の成立以来「標準化」について議論されてきている．広辞苑によれば，「標準」とは，「判断のよりどころ，比較の基準，めあて，めじるし，あるべきかたち，手本，規格」であり，「標準化」とは，「標準にあわせること，工業製品の品質・形状・寸法を標準にしたがって統一すること．これによって互換性を高める」とある．

E．グロツホラーとE．ガーゥグラー編集の英語版『ドイツ経営学辞典』は，「標準化（standardization）」について，つぎのような説明をしている．「標準化」という用語は，「物的対象物（physical objects）の単一化（unification）を意味する．標準化の問題は，アダム・スミスによって描かれた労働分業から発生し大量生産過程の機構をもたらすのである．」この辞典の「標準化」の項目の著者であるH．クライケバウムによれば，標準化の発展は，機械の利用を準備・計画する労働と実際に作業を行う労働に分離をもたらすと述べ，テイラーの提唱した計画労働と作業執行労働の分離から標準化が進展したことを想起させる叙述をしている[1]．

ところで，彼によると，標準化には，「規格（norm）」の設定と「型（type）」の設定が含まれる．標準化という言葉は，「規格」の設定と「型」の設定に関する総称的用語として使用される．しかも，標準化は，個々の会社での内部的な作業と関係するのにたいして，規格の設定は，その国のある機関などの定義によりより広い文脈のなかで使われるということである[2]．ケライケバウムによれば，「規格設定の本質的役割は，製品計画・製品設計の標準化・単一化に用いられる機会を利用することである．加えて，標準化された用語と手続きを用いることによって，生産過程の全段階を通じてトラブルの無いコミュニケーションと協力の機会が生み出される．このように，規格の設定は，シンボル，形，図の設計を考慮することにより，過程の組織化とスケジュール化の改善お

よび過程の管理（administration）の単純化（simplification）に寄与するのである．この意味で，規格の設定は，経済性・能率を増大させると同時に技術の進歩を許容する道具的役割を持っている．これは，建設，生産，倉庫，マーケティング分野での費用低減を目的としている」[3]という．

2）規格設定の意味

ドイツ基準化協会（Deutsches Institut für Normung = DIN）は，規格の設定とは，「広く公衆の利益のために関係団体によって実施される有形物・無形物の体系的標準化に関係する」取決めである．その場合，「規格」設定とは，生産部品，生産過程，生産方法の標準化が考えられるのにたいして，「型」の設定では，自動車やモーターなど最終製品の形，サイズや他の特徴を指しているとしている．

ドイツ標準化協会は，関連する主な規格としてつぎのようなものがあるとしている．

①製品，サービスの基準（ベルトコンベアーや芝刈機の機能）

②寸法基準（紙の寸法・耐度）

③計画基準とは，用地の設定と建築作業の設計，計算，構造と機能の計画原理と基本手続きを意味する（例えば，飛行場の設計，建築，運営のガイドライン）．

④検査基準とは，明細の特質を確認するにあたっての技術的・科学的諸目的をチェックし検査し測定する手続きを意味する（例えば，公害の検査装置）．

⑤品質基準とは，物的対象の利用に関する本質的要件とその査定のための客観的基準

⑥安全基準とは，人間，動物，物にたいして起こる危険を防御するガイドラインの設定を意味する（電気スイッチの安全装置のガイドライン）．

⑦物財基準とは，材料の物的，化学的，技術的性格（例えばコンクリート）

⑧過程基準とは，（例えば，顆粒の製造における）成否の製造と取り扱いのガイドラインの設定を意味する．

⑨コミュニケーション基準とは，標準化された言葉，印（シンボル），システムによって不明朗でない合理的なコミュニケーションの実現に貢献する[4]．

このように，その国の協会などによる規格化とは，ある会社だけでなくその国で広く利用される目的で設定されるものであるが，あくまでも，物的対象物のあるべき機能，性格や組み合わせに関するあるべき姿を規定したものである．

標準化とは，前述のように，あくまでもある会社の部門ないし会社全体で実践的問題を解決するために生まれる．ケライケバウムによれば，ある部門ないし会社に有効な作業基準が，生産を能率的に実施するものであるなら，その国の基準化協会の基準になるのかもしれないという．したがって，標準化が進むとか深化するというのは，それが広範囲に普及するということであり，どの程度の範囲ないしどれほどの強度で新しい規格が設定されるかは，それまでに達成される標準化の浸透と関係することになるのである．この場合，標準化を進めるかどうかは，費用と便益への考慮によるが，標準化が費用を減少させるか便益を増大させるかを明確に示すことは，それほど単純なことではない．

3）規格化（標準化）が陳腐化する要因

設定された規格・標準は永久に利用され普及するわけではない．規格が時代遅れになると，それは除去され新しい規格と取り替えられなければならない．すなわち，技術の変化とともに，社会および環境の変化も考慮されなければならなくなり，新しい規格が設定されるようになる．最近では，規格の変更は，古い技術が新しい技術に取り替えられるという技術的要因だけでなく，ドイツでみられた1970年以降の「労働の人間化」に関する法律施行という社会的要因によっても生じている．したがって，一度設定された規格や標準も永久に続くのではなく，それまでの技術レベルの低下という要因と，その国の社会的条件の変化・法律の変更などの要因により陳腐化していき，新しい規格・標準に取り替えられることになるのである[5]．

4）経営管理方式の標準化は可能か

ところで，本稿の議論の中心である，経営管理方式の標準化は可能であるのか？　1967年に出版された藻利重隆編集の『経営学辞典』でも「標準化」それ自体の項目はなく，向井武文執筆担当で「生産の標準化」として掲載されている．向井は，生産の標準化を，「製品の標準化（単純化）」，「部分品の標準化（規格化）」と「作業手段の標準化（特殊化）」の3項目に分けて説明している．製品の標準化とは，商業的・技術的見地の視点から，製品の過度の多様性を排除し，製品の種類，型，寸法および特徴を経済的なものに減少することを志向し，これは結局は品目ないし完成品の標準化（単純化）を意味する．部分品の標準化とは，部品の共通化と互換性部分品を規格化し互換式生産を可能にさせることである．そして，作業手段の標準化（特殊化）とは，製品の標準化，部品の共通化・互換化のもとでの従来の機械の万能機から単能機（特殊機）化を意味している[6]．向井においても，結局は，生産過程のあり方，すなわち，人間が生産対象（製品，部品）と生産手段の結合を最も合理的にするための方式であり，そのために作業の標準化が問題になるにすぎない．ケライケバウムはより展開した標準化の具体例として「モジュール」方式をあげているが，これは部品を結合しより大きなユニットとしての部品部分を作る方式であり，これも基本的には，部分品の標準化であり，他企業でも容易に利用でき費用を減少させ便益を増大させるものといえよう．

クライケバウムにおいても，向井においても生産過程を媒介にした作業の標準化を想定していても，上司（人間）が部下（人間）を管理する方式それ自体については，標準化の考察の対象にはしていない．しかし，すでにみたように，標準化とは，ひとつの部門ないし会社において実施・展開されるもので，それが能率を上げ費用を低減させ，しかも他企業でも利用可能である場合を指していた．経営管理方式には，人間が物的生産過程の編成だけでなく，人間が人間を組織化し編成することも含まれる．個々人が価値を持ち文化を持つ人間集団の組織化，人間による人間の管理の方式は標準化できるのか，この問題こそ，経営管理方式の海外移転の可能性をめぐる論議の中心となるのである．つ

ぎに，経営管理方式の決定要因について検討しよう．

3．経営管理様式の決定要因

1）経営管理方式の三つの決定要因

　経営史家中川敬一郎は，『比較経営史序説』(1981年3月）とその直後に出版した放送用テキストで，「企業経営のあり方」を規定する要因として，「文化構造」，「経済過程」，「企業内外の諸『組織』」をあげている[7]．文化構造とは，ある時代のある国の個々人の思考・行動様式，すなわち生活目的・目標，価値体系，社会的格付 (social ranking)，行動基準の型 (patern of conduct) を意味する．ある国の経済発展，とくにアジアやアフリカの経済発展を説明するためには，「ホモエコノミックス（経済人）」仮説を基礎に資本や工業技術の分析をすることだけでは不十分である．これらの諸要件のほかに，その国の個々人がその国の経済発展にどのように適応したのかという思考・行動様式の比較検討が必要である．「経済学では，労働力の供給について，賃金が上昇すれば，それに応じて労働力の供給量も増大すると説明するが，たとえば，アフリカの土着人の社会では賃金を倍に引き上げたところ，1日分の賃金で2日暮らせるようになったので，隔日にしか職場に顔を見せなくなった」[8]というようなことがおこる．この事実は，従来の経済学が前提とする仮説では発展途上国の経済現象を説明できないことを示している．

　この文化構造の要因，すなわち，個々人の思考・行動様式，価値体系等がどのように形づくられるかというと，中川も述べているように，他の二つの要因である経済過程と企業内外の諸組織からも影響を受け形成されるが，筆者は，そのほかに文化そのものを構成するといえるその国の宗教，政治，法律，教育といった各制度によって形づくられたものと理解する．この直接に文化構造を形成する諸制度は，国によって異なり，しかも他の二つの要因から影響を受ける場合もあれば，経済過程や企業内外の諸組織に影響を与える場合もある．

　第2の経済過程とは，企業家ないし経営者の意思決定を制約する外部的経済

要因を意味する．ある国の企業家ないし経営者によってなされる意思決定との関連で経済過程を具体的に分析しようとするならば，その国の経済発展を個別歴史的観点から考察するだけではなく，他国との比較歴史的視点が必要である．なぜなら，現在先進資本主義国といわれている国々においても，それぞれの「産業革命」ないし「工業化」の経済過程を国際比較の視点から歴史的に分析してみると，たとえば，ヨーロッパ，アメリカのような早期に出発した資本主義と日本のような後発資本主義では，かなり異なっているからである．

アレキサンダー・ガーシェンクロンが説明したように，後発資本主義国の工業化のスピードは，先進資本主義国のそれに比べて早いといえる．それは，日本の場合がそうであったように，後発資本主義は，先進資本主義が既に開発した最新の技術が利用できるし，場合によってはその導入に必要な資本を先進国から借り入れることができるからである．また工業化の規模も，先発資本主義国の企業との市場競争に伍していくためにも，先発国の場合に比べ大規模である．大規模であってこそ，先進国の製品の品質・価格に対抗し得るからである．さらにまた，後発国の工業化が大規模であるためには，日本の明治時代にみられたように国立銀行等のような国家機関によって「上から」誘導されなければならないし，したがって，ヨーロッパの場合にみられたように，工業化の理念が「自由放任」，「個人主義」，「経済合理主義」といったものではなく，「国家主義」とか「準宗教的なもの」が，その理念となる傾向がある[9]．このガーシェンクロンの説明がすべての後発資本主義に妥当するのかどうかは疑問であるとしても，とにかく経済発展の経過はそれぞれの国によって異なるのであり，したがって，個別企業の行動やその国民の個々の行動基準さえ制約することのある経済過程の諸要因を分析する場合に，その国に特有なものなのか（特殊性），ほかの国にも妥当するものなのか（普遍性）を，個別に比較し検討しなければならないのである．

ある国の経営管理方式を規定する第3の決定要因は，企業内外の諸組織であるが，この要因は，先の二つの要因と比較すると，管理方式を規定するという観点からみれば相対的に独立した要因である．なぜなら，たとえばいま，文化

構造と経済過程が一定不変と想定した場合にも，その組織的行動がこの両要因に適合した良好な展開を見せる企業もあれば，適合せずはかばかしくない企業もあるからである．この相違は，具体的には優秀な企業経営者ないし優秀な管理方式を備えた企業なら，その時点で文化構造（企業内外の個々人の意識や価値基準）と経済過程を巧みに察知し，その企業の組織が適合的でない場合，それを是正することができるのにたいして，そうでない経営者や企業は，文化構造や経済過程の変化に適合できず相手企業との競争に敗退するといった形で現れる．経営者や企業が，この環境の変化に巧みに適合し組織変更を容易にできるかどうかは，その企業に関係する内外の組織の歴史的展開経過とも密接に関係するものと思われる．その意味で，中川敬一郎は，「企業者活動」は「時系列において結びつけられた諸行為の体系」であり，企業は生物学的成長しかできないものである．その意味で，企業はきわめて歴史的存在であり，「特定タイプの組織が必要であるからといって即座にそれが得られるものではなく，またある組織が望ましくないからといって直ちに他の組織に切り替えるものでもない」[10]とも述べている．

この企業内外の諸組織は，他の二つの要因に比べ相対的独立性を有しているとはいえ，文化構造と経済過程からの影響を看過してはならない．なぜなら，企業組織を構成する個々人の行動は，その国のその時代の文化構造や経済過程によって規定されるし，また企業経営者の行う意思決定も，相手競争企業の行動動向，その企業の属する産業部門の動向，さらには全体経済の動向といった経済過程はもちろん，自社内の従業員の意識動向にも制約される．

以上述べてきた文化構造，経済過程，企業内外の諸組織は相互に独立しているが，相互に影響関係をもつ．ある時代には，第１の要因が他の二つの要因の両者ないし片方に強く影響を及ぼすこともあるが，別な時代には，第２の要因が他の二つの要因に強く影響を及ぼす場合がある．経済的要因が大きな影響を及ぼす場合として，先のアフリカの土着人のケースでも，定期的に賃金をもらいサラリーマンの生活が身につき始めた状況で，経済状況が変化しその土着人に半日分の賃金しか払えなくなったとか，土着人の20パーセントをレイ・オフ

表1　経営管理方式の決定要因

国・地域	文化構造	企業内外の諸組織	経済過程
日本	・宗教（神道，仏教，儒教，道教の混交） ・集団主義 ・公教育制度（企業内教育とは分離） ・法律（民法，刑法，商法経済法）	・終身雇用・年功賃金制 ・集団的意思決定（稟議制度） ・個人の職務区分が重複 ・企業内教育・訓練 ・総合商社 ・仕入れ先企業の下請け化 ・財界（経済4団体）の組織 ・企業別労働組合	・通産省指導の経済政策 ・企業集団と株式相互持合 ・総合商社による物流 ・経済の二重構造 ・個人レベルの競争でなく集団・企業集団間の競争 ・狭隘な国内市場（貿易立国）
アメリカ	・多民族国家（各民族の宗教） ・個人主義（個人対個人の競争） ・競争社会の勝利者としての社会階級 ・プロフェッショナル社会 ・ビジネス・スクールの地位が高い ・法律に基づく訴訟社会	・職務給・成果による昇進 ・個人の職務（責任・権限）の範囲が明確な経営組織 ・大量生産とマス・マーケティング ・事業部制経営組織の発展	・政府の経営政策への介入少 ・利益集団間での株式所有の相互乗り入れ，機関投資家 ・独禁法のもとでの市場原理主義，個人と個人間での競争 ・広大な国内市場
ドイツ	・プロテスタント ・公教育と職業教育の二重制度 ・ブルー・ホワイト・カラー共存社会 ・社会的国家（個人の自由は社会的視点から制限） ・マイスター制度	・ドイツ労働総同盟による雇用保障 ・ブルー・ホワイト・カラー間のチーム労働が良好 ・企業内教育・徒弟制度 ・職務給・成果による昇進 ・個人の職務（権限・責任）の範囲が明確な経営組織 ・産業別労働組合	・社会的市場経済 ・会社株式の銀行支配 ・家族による会社支配 ・経営者・労働組合間の協約自治

フランス	・カソリック ・グランド・ゼコール（ホワイト・カラーのためのカードレ制度） ・強い社会階層の区別 ・貴族主義（官僚社会） ・強い個人主義	・（社会階層の区別反映） ・職務給・成果による昇進 ・個人の職務（権限・責任）の範囲が明確な経営組織 ・各階層を代表する労働組合	・反資本主義・国家資本主義 ・会社株式の家族所有
イギリス	・キリスト教 ・貴族・ジェントルマン主義 ・社会階層の区別 ・プロフェッショナル社会 ・強い個人主義	・ホワイト・ブルー・カラーの区別明確（社会階層の区別反映） ・職務給・成果による昇進 ・会社移動による昇進 ・個人の職務範囲が明確な経営組織 ・職業別労働組合	・会社株式の家族所有 ・産業資本主義の成熟
韓　　国 台　　湾 NIEs ASEAN 中　　国			

注）上記アジアについては将来の検討課題とし空欄としている．

せざるをえなくなったとすれば，その働きかたも変化するであろう．日本の1980年末までのバブル経済の状況では，大学生は就職活動においていくつもの希望会社の内定を得てそこからベストの会社を選ぶことができたが，現在のような不況の状況では，学生は一つの会社の内定を得るのも難しくなっている．このような経済状況の変化は，学生の就職意識・行動だけでなく，会社の雇用政策にも大きな影響をおよぼしているのである．一般的には，文化構造の変化は遅く暫時的であるのにたいして，経済の変化は速く，その変化が激しいときは，経営組織やそれぞれの価値をもつ人々の行動にも激しい影響をおよぼすことである．

したがって，この三つの要因の相互影響関係を分析するにあたっては，これ

らの三つの要因を個別的にしかも歴史的かつ国際比較の視点から分析されなければならない（表1参照）．

2）文化構造の構成要因

すでに述べたように，文化構造とは，ある時代のある国の人々の思考・行動様式，生活目標，価値体系を意味するが，筆者は，それを直接規定するのは，その国の宗教制度，教育制度，政治・社会制度であると考える．またこれらの制度は，経済過程や企業内外の諸組織には含まれないから，文化構造を構成するものといえる．

まず宗教について議論するなら，日本で最もポピュラーな宗教としては仏教があげられる．森嶋通夫によれば，日本の仏教は中国から伝わっており，中国の哲学であり処世訓である孔子の儒教（官僚・支配階級に影響）と老子の道教（農夫・庶民に影響）から強く影響を受けており，さらに日本に昔からあった神道（天皇）を許容するものであったということである[11]．したがって，おおよそのいいかたになるが，一般的日本人の行動様式を規定する宗教ないしイデオロギーは，神道・仏教・儒教・道教の混交なようなものをいうことになるかもしれない．もちろん，ある特定の日本人が，洗礼を受けるほどのキリスト教に影響を受けているケースがあるかもしれないが，ここで問題にしているのは，ある時代のある国の人々に最も影響を与えた宗教ないしイデオロギーは何かということであることは，いうまでもない．

その意味では，韓国でもキリスト教の普及は広範になりつつあるが，韓国人の社会の行動規範は儒教思想から大きな影響を受けているといえるし，多くのマレーシア人の社会行動規範はイスラム教から大きな影響を受けているといえよう．日系企業の東アジアへの進出が増大しているのであるから，東アジアの国々の人々の行動規範を文化構造の視点から詳細に検討していく必要がある．

ヨーロッパ社会では，キリスト教の影響が強い．フランスではカソリックの影響が強く，カソリックでは，富は神から与えられたものであると考え利益や金銭を追求することを罪悪視し，新興の経営者を蔑視する傾向があるといわれ

る．それにたいして，ドイツではプロテスタントの影響が強く，ウェーバーの『プロテスタンティズムの倫理と資本主義の精神』で明らかにされたように，プロテスタントは勤労を尊びカソリック教徒の子女に比べ技術や手工業・商業といった専門教育を受けさせる傾向があり，ドイツの経営者の出身階層をみると中間階層や労働者の割合が多いといわれている．

　経営管理方式と密接に関連する教育制度を問題にするなら，その国の教育訓練制度が企業内に制度化されているか否かということが決定的に重要である．1989年にマサチューセッツ工科大学の「産業生産性調査委員会」が出版した報告書『Made in America』では，国における教育訓練の違いと生産性の違いについて指摘している．報告書によると，アメリカ，スウェーデン，イギリスなどの国では，「正規の教育機関が，仕事に必要な特殊技能の大半を教えており，オン・ザ・ジョブ・トレーニング（OJT）は業務に関連した手短なものにすぎない」．これにたいして，教育・訓練が企業内に制度化されているドイツや日本では，「特殊技能だけでなく基礎的な技能の開発についてもOJTが重視されている」[12]．この報告書は，このほか，アメリカの大学では理工系の教育を受けた卒業生の割合は6％であったのにたいして，日本20％，ドイツ37％であったこと，さらに，アメリカでは，高校生などへの技能教育など職業教育が正規の学校教育に依存し過ぎていることなどにふれられている[13]．ここで強調すべきことは，正規の公教育制度が企業内の教育訓練制度および経営管理方式と密接に関連し影響をおよぼすということである．

　さらに，日本社会における天皇の影響力や君主への忠の強調は，孔子の儒教思想についての日本への導入過程の特殊性から生じており，これを教育の視点からふりかえると興味深いものがある．先の森嶋によれば，孔子は仁，義，礼，知，信（忠）の徳目を重視したが，この中で中心となるべき徳目は仁で，正義をもち，礼儀をわきまえ，知性にあふれ，他人にも自分にも誠実な（信は他人にたいして，忠は自分にたいして）人を，有徳な人と考え「仁者」とした．しかし，聖徳太子以来，日本人が理解し流布した儒教は，これと違い，「仁」を強調しないことでは共通していた．最もひどいのは，1882年の軍人勅諭で，

忠, 礼, 勇, 信, 質素の5項目が強調され, その中でも「信」が強調され「仁」は除かれている. こうしたことから, 「忠」の意味が中国と日本人では異なる. 中国では, 忠は仁の条件であるから自分自身の良心に対する誠実を意味するが, 日本では主君, 上官, 会社などへ専心を意味することになる. 孔子の「君に仕えるに忠を以てす」の言葉も, 中国人は, 「家来は自分の良心にそむかぬ誠実さをもって君主に仕えるべきだ」と解釈するが, 日本人は「家来は君主に身を捧げるべきだ」と解釈する[14]. この例は, 中国人が日本人に比べはるかに個人主義的態度を示すことの的確な説明となろうし, さらに教育がいかにある時代のある国の人々の思考・行動様式を規定するかを示すものであろう.

さらに, 文化構造, すなわち人々の思考・行動様式, 価値体系を形成する法律制度に関しては, 憲法, 民法 (民事訴訟法), 刑法 (刑事訴訟法) など人々の日常生活に関する法律, さらに商行為に関する商法, 会社の行動に関する各会社法, さらに各種経済活動に関する独占禁止法を含む経済法がある. 民法は企業外の人々の行動を規制し, 商法, 経済法は企業内の人々の行動を直接規制するといえよう.

ここでは, 国際比較の視点から, 市民社会の成立過程と憲法における基本的人権と国家の関係について見ることにより, 法律がその国の人々の思考・行動様式にいかに影響を与えているかをみることにする. 憲法学者の樋口陽一によれば, フランスでは, 市民革命 (1789年) の直後は真の意味での個人を確立する必要から1791年にル・シャプリエ法を定め, 同業組合の設立や労働者の団結権を禁止し, 結社の自由を認めなかった. 個人の基本的人権の自由を法人や団体の意向, さらには国家の意向に優先させようとしたからである. この方向は, イギリスでも既にとられ, さらに, 筆者はル・シャプリエ法などのようなものが制定されたかは別にして, アメリカでも踏襲されたと考える.

これにたいして, ドイツでは, 市民化革命が不発に終わったため集権国家による政治統一が十分に展開されず, ワイマール共和国と国家社会主義 (ナチス) を経験することになる. そして, 第二次世界大戦後の基本法では「社会的国家」が規定され, イギリス, フランス, アメリカの憲法と違い, 個人は社会

的観点から無制限に自由ではない，という思想が定着する．日本の近代では，市民革命が欠けていたにもかかわらず，つまり個人が解放されないままに，個人の人権と国家の主権との密接な連関のないままに，集権国家が成立してしまった．「1889年体制の日本では，［1804年のフランス民法典でのように家族の存在を肯定し］，なにより重要な中間団体であった『家』が，国家権力に対する身分制的自由の盾としての役割を果たしたのとはちがって，［日本のばあいの家が］国家権力の支配を伝達する，いわば下請け機構としてはたらく」ことになった．ヨーロッパでは，「家」の自律が徴兵忌避の若者にとって精神的よりどころであったのにたいして，「そんなことをして家名に泥をぬるよりは，いさぎよく名誉の戦死をしてくれ」というのが日本の「家」であったというのである[15]．

経済法と経営管理方式の特徴との関連であげるなら，たとえば，ドイツでは共同決定法と経営協議会法が存在し，労働者の経営参加が法制化されている．また，アメリカでは，日本より厳格な独占禁止法は規定されているが，経済主体間の競争は激しく弱肉強食の激しい経済競争が展開されている．

3）経済過程の構成要素

日本の経済過程の具体的構成要素としては，ここでは「日本株式会社」で象徴される①企業と政府の強い結びつき，②財閥企業の発展としての企業集団の存在と同一企業集団間の株式相互持合，さらに集団企業の流通・貿易・貿易業務などを担う総合商社の存在，③大企業と中小企業間および近代的産業部門と遅れた伝統的産業部門との間に重大な格差が存在し，それが産業発展において補完的な役割をはたしてきたことなどがあげられよう．

日本の資本主義が欧米先進国に比べ後発であったということは，官営工場と国立銀行によって工業化を誘導しなければならない事態をもたらし，その時点から①企業と政府の強い結びつきを作り出し，欧米にみられた工業化の理念である「自由主義」，「個人主義」，「合理主義」，「経済主義」は育まれず，「ナショナリズム」こそが工業化の理念となったのである．それは，現在の日本の市

場経済をいびつなものにし，現在でも規制の多い日本経済という特徴を生み出している．このことは，企業の目的が株主のための利益極大化でなく，古くは国家目標と結びつけたり，財閥集団全体の利益といった目標がたてられたり，経営者や従業員の競争意識も，経済人仮説が前提としている個々人の効用や利益の極大化ではなく，家や企業のような帰属集団の威信や繁栄の追求という方向に発揮されやすいという傾向がみられた[16]．

つぎに，②日本で財閥が発展した理由については，次のように説明されている．中川によれば，イギリスでは，定住商の担ってきた海運，保険，外国為替，倉庫などの業務が彼らから分離し独立して専門的商人によって担われるようになったのにたいして，アメリカでは19世紀後半国内のフロンティア市場の拡大が急速であったので，定住商的で多角的な投資をした東部の商人資本 (general entrepreneur) の商人的蓄積ではそれに対応する大規模な企業者的活動をまかないきれなかったので，東部の下積みから這い上がった人々や，いきなり中西部に生業を求めた移民などによる別な人々によって担われるようになった．

これにたいして，日本では，「一種の『定住商』であった江戸時代の豪商，すなわち三井家や住友家が近代日本の工業化の企業的主体となり，種々の近代産業を統括する『財閥』に発展したのであり，『定住商』経営と多角的な近代産業経営との間に歴史的連続性が成立した」[17]．なぜなら，三井や住友，さらに三菱（下級武士出身）は，政府との密接な結びつきとともに，銀行，貿易（物産），炭坑，海運，造船，製鉄等の多角的経営に乗り出したからであり，こうした経営は，財閥に発展し，第二次世界大戦後の財閥解体後も企業集団として残り，集団間での株式相互持合という特殊な所有関係をつくりだしたのである．さらに，集団を構成する総合商社が集団の企業活動および流通活動において大きな役割を果たすという日本独特な構造もうまれることになるのである．

③の経済の二重構造についてであるが，中川敬一郎は，日本の工業化の特徴として，経済発展における伝統部門と近代部門の並存をあげ，これを経済の二重構造とよび，一般的にいわれる大企業と中小企業との間の利潤や賃金水準の

格差のことではないとしている．しかし，筆者は，中川の意味における二重構造も重層的下請け構造のもとでの利潤・賃金の格差を意味する経済の二重構造も，ここでいう経済過程を構成するものと考える．栗原源太の研究によれば，1920年代には財閥系大企業で導入された終身雇用，年功賃金等の新労務管理の確立によって，大企業特有な労働市場と賃金体系が生み出され，これは徒弟や幼少年工に依拠していた小工場との賃金体系とは対照的であった．下請け工業は，第一次大戦後ごろから現れ，織物業や雑貨品業で一般化していったが，機械，金属工業の中小企業が大工業の下請工場に転化したのは昭和恐慌以降である．したがって，栗原によれば，「二重構造の確立は1930年代であり，この構造は第2次大戦後に受け継がれ，55年以降の高度経済成長の構造的支柱となっていたのである．」[18]

4）企業内外の諸組織

i）経営方式を規定する外部組織

本稿での論議の対象になっている経営管理方式の海外移転の可能性について検討する場合，日本的経営を具体的に構成する企業内外の諸組織の特徴を明確に把握しておくことは重要である．企業内部の運営方式・組織を検討する前に，日本の経営方式を規定する外部の組織にふれておこう．まず第1に，アメリカのように市場が広大で大量生産を可能にさせた場合には，1920年代の半ばごろから製品別分権管理を発展させたが，日本ではそれに代わって物流を担う総合商社を発展させたこと．さらに企業外部にもかかわる組織としては，企業活動が財閥的発展をしたことにより三井，三菱，住友といった持ち株会社所有による企業集団（戦後は相互持合による企業集団）が展開されたことであり，これが，日本の大企業の株式所有形態を規定し，メイン・バンクからの資金調達を生み出したことである．日本での製品別分権管理は，第二次世界大戦のアメリカ管理方式の導入の過程で，すなわち，1950年代初期の予算管理，原価管理の導入後，1960年前後から普及するトップ・マネジメントとゼネラル・スタッフ（「社長室」，「企画室」の名称での）確立のもとでの事業部制の普及によって

一般化している[19].

　第2に,経済の二重構造に規定され各産業部門に重層的下請構造が形成され,各製造大企業は,下請企業を部品供給先として利用したこと,さらに第二次世界戦後は部品供給先を下請系列化するだけでなく,販売店をも系列化し,これが,日本の購買管理,販売管理規定したことである.第3に,アメリカやヨーロッパから見ると,日本のように政府が産業政策に直接に関わり政策決定の主体となっていることはまことに奇異であり,そのことが「日本株式会社」なる用語を生み出すことになった.すなわち,通産省を含む産業政策の決定者としての政府・官僚組織,明治以来組織された産業政策審議会のメンバーとしての大きな役割を果たしてきた財界組織(経団連,経済同友会,日経連,日本商工会議所)も,日本の経営方式を規定する外部組織である.第4に,外国からくらべれば異常に弱い企業別労働組合も,日本の経営管理方式を規定する外部的諸組織のひとつである.

ⅱ)企業の経営運営・組織・管理方式の構成要件

　①トップ・マネジメントの管理方式－企業経営の管理方式とは,企業の組織が,株主総会を頂点として取締役会と執行役会(代表取締役)のトップ・マネジメント組織,生産,販売,財務,人事・労務,研究開発などの部長を頂点とする部門組織,そして各部門の中心的役割を果たす課長などのミドル・マネジメント,さらに各部門の現場のグループ・リーダー(現場監督ないし係長),そして各職場で展開される経営方針,経営政策,経営管理技法・技術のことである.

　日本のトップ・マネジメントの構造的特徴は,集団所有という株式所有状況に規定され欧米と比べ内部昇進の取締役が多いこと,それと関連して,個人・大衆株主からの要求が強くないことから,企業目標として,欧米企業の投下資本利益率(ROI)や自己資本利益率(ROE)でなく,売上最大化,マーケット・シェアの最大化が設定されること.このことは,企業内の留保利益を多くし企業成長を経営目標にさせ,株主への配当を低くさせる.さらに,現在の大企業は,内外に数十ないし数百の別法人である子会社,関連会社を従え,さら

に数十の事業所を持っており，本社のトップ・マネジメントは，その基本戦略，事業戦略を策定しなければならない．この方式も経営管理方式の一つに含まれる．

　②各部門管理方式－本来なら，部門管理方式として，下記のａ）組織全般，ｂ）人事・労務，ｃ）生産管理，ｄ）部品調達方式，ｅ）現地経営者への権限の委譲のほかに，財務管理方式，販売管理方式なども取り上げるべきなのだろうが，これまでにこれらの管理方式の移転可能性についての研究がないので，この５項目の日本的特徴を記述しておこう．

　　　ａ）組織全般－部門内での職務の規定はそれほど厳格でないので職務間の垣根は低く職務間移動（ジョブ・ローテーション）が可能である．このことは，生産現場だけでなくほかの部門でのプロジェクト作業を含むグループ作業，チーム作業を円滑化させる．また，情報を共有しあいグループ内ではコンセンサスを重視する．

　　　ｂ）人事・労務－終身（長期）雇用政策をとり，賃金は，上級，中級ではかなり能力が重視されるが，下級では基本的に年功賃金制度をとる．さらに，人事考課による内部昇進制度を採る．教育訓練制度は企業内に設けられオン・ザ・ジョブ・トレーニング（OJT）が中心である．苦情処理制度が設けられ，労使協調の傾向が強い．

　　　ｃ）生産管理－工程内品質管理が中心で品質の作りこみが重視される．そのため，日本国内の設備やラインがノック・ダウン方式で導入されるか，一部修正されて導入される場合もある．そこで，品質管理のためのサークルが形成される．さらに，欧米にくらべ，段取り時間が著しく短い．また，現場作業者は簡単なメインテナンスをこなすことができる．

　　　ｄ）部品調達方式－一般的には，組み立て産業では完成品親工場での内

製率は低く重層的に存在している下請け企業に部品を発注する．その場合も，欧米で見られる，部品の生産にあたり完成品メーカーのほうが部品設計を行い，部品メーカーに図面を貸与する「貸与図面方式」ではなく，日本では「承認図方式」が採られる．承認図方式とは，完成品メーカーが提示した仕様に応じて，部品メーカーが開発を引受けその図面をも完成させることであり，完成品メーカーはその図面を提示させ検討し承認する方式である．組み立てメーカーの海外進出にあたり，最初は日本から部品を調達していたが，部品メーカーも一緒に海外進出するようになり，また現地調達もなされている場合もある．

  e) 現地経営者への権限委譲－日本の経営方式の特殊性のためか，欧米の企業に比べ，現地経営者の権限委譲が進んでいない．

4．労働者にとっての熟練の移転と経営管理方式の国際移転の意味

経営管理方式の海外移転の現地労働者や従業員への社会的影響力について検討するため，その手がかりとして，藻利重隆の「熟練の移転」論[20]と経営管理方式の海外移転と比較しここで論ずることとする．

1）作業の機械化－労働者の熟練の機械への移転

産業革命の主要な影響は生産の機械化であり，これは二重の意味での熟練の移転を生み出している．第1は，作業者から機械への熟練の移転であり「作業の機械化」と呼ばれる現象である．作業の機械化とは，それまで現場作業の遂行に関して主導的立場を占めていた熟練労働者個人の熟練が機械に移転するため，労働者の主観的価値が減少しそれに代わって機械が作業現場で主導的地位を占めることを意味する．ここでは，現場の作業の能率は機械の能率に依存

し，労働者の作業は機械的に反復する単純作業に転化する．このように，作業現場での機械化の進展は，労働者の熟練を解体しそれを機械に移転し，その結果労働者の人格的価値も解体され従来の熟練資格の地位を格下げし賃金等級を下げる状況をもたらす．

2）作業の管理化——労働者の熟練の管理者への移転

もともとは，熟練労働者によって遂行される作業は，繰り返しの多い手作業部分と利用する道具の整備や他の同僚等の個別作業を全体的に調整する管理作業部分から構成される．このうち，熟練労働者のもつ調整・管理作業部分が管理者に移転し，管理労働が管理者によって専門的に担われることになる．この現象のことは，「作業の管理化」と呼ばれる．この場合，熟練労働者が持っていた個人の主観的価値がやはり管理者によって奪われ，管理労働の主導的地位は労働者から管理者に移ることになる．「作業の機械化」と「作業の管理化」の二つの過程は，相互に関係している．一つの過程が発展すれば他の過程を促進するという関係にある．F.W.テイラーは，彼の『科学的管理法』で主に作業の管理化について検討し，H.フォードは，組み立て流れ作業工程での製品・部品の標準化と作業の機械化について検討したといえる．

3）事務作業と管理作業の機械化

ところで，第2次世界大戦後の著しいコンピュータ技術の発展は，第3の熟練の移転をもたらしている．それは，本来的にはマネジメント作業に必要であった事務作業と意思決定作業の機械化である．最近のコンピュータ技術の発展は，工場やオフィスにCNC工作機械，フレキシビル・マニファクチャリング・セル（FMC），フレキシビル・マニュファクチャリング・システム（FMS），戦略的情報システム（SIS），工場とオフィスを連繫させるCIM技術の利用が進展している．生産とマネジメントのシステムの開発・発展は，作業の機械化と作業の管理化を相互相即的に発展させている．

4）熟練の移転の意味

上記に見た熟練の移転を，その熟練の所有者であった労働者の視点から考察すると，職場での労働者の地位ないし等級の格下げをもたらす[21]．なぜなら，労働者の価値を決めていた熟練が機械ないし管理者に奪われ単純労働者にならざるをえないからである．換言するなら，それは，一方で労働者の熟練が機械ないし管理者に移転するということであり，このことは他方でその労働者の個性が奪われ没個性化することを意味する．それゆえ，過去の歴史において，労働者や労働組合が機械の普及，テイラー・システムとフォード・システムの導入に反対したことは理解できることなのである．

産業革命後の初期の段階では，新しい機械の導入（作業の機械化）は，新しい管理方法ないし経営システムの導入より高い生産性を示すのが一般的であったので，どこの国の労働組合も新機械の導入に反対することは難しいことであった．これにたいして，作業の管理化は，従来の労働者と管理者の関係に重大な影響を及ぼしたので，労働組合は新しい管理方式ないしシステムの導入に反対し部分的にその方法ないしシステムの修正に成功したのである．このことは，上記の2種類の熟練の移転の性格が異なっていることを意味する．すなわち，経営現場への機械技術の導入は，機械と作業者ないし管理者との関係，つまり機械と人間の関係である．これにたいして，経営現場への新しい管理方式ないしシステムの導入は，作業者と管理者の関係，つまり人間と人間の関係となる．機械の導入は，経営方法ないしシステムの編成とは無関係ではないが，そこでは新しい機械を操作する技術を持った別の作業者（オペレータ）が存在するかどうかが問題になるのにたいして，管理方式ないし管理システムの導入は，それまでの労働者（人間）と管理者（人間）の関係をまったく別な新しい労働者（人間）と管理者（人間）との関係にするため，労働者と労働組合は，その導入に反対したりその修正を要求し部分的に成功してきたのである．

このように，経営管理ないし管理組織的解決は，歴史的にみても，会社ごとに，また国ごとに著しく異なっていたのである．それは，その会社ないしその国の人間と人間の関係，すなわち文化構造，行動様式，その人々の生活目標や

価値体系に強く依存しているからである[22]．

5）母国企業の経営管理技術（熟練）の現地国への移転

　企業の国際化が進展し，企業が海外進出しそこで母国企業の機械システム，管理方式，経営システムなど技術，技法，システムを導入し，現地の企業活動での労働者，管理者にそのまま適用しようとするなら，どのようなことが起きるか．それは，機械の導入の場合は，従来の手作業を機械に置き換えるし，管理方式の導入の場合は，上記の「作業の管理化」の現象をももたらす．なぜなら，現地国の経営管理方式やシステムに慣れていた労働者や監督者の熟練に著しく影響を及ぼし，その熟練を修正するかある状況ではその熟練を不要なものにするからである．さらに，すでに見たように，作業の管理化で生じたように現地国の労働者や監督者の熟練を奪い彼らの個性を奪い没個性化するのである．なぜなら，外国である母国の経営管理方式ないしシステムを別の現地国に導入するため，現地国でそれまで担当していた彼らの職務の価値に修正をもたらし，彼らの従来の地位に等級格下げの影響をおよぼすことになるのである．その意味で，本書の第5章で長谷川治清氏が，イギリスにおいては，ジャパナイゼーションが不可避的に労働の強化を伴い，さらに経営権の強化が生みだす，といったことが共通の認識になっている，と述べている点（95頁）は，重視されなければならない．

　また，外国人による外国の経営管理方式の導入の場合でも，アメリカ，ヨーロッパの先進国のように，既存の経営管理方式が定着している場合と，韓国，台湾，シンガポールのように，すでに何らかの経営方式が存在していてもそれが確立していない場合と，タイ，マレーシア，インドネシアのように経営方式の蓄積もなく確固たる経営方式は存在していない場合とでは，日本の経営方式の導入・修正・定着の仕方が異なるであろう．

　さらに，日本企業が直接投資として海外移転し，100％所有ないし合弁で，日系企業の日本人経営者が中心なり，日経企業に雇われた現地（外国）人労働者にたいして，日本の経営管理方式を導入する場合と，自動車産業の場合に見

られるように，たとえば，アメリカのゼネラルモーターズ社ないしドイツのダイムラー・ベンツ社が，日本のトヨタ社で開発されたジャスト・イン・タイム方式ないしカイゼン方式が導入する場合とでは，当然ながら異なる．それは，外国人（日系企業）による導入ではなく，自国による外国（日本）方式の導入ということになるからである．

5．生産設備，生産技術，経営管理方式，経営システムの海外企業への移転可能性

1）生産設備，生産技術の導入ないし移転

母国企業から海外現地企業への生産設備および生産技術の移転は比較的に容易である．なぜなら，それは機械そのものであったり，人間と機械の関係に依存しており，どちらかというとその国の技術レベルに関係しても，その国の人々の文化（価値）からは比較的中立的であるからである．これらの例としてはつぎのような技術ないし技法システムがあげられる．

① 生産要素としての機械ないし設備，その機械ないし設備の機構（メカニック），さらにその機構に関する知識（マニュアルなどに記録されたもの）

② 機械，生産設備，生産システムに関するメインテナンス技術，段取り換え（セッティング・アップ）技術

ペーパーにマニュアル化されたり図示されることのできる技術やコンピュータにプログラム化できる技法は，それは一種のルーティン化された技術なので，それは海外事業の経営に容易に移転することができる．しかし，他方で考慮されなければならないことは，ルーティン化可能な生産技術ないし生産システムといえども，それが移転されスムーズに機能するかどうかは，その国の科学・技術のレベルに強く依存するといえる．すなわち，正確には，生産技術ないし生産システムが移転できるかどうかは，その国の科学者・技術者のレベルに，ひいてはその国の教育・訓練システムに強く依存するといえるのである．しかし，生産工程のメインテナンスおよびセット・アップ（段取り換え）技術は，その国の科学・技術のレベルだけでなく作業組織編成

のレベルにも依存する．このような機械と人間の関係に基づく技術ないし技法は，本国から海外に移転しやすいといえる．なぜなら，これらの技術は，繰り返される生産技術であり，マニュアル化しやすいからである．

2）経営管理方式，経営システムの導入ないし移転

人間と機械の関係だけでなく人間と人間の関係に依存する経営管理方式とか経営組織の移転についてみると，本国から海外の現地企業へのその移転は決して容易とはいえない．人間と人間の関係に依存する経営管理方式ないし経営システムとは，①経営組織（職務と職務の関係），②賃金支払い制度と昇進制度，さらに③中間管理者組織，④トップ・マネジメントの方針決定方式，事業戦略，トップ経営組織（トップの現地化，現地への権限委譲の程度を含めて），⑤労働組合の態度，⑥部品調達方式，などがあげられる．これらの諸要素は，相互に関連しているが，特に職務と職務との関係は原初的である．賃金・昇進システムは，職務関係を良く機能させるための前提であり，労働組合は，労働者の職務統制や賃金交渉に影響をおよぼすのである．

これらの経営管理方式，経営システムは，その企業やその国の人々の風土・文化（価値）と結びついて長時間かけて作り出されたものであるから，海外の子会社であっても，さらに外国企業の場合はなおさら，その移転は困難であるといえる．その移転は，海外企業の現地人管理者，従業員がそれを理解し納得しそれを価値として受け入れないかぎり，スムーズにはいかない．経営管理方式，経営システムの移転には時間がかかる．さらに，トップの方針の決定方式，事業戦略，トップ経営組織などは，国内競争企業間でも非常に異なっており，それらを海外子会社，外国企業へ移転することは非常に困難といえるのである．

6．経営管理方式の移転の一般理論に向けて
　　——安保グループと岡本グループの成果と関連させて——

日本的経営方式の海外移転に関するまとまった業績は，1979年の村山元英著

『経営海外移転論』[23],1982年の植木英雄著『国際経営移転論』[24]を先駆として,1985年の林吉郎著『インターフェイス管理』[25],1986年の安室憲一著『国際経営行動論(改訂増補版)』[26],1996年の吉原英樹著『未熟な経営』[27]などがあげられるが,ここでは本書の執筆者の一人板垣博も属する安保哲夫代表の「日本多国籍企業研究グループ」の業績,さらに本書のもう一人の執筆者佐久間賢が参加した岡本康雄編著『日系企業 in 東アジア』(1998年)[28]を手がかりに,日本的経営方式の海外移転論がどこまで理論的なものとして一般化・普遍化されてきているかについて検討してみよう.

1) 安保グループの研究成果

安保哲夫代表の研究グループのメンバーは,多くの研究業績を発表しており,その代表的なものは,(a)安保哲夫編著『日本企業のアメリカ現地生産』(1988年)[29],(b)安保・板垣・上山・河村・公文共著『アメリカに生きる日本的生産システム』(1991年)[30],(c)安保哲夫編著『日本的経営・生産システムとアメリカ』(1994年)[31],(d)板垣博編著『日本的経営・生産システムと東アジア』(1997年)[32],とそれに,T. Abo (ed.), *Hybrid Factory* (1994)[33] H, Itagaki (ed.) *The Japanese Production System* (1997)[34]の2冊の英語版である.

しかし,ここでは(a),(b),(c)の著書と板垣の本書への投稿論文を中心に取り上げることにする.安保らは,まず1986年にアメリカに立地していた日系製造企業(自動車5社,家電電機企業6社,半導体企業3社)で行った予備的調査の結果を(a)の著作として発表した.そこで,世界的にも有名になる調査枠組みが展開されるが,日本的経営要素をつぎの6グループ23項目にまとめたことである(しかし,3年後の1991年に出版された本格的調査の結果をまとめた(b)の著作では6グループの順序に一部変更があり,23項目の一部も修正された.ここでは,(b)の著作の項目を紹介する).

Ⅰ. 作業組織とその管理運営(①職務区分,②賃金体系,③ジョブ・ローテーション,④教育訓練,⑤昇進,⑥作業長)

Ⅱ. 生産管理(⑦生産設備,⑧品質管理,⑨メインテナンス,⑩操業管理)

III. 部品調達（⑪ローカル・コンテンツ，⑫部品調達先，⑬部品調達方法）
IV. 参画意識（⑭小集団活動，⑮情報共有，⑯一体感）
V. 労使関係（⑰雇用政策，⑱雇用保障，⑲労働組合，⑳苦情処理）
VI. 親－子会社関係（㉑日本人比率，㉒現地会社の権限，㉓現地経営者の地位）[35]

((b)の著作では，参考として，第VII項目「地域社会との関係」「㉔寄付・ボランティア活動」が加えられている）．

　日本の親企業が，これらの経営管理方式を，日系子会社を通じてアメリカへ移転する場合，親会社の実施している経営システムをそのまま持ち込む側面を「適用（application）」とし，他方で現地のそれぞれの条件にあわせて多少とも修正し導入される側面を「適応（adaptation）」とし，そのどちらをとるかということで「ディレンマ・モデル」と呼ばれる．著者たちによると，ここでは，「適用と適応は基本的には直線上における二者択一の関係にあって，両者がともに増減することはない」[36]とされる．すなわち，日本企業は，その生産システムや産業技術が競争優位にたつかぎり，それは現地生産での効率や品質レベルを上げるのに役立つので，その技術・生産システムをそのまま導入する「適用」側面を拡大する（他面では，これらの技術・システムの現地への妥協・修正・導入である「適用」側面は圧縮される）．これにたいして，その経営方式・システムをそのまま導入すると摩擦が生ずる場合は，その状況に応じて修正し「適応」せざるを得ず，適応側面が拡大すると，これらの方式・システムの適用側面は，圧縮されることになる．しかも，適用・適応は，現地経営者の観察による，直線上での5から1までの5段階評価によって数量的に評価される（1日訪問のインタビューによる確認もなされる）．そして，評価の結果としての5（日本方式）と1（外国方式）の間は，両国の混合となるので，この評価方式は「適用・適応（ハイブリッド）モデル」と呼ばれる．

　さらに，1988年の予備的調査（(a)の著作）では，I－IIIの項目（IIIは参画意識とされていたが）は，そのまま導入される適用グループとされ，IV－VIの項目（Vの項目は部品調達とされていたが）は，現地に合わせて修正せざるをえない

適応グループと考えられていたが、1991年の著作では、この5段階評価の基準も詳細に決められた。たとえば、Ⅰの①の「職務区分」の場合は、5が「職務の段階2以下」、4が「3－5段階」、3が「6－10」、2が「11－15」、1が「51以上」、②の「賃金体系」の場合は、5が「人対応型賃金決定（年功＋人事考課＋本人非公開）」、4が「長期年功的賃金決定＋オープン・メリットシステム」、3が「おおぐくりな職務区分＋メリットシステム」、4が「職務対応賃金」、1が「職務対応型賃金＋細分化された職務区分」、Ⅲの⑫「部品調達先」の場合は、5が「日本から」、4が「アメリカ以外のアジアなど第三国から」、3が「現地の日系部品工場の比重が高い」、2が「現地日系工場とアメリカ企業」、1が「アメリカ企業」といった具合である[37]。「5」は日本のシステムがそのまま移植されたケースであり、「1」はまったく導入されずアメリカのシステムそのものということになり、その中間の数字が修正（適応）の程度ということになる。この詳細な基準の設定により、この調査の精緻度が著しく高められたといってよい。

さらに、1991年に発表された調査結果が、世界から注目されるようになったのは、経営方式の移転を分析するにあたって、その経営方式の実態や性格を区別して四側面評価の方式を開発したことである。すなわち、図1にあるように、日本的経営・生産方式を、「方式」と「直接」（出来合いのモノとヒト）、さらに「ヒト」と「モノ」に区別し、5段階評価を、産業別さらに地域別比較を行ったのである[38]。安保哲夫を代表とするこのグループの研究が、1988年の予備調査から現在まで息長く多くの研究者から注目されているのは、このグループが、おうおうにして個性の強い研究者たちをチームとして良好に機能させ、アメリカだけでなく東アジア（韓国、台湾、ASEAN）、さらにヨーロッパまで調査を実施し、つぎつぎに成果を発表していることもある。しかし、世界の研究者が注目するのは、23項目の5段階評価基準の精緻さと、その移転・移植を調査するにあたって四側面評価をいれて、日本的経営・経営生産の23項目の要素の性格をさらに分類したことにあると考える。筆者の印象では、安保グループのチーム・メンバーには経営学理論を専攻した経営学研究学徒が見当たら

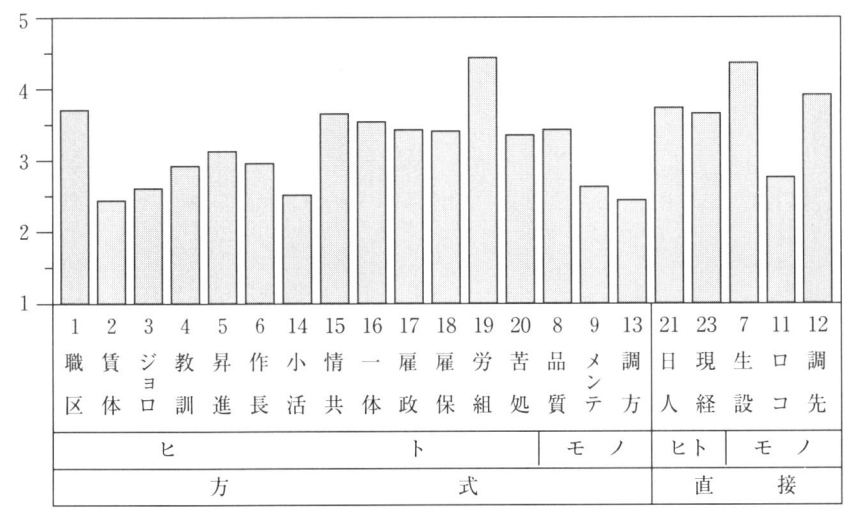

図1 要素項目の四側面評価（4産業平均）

番号	項目	分類	区分
1	職区	ヒト	方式
2	賃体	ヒト	方式
3	ジョロ	ヒト	方式
4	教訓	ヒト	方式
5	昇進	ヒト	方式
6	作長	ヒト	方式
14	小活	ト	方式
15	情共	ト	方式
16	一体	ト	方式
17	雇政	ト	方式
18	雇保	ト	方式
19	労組	ト	方式
20	苦処	モノ	方式
8	品質	モノ	方式
9	メンテ	モノ	方式
13	調方	モノ	方式
21	日人	ヒト	直接
23	現経	ヒト	直接
7	生設	ヒト	直接
11	ロコ	モノ	直接
12	調先	モノ	直接

注) 表中の各項目は本文298-299ページのⅠ～Ⅵの項目と符合する．
出所) 表1－1，1－2より作成．安保哲夫編著『日本的経営・生活システムとアメリカ』11頁．同上14頁．

ず，どちらかというと経済学専攻の学徒で占められているように思われる．だからこそ，あくまでも調査のなかで実態を明らかにするという視点に徹底できたのであり，図1に示される四側面評価が開発され得たと思えるのである．この点に敬意を表しそれを高く評価しながら，本稿の1－3章までの論述の視点から若干のコメントをしたいと思う．

安保は，(c)の編著『日本的経営・生産システム』の第1章の3で「移転の難易度からみた日米システムの比較」という節を設けて，アメリカでの調査を図1を提示しながら，四側面評価の結果を，「『方式』，『直接』適用とシステムの比較」，「『JR』『教育訓練』『作業長』」，「『方式・ヒト』関係のうち『参画意識』の3項目」，「『方式・ヒト』関係のうち『労使関係』の諸項目」，「労働組合の高適用点」，「モノにかかわる3項目」，「現地部品調達への問題への対応」，「高得点が並ぶ『直接』関連項目」という項を設定して，約20頁にわたって詳細な調査結果と解釈を加えて論述し，われわれに貴重な情報を提示しこの分野

の研究に重要な財産を作り上げてくれている[39]．この点で，筆者は安保グループの調査結果は，移転論の理論化に大きな寄与をしていると考える．

しかし，その結果は，非常に常識的であるともいえる．図1の結果によれば，23項目のうち低い点を示しているのは，「ヒト・方式」では，②「賃金体系」，③「ジョブ・ローテーション」④「教育訓練」，⑥「作業長」，⑭「小集団活動」であり，「モノ・方式」では，⑨「メインテナンス」と⑬「調達方式」であり，「直接」では，⑪「ローカル・コンテント」である．

まず，「直接」の⑪「ローカル・コンテント」の低適用は，安保もふれているように，方式としての⑬「部品調達」の低位適用とも関係しており，日系メーカーと現地サプライヤー間に日本的な企業関係をもちこむことは困難である．それは，コストはかかるとしても⑦「生産設備」のもちこみとは違い，戦前・戦後の日本経済の発展のなかで生みだされた部品の下請け関係と関連しているからであり，これは，筆者が第2章で検討した経営管理方式の決定要因の一つである経済構造に規定された例といえよう．

つぎに，日本的経営・生産方式の中心といえる②「賃金体系」，③「ジョブ・ローテーション」，④「教育訓練」，⑥「作業長」，⑭「小集団活動」（以上，ヒト・方式）⑯「メインテナンス」（モノ・方式）の低適用（高適応），すなわち，これらの方式の移転の困難性は，筆者には相互に関係しているように思える．筆者は，1986年と1987年の2年間にわたって，日本とドイツの工作機械企業（日本8社，ドイツ5社）の職務編成（外部技術者，社内技術者，現場監督，保全作業者，一般作業者などの職務分担）と賃金体系の関係について調査したが，日本とドイツでは，対照的な違いが見られた．日本とドイツの製造企業は，ドイツにはマイスター制度があることや教育訓練制度が内部化されていることから，イギリス，フランスの製造企業では困難とされているブルー・カラーとホワイト・カラーの共働・協力が容易であるとされながらも，職務の分担関係は賃金体系と関連することから，まったく違っていたことが明らかとなった[40]．

すなわち，日本の工作機械企業では，年功賃金をベースとしているため，技

術者，現場監督，保全作業者，一般作業者の職務区分はなされていても，実際の活動ではチームとして機能していることが明らかとなった．具体的には，相互にオーバーラップして仕事を分担したり，下位の職務分担者が上位の職務に援助者として関与したり，一定期間が経過すると，技術者（エンジニア）から保全作業者へ，また保全作業者から一般作業者（オペレータ）へ一部に限ってであるが職務権限の委譲や技術移転が実施されていることが見られた．それは，日本の企業では，彼らの賃金が，正規に割り当てられた欧米の職務給のように職務の困難性によって決定されるのではなく，年功と長期的評価による昇格・昇進によって決定されるからである．これにたいして，ドイツの技術者，現場監督者，保全作業者，一般作業者間では，職務区分が明確で多段階の賃金体系をとっているため，上位の者が本来の職務として下位の者を指導・援助することがあっても，日本のように下位の者が上位の仕事を援助することは決して見られなかった[41]．

　また，ドイツの工作機械5社のインタビューでも，ジョブ・ローテーションを実施している企業は1社もなく，オン・ザ・ジョブ・ローテーションを主要教育訓練手段としている日本だけでこそ可能ということになる．安保たちは「メインテナンス」を生産設備と関連させてモノとして分類しているが，メインテナンス作業は，現場に関与する技術者，監督者，保全労働者，一般作業者のチーム・ワークとして行われる場合にのみ良好に機能するのである．したがって，職務区分の垣根が賃金体系と関連して高い欧米では，日本的メインテナンスを導入する場合は，モノでなく方式となるのではないか．小集団活動も，長期的な人事評価のもとで昇進が賃金格差を生み出すという背景で，現場監督者，保全作業者，一般作業者間でのチーム・ワークがあってこそ，活発に機能すると思われる．チーム活動が良好でないところでは小集団活動の意味も半減するはずである．図1での，㉑「日本人比率」がわりと高い点数を示しているのは，安保も述べているように，上記の日本的なヒト・方式の移転が困難であること示している．しかし，本書に掲載されている板垣の論文によれば，アメリカの日系自動車企業では，多段階の賃金による伝統的職務区分を一般作

業者と保全工（熟練工）に簡素化し，チーム内ではジョブ・ローテーションを活発に行い多能工化をはかり，一般作業者は工程内での品質の作りこみに参加することも実践されるようになり，方式の適用度も高まりつつあるということである[42]．しかし，賃金体系に裏付けられた職務区分は截然としており，伝統的賃金制度を打ち壊すことは難しいとも述べられている．チーム・ワークを良好に機能させるためにチームに一定のプレミアムを与える方式や，職務ではなく資格による賃金レベルを決定し一定範囲で職務分担の兼務（一種の多能工化）を推進しようとする方式が，イギリス，ドイツなどの企業にも見られはじめている．しかし，これは，日本方式と比較すると，大幅な修正であくまで適応の範疇に含まれるものといえよう[43]．

　安保たちが上記にあげた諸管理方式のアメリカ日系企業への適用の困難性は，職務の分担・編成方式が賃金体系と密接に関連している．それゆえ，日本における職務編成および管理方式（各上司と各部下との関係）を外国に移転する場合には，やはり本稿の第3節で検討したように，「作業の管理化（労働者の熟練の管理者への移転）」の現象をもたらし，それまで現地の一般作業者，保全作業者，現場監督者，エンジニアがそれまでに獲得していた熟練の等級格下げをもたらすことに最大の原因があるといえる．だからこそ，欧米のように，管理者と労働者（労働組合）緊張のなかで作り上げられた職務編成・管理方式（職務間の垣根）のコアは硬く，日本方式のそのままの導入はできないといえる．しかし，チーム作業を円滑化するために，賃金の10％程度のプレミアムなら認めるという形式で実施され，適応の形を示しているのである．

　以上のように，筆者の視点からすれば，日本の良好なチーム作業は，年功賃金（基本給＋賞与＋手当て），長期的評価による昇進，終身雇用（定年制度）といった制度に基づいており，この制度の定着は，日本の文化構造，経済過程と密接に関連している．したがって，年功賃金制度は，欧米の企業にたいしてはもちろん，現地日系企業への導入も難しいということになる．この点は，本書に掲載されている板垣の叙述からも裏付けられる．それは，韓国や台湾では，日本の資格制度に似た賃金制度を採用しており，職務間の垣根は低いことが指

摘されているからである．すなわち，従業員は，学歴，勤続年数，人事考課により等級づけられ，賃金は職務ではなくその等級によって基本部分が決定されることから，多能工などの人材が内部的に育成しやすい体制になっていること．このことから，日本的な人的・組織的コアを適用し，内部養成工によるメインテナンスや工程内品質の作りこみによって，進展させつつあるということである．日本人比率も1％と低いのは，ヒト・方式の適用が進んでいることを示しているということである[44]．

　板垣によると，ASEAN（タイ，マレーシア，シンガポール）の日系企業でも，日本人比率がやはり1％で，ヒト・方式の適用もかなり進んでいるのは，韓国，台湾でもそうであったように，欧米のような硬い経営方式が定着していなかったからである．しかし，経営者の現地化が進んでいないのは，工業化の歴史の浅さからくる人材不足，英語を使用しなければならないというコミュニケーション・ギャップ，日本との文化的歴史的距離などによるという，的確な指摘がなされている．以上，安保グループのメンバーからみれば当然のことであろうが，経営管理方式の一般化に向けての筆者のメモとしたい．経営管理方式の地域別移転論の一般化が進むことを願うものである．

　2）岡本グループの研究成果

　岡本康雄と5人の研究者たちは，1995年に東アジアに立地する日系企業58社（うち5社は地域統括会社）の実態調査を行い，日本多国籍企業の現地化の状況を1998年4月に出版された著作『日系企業in東アジア』で明らかにした．彼らは，この調査の後，96年に北米，97年には欧州に立地する日系企業を調査し，最終的に国際比較を試みるとしている．

　岡本等グループの調査の特徴は，安保らの調査が日本的経営・生産システム（生産職場と部品供給のシステム）に限られていたのを，企業の基本戦略の項目をも調査項目に入れていることである．まず，その調査項目の概要と方式を紹介しよう．調査項目は，［A］から［G］までの7グループに分けられ，それぞれのグループで約10項目から2項目について質問されているが，日本的方式

の典型例が実施されている場合が5点，それとはまったく反対の方式が実施されている場合は1点とし，点数で回答されている．その内容はつぎのとおりである．

［A］基本戦略－日本の直接投資の歴史をふりかえりながら，日本の多国籍企業の採った基本戦略を類型化すると，Iグローバル市場志向戦略（21＋4社），II現場市場プラス海外市場志向戦略（17社），III現地市場志向戦略（15社）に分けられる．(1)基本戦略の3類型と所有政策（100％か合弁か）の関係，(2)基本戦略の3類型と経営目的の関係，(3)基本戦略の3類型と競争優位（製品，品質，生産技術，コスト，価格など），(4)基本戦略の3類型と現地子会社への権限委譲度とその自立化度，(5)経営戦略と競争優位および企業業績

［B］経営組織の全般的特性－つぎの5項目の平均値として示される．(1)経営情報の公開度（4点：経営情報を毎週従業員に公開，2点：業務執行に必要最小限の情報のみ），(2)グループコンセンサス重視度，(3)職務権限の規定の程度（4点：簡単なことしか規定していない，2点：柔軟性を犠牲にしてもかなり規定化している），(4)情報共有化施策（4点：社内報など工夫，2点：打合わせ程度），(5)職務間移動（4点：可能であるが必要は感じない，2点：従業員側の反対でできない）．

［C］人事労務特性－(1)ホワイトカラーの人事評価基準（4点：年功重視，2点：能力業績重視），(2)ブルーカラーの人事評価，(3)ホワイトカラーの昇進方式（4点：内部昇進重視，2点：外部採用重視），(4)作業長（ブルーカラー）の昇進方式，(5)長期雇用政策，(6)賃金体系（4点：年功ベース，人事考課の内容を本人に知らせる，2点：おだやかな職務区分に対応した賃金水準，人事考課の反映は無し），(7)男性従業員むけOJTの重視度（4点：グループリーダー・メインテナンス要員など日本に派遣，2

点：これの要員は外部採用)，(8)女性従業員むけOJTの重視度((7)と同じ)．

[D] 生産現場システム特性－(1)小集団活動の実施状況（4点；日本にくらべて見劣りしない，2点：見劣りがする)，(2) 5 S 運動の実施状況（4点：見劣りしない，2点：見劣りする)，(3)計画的な男子のローテーションの状況（4点：ある程度計画的に，班内で実施，2点：計画的ローテーションはしないが，柔軟性を確保するためタイムタクトを長くしたりする)，(4)女子の計画的ローテーションの状況((3)と同じ)，(5)作業長の業務内容（4点：労務管理と作業チームの運営，工程の技術的側面についても助言可能，2点：主要な役割は作業の管理，チームや工程の管理力は弱い)，(6)現場作業者の保全活動水準（4点：予防保全を重視し，現場作業者も簡単なメインテナンスに関与する能力がある，2点：現場作業者は点検も対処もできない)，(7)品質管理についての基本的考え方（4点：一般作業員による品質の作りこみを重視しているが，QC, ZD運動は実施されていない，2点：独立した専門要員によるチェックを重視している)，(8)異常・変化への対応（4点：対応能力は一応あるが，作業長の調整，作業長間の連携には若干問題がある，2点：主として専門工ないし日本人出向者が行う)．

[E] 現地生産活動全般－(1)製品企画，(2)試作，(3)基本設計，(4)詳細設計，(5)工程編成，(6)設備内制，(7)金型設計，(8)生産計画，(9)差立て，(10)進捗管理，(11)品質管理，(12)作業管理，(13)作業者技能水準

[F] 現場生産能力水準－マザー工場を100％とした場合の(1)〜(5)の項目における割合．(1)現地の作業長の平均能力水準（％)，(2)保全専門要員の平均的能力水準（％)，(3)小集団活動の成果・自主性の水準（％)，(4)段取り替え能力の水準（％)，(5)工場の自

動化率の水準(%)

[G] 現地素材部品企業能力水準-(1)現地素材部品企業評価(4点:コスト・品質・納期で日本並み,2点:周辺部品に問題はないが,主要部品に品質上深刻な問題がある),(2)部品調達先の構成(4点:現地の日系部品・素材メーカーが中心だが,現地企業からの調達も多い,2点:第三国の姉妹工場ないし海外日系部品・素材メーカーが中心)[45]。

以下,[A],[B],[C]順に,岡本たちの貴重な調査結果を紹介しながら移転論の一般化への寄与という視点からコメントをしていこう。まず,[A]の基本戦略について,表2に示されているように,調査対象企業58社の東アジアにおける所有状況が明らかにされたことは高く評価されていい。少数所有が中国で9社中5社,韓国で6社中4社というのは,日本側の原因ではなく受け入れ国の理由ということで,基本戦略がまず受け入れ国の外資政策によることが明らかにされている。また,Ⅰグローバル市場志向戦略を採る21社中14社が100%所有,7社が多数所有,少数所有0社で,Ⅲ現地市場志向戦略を採用する15社において,100%所有が0社,少数所有が9社であることは,Ⅰの戦略が100%所有でなければ円滑に機能しないことを示したことで興味深い結果といえよう(岡本編,13-16頁)。

さらに,東アジアの日系企業58社の調査から,日系子会社の経営目的につい

表2 国別日本側出資比率の分布 (社)

日本側所有比率	タイ	マレーシア	シンガポール*	インドネシア	中国	台湾	韓国	合計
100%所有	4	4	2(+5)*		2	2	1	15(+5)
多数所有**	6	4	1	5	2	3	1	22
少数所有	3	3			5	1	4	16
合計	13	11	3(+5)	5	9	6	6	58

* シンガポールの(+5)社はいずれも地域統括会社。他の3社は生産会社。
** 51%以上100%未満。
岡本康雄編『日系企業inアジア』13頁

て、Ⅰグローバル市場志向戦略を採る子会社が、生産・輸出拠点の形成の視点から、効率的生産・コスト競争力、従業員への配慮、Ⅱ現地市場プラス海外市場志向戦略を採る子会社は、売上高、市場占有率、利益額、現地国への貢献、Ⅲ現地市場志向戦略を採る子会社は、売上高、市場占有率、さらに現地政府への配慮、現地調達率の向上であることが示されており、納得のいく結果である。また、競争優位については、Ⅰを採用する子会社では、製品、品質、生産技術、コストに集中していること、Ⅱを採用する子会社では、売上高、市場占有率が強調されているため、製品と価格が競争優位となる。Ⅲの戦略を採る子会社は、品質面で優位にたっているため、売上高、利益率の目的が実現されている。さらに、日本側所有比率が高いほど競争優位が高く100％所有で3.9点、多数所有で3.5点、少数所有で3.1点、Ⅰグローバル市場志向戦略を採用する子会社ほど競争優位にあることがあきらかにされている。納得のいく結果であるが、それが数値として示されているので説得度は高いといえる（岡本編、19-30頁）。

つぎに、現地子会社への権限委譲についてであるが、岡本は、第1層を、本社の専決事項ないし事前承諾の必要なもの、第3層を、現地子会社が独自に決定できるもの、第2層を、その中間的なものとする。結果は、社内教育（5.0）、従業員採用（4.9）、マネジャー人事（4.9）、部品調達先（4.6）、輸出額（4.1）であるので、これらは、第3層に属し、子会社がかなり独自に決定できる。それにたいして、岡本らの調査では、役員人事（2.1）、製品開発（2.8）、品種変更（2.8）、設備投資額（3.0）、技術移転（3.0）などは、子会社の戦略軌道にかかわり第1層の本社専決事項となっているということである。これも予想のできることであるが、数値として示しえたことは高く評価されてよい。また、当然ともいえるが、Ⅰのグローバル市場志向戦略を採る会社では、現地子会社の自立度化は低いが、Ⅲの現地市場志向戦略を採用する現地子会社への権限委譲も意外に低いということである。さらに、操業年数と現地子会社への権限委譲の関係についてみると、操業10年未満よりは操業10以上20年未満でのほうが権限委譲が進んでいるが、操業20年以上ではそれほど進まないか減少してい

る．それは，日本の本社による現地マネジャーへの権限委譲の制限を意味しており，それに対する現地側の不満を示している．これは，日系企業の現地化にたいして重要な問題を内包させている，との指摘がなされている（岡本編，30－36頁）．

　［B］［C］の経営組織と人事労務についての岡本らの結果は，日本型経営組織と人事労務が順調に導入されていることを示している．岡本は，このことについて，「東アジアの社会的，文化的要因とも親和的であることを意味しているのかもしれない」（岡本編，199頁）と述べている．まず，組織特性を示す職務間移動がとりわけ高く，台湾3.7，タイ3.9を除くとマレーシア，シンガポール，インドネシア，中国で4点台，韓国では5点を示している．労務特性では，ホワイトカラー層では，能力・業績基準の評価，外部採用の志向が増大している．しかし，韓国では，ホワイトカラーの人事評価，内部昇進でも，日本方式に近い数字を示している．長期雇用，賃金体系，OJTの平均値は4点に近く，日本なみとなっている．賃金体系についてみると，平均値が3.86で，タイ，シンガポール，台湾，韓国が4点台，インドネシア，中国が3点台後半，マレーシアが3.11ということである．すでに，説明したように，4点とは，年功ベースでの賃金決定，人事考課もかなり加味される，であった（岡本編，199－203頁）．

　［D］［F］［G］の生産現場システムと現場生産能力についてみると，岡本は，驚くべきことに，品質管理，異常・変化への対応は4点台を示していると述べている．小集団活動，5S運動は現状では必ずしも高い成果を上げていないが，韓国の平均値は高く，小集団活動は3.6，5S運動は4.3であった．これにたいして，台湾は2.7，3.0，中国2.7，3.0であり，タイとインドネシアはともに2点台であったという．男子のローテーションは，タイ，インドネシア，台湾が2点台，マレーシア，シンガポール，中国が3点台，韓国の平均は4.8であった．一般作業者による品質のつくりこみを重視するか，それとも専門要員に任せるかについては，回答の平均は4.3であった．インドネシア，シンガポール，中国以外の4カ国で4点台，韓国では4.8と高かった．現地作業長の

能力水準は平均68%で，シンガポールが97%，韓国が80%と高く，インドネシアが57%，他の国は60%台であった．保全専門要員の平均値は64%で，シンガポールが97%，韓国は83%と高かったが，インドネシアが47%であった．日本のマザー工場の現場生産能力水準に比べ，韓国は82%，シンガポールは90%，マレーシア80%，中国69%，台湾60%，タイ63%，インドネシア56%であった．生産管理全体では，国別には，韓国とマレーシア3.7と同水準であった．最後の［G］素材部品企業の能力については，マレーシアが3.6，シンガポール3.3，台湾3.4であったが，韓国は4.8とずばぬけて高く，タイは2点台後半，中国は2点台前半であった（岡本編，203-218頁）．

　岡本は，東アジアの日系企業の経営システムの業種別および地域別の特徴を描きだしているが，ここでは地域別特性のみ紹介しよう．まず東北アジア2カ国（韓国と中国）の日系子会社グループと東南アジア3カ国（タイ，インドネシア，マレーシア）の日系子会社グループについて，経営組織の全般的特性，人事労務特性，生産現場システム特性，現地生産活動全般，現場生産能力水準，現地素材部品企業能力水準の平均値をみると，東北アジアのほうが高いことがわかった．さらに，経済発展程度の違いを考慮して，NIES 3カ国（韓国，シンガポール，台湾），ASEAN（タイ，マレーシア，インドネシア）さらに中国の3グループの日系子会社の経営システムの基本特性について，同様に平均値を比較すると，NIES地域がわずかに高かった．岡本は，「東アジアの日系企業の経営特性を規定する包括的な『外生要因』としては，地域の文化・制度・慣行の特性と当該地域の経済発展の両者がそれなりの影響を与えているが，どちらかがより有力であるといったことは簡単にはいえない」という的確な発言をしている．すでに，筆者も経営管理方式の決定要因として，「文化構造」，「経済過程」をあげて説明してきたが，同じ文化・経済的条件のもとで，同一産業部門に属する企業経営者が，ある経営者が成功し，別の経営者が成功せず失敗するという状況について，それぞれの文化・経済の影響の度合いを数量化することはできないのである．経営活動では，その文化・制度の影響と経済発展の影響を予測して事業戦略の意思決定をするのであるが，ある経営者は成功し，

ある経営者は失敗することがある．その場合に，成功と失敗の場合に，文化と経済発展にどの程度適応できたのか，またできなかったのかを分析し，個々の事情を説明することはできるかもしれないが，その強弱を容易に判断することはできないのである．

岡本は，コミュニケーションギャップと，日本的経営の移転，操業年度，経営の現地化の関係の分析，さらにはEL型企業（Excellent Localized Company）を10社あげ興味深いケース分析を行っているが，紙幅の関係で詳細な紹介分析はつぎの機会とする．以上，岡本らの研究成果は，東アジアの日系企業の調査に限られてはいるが，従来の調査がどちらかというと，経営生産システムの移転に焦点があったのにくらべて，経営の基本戦略，所有政策，経営目的，競争優位などを分析の視点に入れたことは，経営管理方式の移転論の一般化に貢献しており高く評価されなければならない．

1) E. Grochola and E. Gaugler (ed.), *Handbook of German Business Management*, 1985, p. 2249.
2) op. cit., p. 2250.
3) ibid., p. 2250.
4) ibid., p. 2251.
5) ibid., p. 2254.
6) 向井武文「生産の標準化」（藻利重隆編『経営学辞典』東洋経済新報社，1967年，418-422頁．
7) 中川敬一郎『日本的経営』日本放送協会，1981年，9-10頁．
8) 中川敬一郎『日本的経営』13頁．
9) A. Gerschenkron, Economic Backwardness in Historical Perspective. In : *The Progress of Underdeveloped Areas*, B. Hoselitz (ed.) Chicago 1951. 中川敬一郎『前掲書』19-20頁．
10) 中川敬一郎『前掲書』24頁．
11) 森嶋通夫『なぜ日本は「成功」したか？』TBSブリタニカ，1984年，52-62頁．
12) M.L. Detouzos, R.K. Lester and R.M. Solow, *Made in America*, Happer Perennial, New York 1989 pp. 83-84. 依田直也訳『Made in America』草思社，1999年，129頁．

13) M.L. Dettouzos and another, *op. cit.*, 29, 依田訳『前掲書』51-52頁．
14) 森嶋通夫『前掲書』14-17頁．
15) 樋口陽一『自由と国家』岩波新書，163-173頁．
16) 中川敬一郎『前掲書』27-36頁．
17) 中川敬一郎『前掲書』44頁．
18) 栗原源太『日本資本主義の二重構造』御茶ノ水書房，106-107頁．
19) 日本における事業部制の普及がゼネラル・スタッフの確立と密接に関連していたことについては，拙（高橋由明）稿「日本における全般的管理・組織（論）の成立－日本的経営論の確立時期についての一視角－」（『商学論纂』39巻3・4号，1998年3月）を参照．
20) 藻利重隆『経営学の基礎（新訂版）』（森山書店，1977年，113－115頁，雲嶋良雄「企業職能の分化とその職能」（藻利重隆編『経営学辞典』179頁）．
21) H. Braverman, *Labour and Monopoly. The Degradation of Work in the Twentieth Century*, Monthly Review Press 1974.
22) E. Gutenberg, *Grundlagen der Betriebswirtschaftslehre, 18 Aflage* 1971, p. 238
23) 村山元英『海外経営移転論』創成社，1979年．
24) 植木元英『国際経営移転論』文眞堂，1982年．
25) 林　吉郎『インターフェース管理』有斐閣，1985年．
26) 安室憲一『国際経営行動論（改訂増補版）』森山書店，1986年．
27) 吉原英樹『未熟な経営』白桃書房，1966年．
28) 岡本康雄編『日系企業 in 東アジア』有斐閣，1998年．
29) 安保哲夫編著『日本企業のアメリカ現地生産』東洋経済新報社，1988年．
30) 安保・板垣・上山・河村・公文共著『アメリカに生きる日本的生産システム』東洋経済新報社，1991年（以下『アメリカに生きる…』として引用）．
31) 安保哲夫編著『日本的経営・生産システムとアメリカ』ミネルヴァ書房，1994年（以下，『…アメリカ』として引用）．
32) 板垣博編著『日本的生産・経営システムと東アジア』ミネルヴァ書房，1997年．
33) Tetsuo Abo (ed.) *Hybrid Factory : The Japanese Production System in the United States*, Oxford University Press 1994.
34) Hiroshi Itagaki (ed.) *The Japanese Production System : Hybrid Factories in East Asia*, Macmillan 1997.
35) 安保他共著『アメリカに生きる…』67頁．
36) 安保哲夫編著『…アメリカ』6頁．
37) 安保他共著『アメリカに生きる…』35頁．
38) 安保編著『…アメリカ』14頁．

39) 安保編著『…アメリカ』14-34頁.
40) 高橋由明「ME技術革新のもとでの労働分業と賃金制度」(中央大学商学研究会『商学論纂』32巻1・2号, 1997年), 中央大学企業研究所 (本間・高橋責任) 編集『ME技術革新と経営管理』(中央大学出版部, 1989年).
41) 高橋由明「前掲稿」288-298頁.
42) 板垣博「アメリカ・東アジア・イギリスにおけるハイブリッド工場」(『本書』142頁を参照).
43) 黒田謙一「英国における業績考課給の実態」(桃山学院大学『総合研究所紀要』19巻3号, 1994年), 黒田「英国における業績管理の実態」(『桃山学院大学経済経営論集』35巻4号, 1994年), 木元進一郎「人事考課＝査定の日・英比較」(明治大学経営学部『経営論集』41巻3・4号, 1994年), 正亀芳造「ドイツの賃金制度」(海道・吉田・大橋編著『現代ドイツ経営経済学』税務経理協会, 1997年, 139-155頁).
44) 板垣博「前掲稿」144-146頁.
45) 岡本康雄編『前掲書』9-42頁.

Transferability of Management Styles:
Their practical and theoretical problems

Contents and Abstracts

Edited by
Yoshiaki Takahashi
Masaki Hayashi
Kappei Hidaka

Institute of Business Research, Chuo University

Chapter 1
Image of the Country of Origin and International Performance : A contribution to the debate 《standardisation or adaptation》

Jacques LIOUVILLE*

Contents
1. Introduction
2. Hypotheses
3. Methodology and structure of the sample
4. Variables
5. Statistical method
6. Results of the case study
7. Discussion
8. Conclusion

Abstract

Under what circumstances should international firms adapt or standardise their approach to an international market? This paper is aimed to explore the impact of adaptation and standardisation (application) as an international strategy, based on the analysis of the 48 French subsidiaries in Germany. The empirical studies dedicated to this question have often yielded contradictory results. This rests on the factor that the authors generally compare companies which have opted for the strategy of standardisation only against those which have chosen the strategy of adaptation. Therefore, this study is aimed to find out the impact of these strategies on the competitiveness of the products.

The results of this paper can be summarized in the following two points. Firstly, it shows that conclusions become clearer when the impact of international strategy on product characteristics is taken into account. Secondly, the results of this new empirical study allow one to conclude that the international strategy leading to success depends on the nature of image of the country of origin.

---

* Professor of University of Robert Schuman, Strasbourg (France)

Chapter 2
The Expatriates' Stony Road to Success in East Europe: An analysis of the transformation-process of Skoda-Volkswagen joint venture in the Czech Republic

Wolfgang DOROW*

Contents
1. The history of Škoda and the formation of the joint venture
2. Strategic strengths and weaknesses of Škoda
3. Change of the Škoda employment structure
4. The conflictful development of the Škoda-Volkswagen joint venture
   1) The Škoda solution: Project management and tandem concept
   2) Pitfalls in the process of know-how transfer
5. Success criteria of international know-how transfer
6. Conclusions for research on transformation-processes

Abstract

This paper examines the management of integration-process in Skoda-Volkswagen joint venture. This joint venture was developed and established in a highly competitive European automobile market, which suffered from global overcapacity and painful processes of retrenchment. This very unfavourable situation demanded special innovative solutions for a successful development of this joint venture. The paper discusses intercultural communication-problems, goal-conflicts, differing value systems, and lack of know-how on both sides as critical factors of the integration process. Finally, it is argued that participative methods of reducing decision-making complexity in combination with the conflict-regulating tandem organisational structure became the basis for the high market success of Skoda-Volkswagen joint venture.

---

* Professor of European University of Viadrina, Frankfurt Oder, (Germany)

Chapter 3
How Information is shared and Decisions are made in the Japanese owned U. K. Plants and the parent plants in Japan : A comparative study of the British managers in the U. K. plants and the Japanese managers in the Japan plants

Yasuhiro OKABE*
John SALMON**

Contents
1. Introduction
2. Methodology
3. Information sharing
4. Decision-making
5. Discussion

Abstract

This research project compared information sharing and decision-making between Japanese managers in the Japan plants and British managers in the Japanese owned U. K. plants. It shed light on informal aspects of these organisational activities. The sample was drawn from multinational companies in the car and the consumer electronics industries. The sampled managers numbered 325 in the Japan plants and 150 in the UK plants. The findings are that there was no significant difference in vertical, formal, and lateral information sharing between the U. K. and Japan. The difference was in informal, and lateral information sharing. Regarding decision-making, a middle-up-down model was observed in Japan plants, while a top-down model was dominant in the U. K. plant. Those differences resulted from the labour marker structure and the consequent human development practices in each country. Exceptionally, one U. K. plant employed bottom-up decision-making. This may be due to its overseas operation policies.

---

* Researcher, the Pacific Asia Labour Management Research Unit, Cardiff Business School, University of Wales (U. K.)
** Lecturer, Coordinator of the Pacific Asia Labour Management Research Unit, Cardiff Business School, University of Wales (U. K.)

Chapter 4
Transfer of Japanese-style Production System to British Automobile Industry

Kappei HIDAKA*

Contents
1. Research trend on transfer of Japanese-style production system
2. Infiltrative process of Japanese-style production system for restructuring of British automobile industry
3. Infiltration of Japanese-style production system and organizational change in Cowley plant
4. Conclusion: re-evaluation and issue

Abstract
  The world automobile industry is quickening its structural change through cross-border mergers, acquisitions, and alliances between the multinationals. Several analytical methods on its movement have already been shown from academic society, and one of the most important methods is a study on global convergence and integration of production system in this industry. Two typical cases are the theory of lean production system by IMVP project at MIT and the theory of trajectories and industrial models by Robert Boyer and Michel Freyssenet in GERPISA.
  This paper considers transfer of Japanese-style production system to the British automobile industry, especially on an important case of alliance between Honda and Rover Group from 1979 to 1994. We have examined thoroughly the impact of Japanese-style production system on the British automobile industry and the possibility of global convergence and integration of production system in the world automobile industry.

---

* Professor of Chuo University (Tokyo, Japan)

Chapter 5
'Japanisation' in Britain :
convergence and a dynamic of diversity

Harukiyo HASEGAWA[*]

Contents
1. Introduction
2. Globalisation and 'Japanisation'
3. 'Japanisation'
4. Convergence and social relations
5. Conclusion

Abstract

This article draws attention to issues of managerial reform against a background of 'convergence' and a dynamic of diversity. Through consideration of British academic discussions of 'Japanisation' and three relevant case studies in the UK, a tendency towards a Human Resource Management approach and hence a movement of convergence is identified. Nonetheless, there still exists a wide diversity in institutional arrangements and practices, which is found at industrial, corporate, and plant levels. This modifies any simple conclusion regarding convergence dynamics.

In workplaces where 'Japanisation' is represented by a significant move away from Fordist practice, more flexible management systems are found, which suggests a degree of relative 'advance' in social relations. However, as several British academics have pointed out, there exists a concurrent intensification of labour, which requires further investigation into actual working conditions at such plants.

The growth of 'Japanisation' and the U. K. management shift towards the Human Resources approach during the 1980s implies not only that the so-called 'Japanisation' has had an impact on British management styles of the 1990s, but also that the logic of 'Japanisation' shares common ground or is complementary with that of Human Resource Management.

---

[*] Former Director of the Institute for Japan Studies, Sheffield University (U. K.)

Chapter 6
Characteristics of Japanese Companies' Business Behavior in Italy : A comparison with Italian Companies

Hajime KOBAYASHI*

Contents
1. Statistical analysis on their direct investment in Italy
2. Their present situation
3. Survey on their actual business performance
4. Hybridization of business styles between Japan and Italy

Abstract

Direct investments to Italy by Japanese Companies are far below the levels which have been reached in other major European countries although gradual increases have been observed of late.

According to a survey recently conducted by the Japanese Chamber of Commerce in Italy, the Japanese companies operating in Italy are more satisfied with thier business performance than those located in other European countries.

This means that, according to the author, they have adapted themselves to the Italian styles of merchandizing and marketing which have been developed over the last few decades by Italian small and medium sized companies and have combined them with the Japanese-style shop floor oriented control system at the production line.

By hybridizing the good points of both sides, they have succeeded, in several cases, in establishing a new business style which is more advanced than either of the originals.

---

* Former Deputy Managing Director, Alcantara S. P. A. (Japan)

Chapter 7
Hybrid Factories in the U. S., East Asia, and the U. K.

Hiroshi ITAGAKI*

Contents
1. Introduction
2. Analytical framework
3. Japanese affiliates in the United States
4. Japanese affiliates in Taiwan and Korea
5. Japanese affiliates in the ASEAN Countries
6. Japanese affiliates in the United Kingdom
7. Conclusions and prospects

Abstract

This paper examines the salient features of management carried out by Japanese companies in the U. S., East Asia, and the U. K. from the viewpoint of the transfer of four aspects of Japanese system. Those four aspects are 'Human-method', 'Material-method', 'Human-result', and 'Material-result'. In general, the aspects of 'Human-result' is difficult to transfer to foreign countries, where social conditions are different from Japan. In the U. S., well-established systems impede the introduction of 'Human-method'. In the U. K., vestings of hierarchical society hinder the transfer. In Taiwan and Korea, where no institutional obstacles exist, Japanese affiliates are hindered from the transfer of 'Human-method' by higher turnover ratios of employees and impediment to internal promotion stemming from different academic background. In ASEAN countries, in addition to such elements, a lack of motivation on the part of Japanese affiliates themselves attributes to a low extent of the introduction of 'Human-method'. Though 'Material-method' such as quality control is transferred more smoothly, insufficient introduction of 'Human-method' results in discrepancies between formal systems and actual operations in terms of 'Material-method'. Insufficient transfer of 'Method' is supplemented by an introduction of 'Result', in both its 'Human' and 'Material' aspects, that is, Japanese expatriates and equipment and so on. This situation results in various problems and only long-range technological transfer will truly solve them.

---

* Professor of Musashi University (Tokyo, Japan)

Chapter 8
International Transfer of Japanese-Style Management : The hybrid management in Japanese and Chinese joint venture companies

Hideo UEKI*

Contents
1. Introduction
2. The Transfer of Japanese Style Management in Japanese and Chinese joint venture companies
3. The Adaptation of Japanese Style Management and cross-cultural interface Management
4. The Evaluation of Japanese Style Management and the job satisfaction
5. Conclusion

Abstract
From the empirical study in the Japanese and Chinese joint venture companies, the following facts were found out. Many universal core factors of Japanese-style management were accepted in accordance with the need for higher productivity in the era of global mega-competition, whereas the implementation of wide ranged internal rotation system and QC circles was still not enough. The essence of this problem was derived from the different principles of managerial organization between Japan and China. Therefore, it is necessary to practice strategically the transformation of tacit knowledge into explicit knowledge. Besides, the scarcity of understanding toward the cross-cultural interface management increased the perception gap for the Japanese management style and systems in the evaluation and motivation. Therefore, it is necessary for the managers and staff to be trained systematically toward cross-cultural interface management. From the correlation analysis on the long-term job security and commitment in the case of Chinese middle managers, it was verified with "the commitment to work", whereas it was not always verified with "the commitment to company". Besides, to raise job satisfaction level of Chinese managers, motivation factors such as delegated authority, empowerment challenge to job, and leaning of new technology and skills were vital. That is why, it is suggested for the joint venture companies to develop hybrid management style and systems of personnel, labor, and organization, responding to the needs of their work motivation and improvement of cross-cultural interface communication.

---

* Professor of Tokyo Keizai University (Japan)

Chapter 9
Management Strategy and Transferability of Human Resource Management: From the point of Japanese subsidiaries in East Asian Countries

Masaru SAKUMA*

Contents
1. Introduction
2. Global management strategy and transferability of management system
3. Human resource management of Japanese subsidiaries in the local market
4. Seniority and merit system
5. Internal promotion
6. Example of personnel evaluation
7. Specific view points by local managers
8. Conclusion

Abstract
In this study, the transferability of specific management strategy by Japanese multinational corporations in East Asian countries, particularly from the point of human resource management is discussed. The hypothesis is that in case the Japanese subsidiaries are in high productivity, they have excellent managerial skills to carry local people effectively. This study is intended to clarify such skills as well as management strategy behind them.

---

* Professor of Chuo University (Tokyo, Japan)

Chapter 10
Transfer of Managerial Technology to the Japanese owned Companies in East Asia : Employee education and laborer's consciousness in small-and-medium-scale Japanese owned companies in China

Hidetaka OMOTE*

Contents
1. The globalization of Japanese companies and the situation of relocated companies
2. Transfer of the managerial technology of Japanese electrical parts makers to Shanghai
3. Transfer of managerial technology of Japanese auto parts makers to Rushan
4. Acceptance of Japanese management system by local employees
5. The problems of transfer of managerial technology to East Asia

Abstract

In the first half of the 1990s, having accomplished the advancement of factories into Asia, small-scale parts makers occupied a core position among Japanese companies located overseas. Gradual movement away from domestic business relations was the trend toward specialization of such companies within Asia.

Survey and interview research began to focus on these small-and-medium-scale Japanese owned companies. Tranfer of Manufacturing technology together with managerial technology, further possibility of relocation, and the present site employees' willingness to relocate were factors to be considered in those relocated companies.

Research showed factory relocation to be a favorable direction. In particular in the later half of the 1990s, advancement could be seen as the reason of relocation of high-tech related technology. On the other hand, regarding transfer of managerial technology, the difficulties of the full scale development of Japanese Style management are still remain in part a major obstacle.

---

* Professor of Nagano University (Japan)

Chapter 11
Business Systems and Current Issues of Japanese Affiliated Firms in Taiwan

Ren-Jye LIU*

Contents
1. Introduction
2. History and current situation of Taiwan's Japanese affiliated firms
3. Business systems of Taiwan's Japanese affiliated firms
4. Current issues of Taiwan's Japanese affiliated firms
5. Conclusion and prospects

Abstract

Started in 1952, there have been three different stages in Japan's investment to Taiwan. The first stage was in the 60s and first half of the 70s, and it focused on taking advantage of cheap labor and setting up of export bases. The second stage focused on using dominant technology to target Taiwanese market during the 80s. Now, Japanese affiliated firms in Taiwan have already entered into a third stage of prosperous development. Relations with Taiwan's high tech manufacturing have become quite close. This chapter examines the accumulated details of 18 companies to review historical development, current conditions, and business transformations, and to analyze business systems at two levels - shop floor and management. From the perspective of Taiwanese manufacturing advantages, this research has raised four issues for Japanese style operations, including the transformation to a "post processing zone" mentality, development of sincere cooperative relations with Taiwanese companies, use of local personnel in global operations and finally, the agile use of flexible local executives, outside subcontractors, and entrepreneurs. Such analysis has implications in both theory and practice.

---

* Professor of Tunghai University (Taiwan)

Chapter 12
A Verification of the Reasons of Transferring the Japanese Management Systems to Overseas: theories and realities

Masaki HAYASHI*

Contents
1. The issues
2. The characteristics of the Japanese management system
3. The transfer of the management systems to the overseas
4. Conclusion

Abstract

There exist two main opinions on the transferring of the Japanese Management Systems to the overseas. The first one emphasizes the Japanese traditional culture and social structure in which the Japanese Management Systems have been born and developed. The second one focuses on the performances of the Japanese manufacturing companies such as automobile, electric-electronic, machine-tool, and so on. According to the first opinion, it is difficult to apply the Japanese Management Systems in the foreign countries because of the different culture and social structure, however, no one can ignore the diffusion of them in the overseas. On the other hand, the second opinion has not explained what is the original characteristic of the Japanese Management Systems. This paper will explain the logic of the transfer of the Japanese Management Systems to the overseas which have the different cultures and social structures.

---

* Professor of Chuo University (Tokyo, Japan)

Chapter 13
The Idea of Standardisation and Transferability of Management Styles: Toward a general theory of transfer of management styles to foreign countries

Yoshiaki TAKAHASHI*

Contents
1. Introduction
2. The idea of standardisation in management theory
3. The determinants of management styles
4. The meaning of management styles from foreign countries for domestic workers and managers
5. International transferability of production equipments and techniques, and management systems and styles
6. Toward a general theory of international transferability of management styles
   — With reference to results of the researches by Abo and Okamoto Groups —

Abstract
Which production techniques or systems and which management systems or styles are transferable to the firms located in foreign countries depend upon different factors. This paper aims to discuss the idea of standardisation in management theory, determinants of management styles (cultural structure, economic process, and internal and external organization of the enterprise), and meaning of transfer of management systems and styles to the firms of foreign countries, compared with the meaning of transfer of skills from workers to machinery (mechanization of work) and from workers to managers (managerialisation of work). As the transfer of skills from workers to machinery and managers tends to degrade workers' positions and ranks at workplace, the introduction of management systems and styles from foreign countries makes the existing management systems and styles old, and degrade domestic managers' and workers' positions and ranks at workplaces. Therefore, it is difficult for the domestic firms to directly introduce management systems and styles from foreign countries. Finally, it is argued, whether a general theory of international transferability of management systems and styles can be deduced, basing on the previous theories and finding of researches by Abo and Okamoto Groups.

---

* Professor of Chuo University (Tokyo, Japan)

執筆者・訳者紹介

高橋 由明	（第13章） （第1章訳） （第2章訳）	研究員 中央大学商学部教授
林 正樹	（第12章）	研究員 中央大学商学部教授
日高 克平	（第4章）	研究員 中央大学商学部教授
ジャック・リーブレ	（第1章）	ロベール・シューマン大学（ストラスブルグ）教授
星野 順子	（第1章訳）	中央大学商学部（97年）卒，アメリカン大学大学院卒
ヴォルフガング・ドォーロゥ	（第2章）	ヨーロッパ・ヴィアドリナ大学（フランクフルト・オーダー）教授
岡部 康弘	（第3章）	ウェールズ大学カーディフビジネススクール，パシフィック・アジア労働経営研究所研究員
ジョン・サーモン	（第3章）	ウェールズ大学カーディフビジネススクール助教授，パシフィック・アジア労働経営研究所コーディネーター
長谷川治清	（第5章）	シェフィールド大学日本研究所副所長
小林 元	（第6章）	アルカンターラ社（東レ・イタリア・ミラノ支社）前副社長
板垣 博	（第7章）	武蔵大学経済学部教授
植木 英雄	（第8章）	東京経済大学経営学部教授
佐久間 賢	（第9章）	研究員 中央大学総合政策学部教授
表 秀孝	（第10章）	長野大学産業社会学部教授
劉 仁傑	（第11章）	台湾東海大学工業工程学系教授

経営管理方式の国際移転　　　　　　　　研究叢書18

2000年6月1日　初版第1刷印刷
2000年6月5日　初版第1刷発行

　　　　　　　　　　　　　高橋　由明
　　　　　　編著者　　　　林　　正樹
　　　　　　　　　　　　　日高　克平

　　　　　　発行者　　中 央 大 学 出 版 部
　　　　　　　　　代表者　辰　川　弘　敬

発行所　192-0393　東京都八王子市東中野742-1　**中央大学出版部**
　　　　電話　0426 (74) 2351　振替00180-6-8154

Ⓒ 2000 〈検印廃止〉　　　　　　　　藤原印刷・渋谷文泉閣

ISBN4-8057-3217-2